编委会名单

特邀编委： 王君超（清华大学）、支庭荣（暨南大学）、石长顺（华中科技大学）
（按姓氏笔画排序）
刘鹏（《新闻记者》杂志社）、苏宏元（华南理工大学）、李喜根（香港城市大学）
张涛甫（复旦大学）、陆绍阳（北京大学）、陈富清（《中国广播电视学刊》杂志社）
罗以澄（武汉大学）、周勇（中国人民大学）、周树华（密苏里大学）
胡智锋（北京师范大学）、胡翼青（南京大学）、隋岩（中国传媒大学）
董庆文（太平洋大学）

主　编： 高晓虹
副主编： 刘宏、赵淑萍、曾祥敏、秦瑜明
编委会： 何苏六、王晓红、吴敏苏、崔林、顾洁、叶明睿、徐培喜、陈欣钢、涂凌波、赵希婧、程素琴
编辑部主任： 赵希婧
本期执行编委： 崔林、顾洁、叶明睿

2024

CHINA JOURNALISM AND
COMMUNICATION JOURNAL

中国新闻传播研究

高晓虹 ⊙ 主编

刘 宏　赵淑萍
曾祥敏　秦瑜明 ⊙ 副主编

视听传播变革研究

中国传媒大学出版社
·北京·

目录 >>>> CONTENTS

视听传播变革研究

生成式的"真实":AIGC 背景下纪录片创新与真实属性的变革　　梁君健　杨茹珺/ 3

从国家记忆到人民记忆的影像传播
　　——融媒时代纪录片的现实主义创作流变　　张爱凤/ 16

生成式人工智能视域下摄影报道的范式转换研究　　罗　琳/ 29

跨世代互动类短视频的传播呈现与关系实践　　李彩霞　李迎芳/ 45

全媒体时代电视人的跨媒介传播现象研究
　　——基于对电视人自媒体渗透力的观察　　张　春　雷亚丹/ 62

国际传播

中国国际传播的二律背反困境与破局
　　——基于中国品牌国际化的比较视角　　张　驰　黄升民/ 77

媒介与社会

乡村振兴背景下短视频平台归乡新农人 IP 研究
　　——以抖音为例　　韩运荣　张姝琪/ 97

"寄情"虚空:电子游戏空间中地方依恋的形成研究　　李　智　赵振宇/ 114

组织决策分析视角下乡村广播的社会治理功能演变
　　——基于东南某省多点田野调查　　崔　林　林　嵩/ 129

近年来主旋律纪录片的嬗变
　　——基于德弗勒模式的问题发现与解决　　　　　韩　莹　郭泽阳／145
老年人群的短视频使用与主观幸福感关系研究
　　——基于网络社会支持的中介效应分析　　　　　张　媛　张盛颖／158

文化传播

仪式建构与文化认同：文化类节目"讲好"中国故事的阐释路径　冯　诚　王　飞／179
建构主义视角下中国文化软实力的塑造研究
　　——基于"一带一路"文化贸易数据的实证研究　　　方　英　张　杉／189
价值生成与意义表达：文化批评视角下的自媒体短视频批评文本
　　　　　　　　　　　　　　　　　　　　　　　　　庞　亮　刘立洋／205

数字传播

出版深度融合发展背景下主流媒体有声出版的实践路径
　　——基于"人民日报评论"喜马拉雅音频账号的分析　李明德　闫利超／221
基于青年读者的有声读物编辑策略探析　　　　　　　　郑志亮　赵含笑／236
论数字出版产业平台社会责任治理框架　　　　　　　　杨旦修　张灵颖／247
"技术－组织"互构视角下主流媒体的平台化公共服务拓展：样态与机制　曾　鼐／258

视听传播变革研究

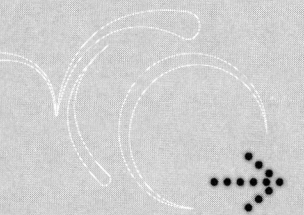

生成式的"真实":AIGC背景下纪录片创新与真实属性的变革　　梁君健　杨茹珺

从国家记忆到人民记忆的影像传播
　　——融媒时代纪录片的现实主义创作流变　　张爱凤

生成式人工智能视域下摄影报道的范式转换研究　　罗　琳

跨世代互动类短视频的传播呈现与关系实践　　李彩霞　李迎芳

全媒体时代电视人的跨媒介传播现象研究
　　——基于对电视人自媒体渗透力的观察　　张　春　雷亚丹

生成式的"真实":AIGC背景下纪录片创新与真实属性的变革

Generative "Reality": Documentary Innovation and the Transformation of Real Attributes in the Context of AIGC

◎ 梁君健　杨茹珺

Liang Junjian　Yang Rujun

摘要:生成式人工智能(GAI)技术发展迅速,在文生图、文生音频、文生视频等方面都取得了重大突破。目前,GAI技术已被广泛应用于纪录片领域,在前期策划、画面处理、音频生成、后期剪辑等流程中发挥着重要作用,对纪录片的创作方式产生了深刻影响。生成式人工智能技术的应用引发了对纪录片真实性的重新评估。生成式人工智能的介入打破了传统意义上的内容真实,但并没有完全破坏纪录片的真实属性,反而为纪录片表达真实提供了另一种创新路径。GAI技术建构了波普尔"三个世界"之外的"世界4",拓展了真实的定义边界,赋予其更深刻的意涵。但在纪录片领域使用GAI技术仍具有破坏信任真实、忽视技术偏见等风险,需要创作者在适度范围内合理使用GAI技术,借助人工智能生成内容(AIGC)彰显纪录片的文化价值和纪录核心特质。

关键词:生成式人工智能;AIGC;纪录片;真实

Abstract:Generative Artificial Intelligence (GAI) has been developing rapidly, and has made significant breakthroughs in text-to-image, text-to-sound and text-to-video. At present, GAI technology has been widely used in the field of documentary film, playing an important role in the processes of pre-planning, picture processing, audio generation, and post editing, which has had a profound impact on the way of creating documentaries. The application of GAI technology has triggered a reassessment of the reality of documentary films. While the intervention of GAI breaks the traditional meaning of real content, it does not completely destroy the reality of documentaries. Instead, it provides another innovative path for documentaries to express the real. GAI technology constructs the *world 4* beyond Popper's "three worlds", expanding the definition of real and giving it a more profound meaning. GAI technology has expanded the boundaries of the definition of reality and given it a deeper meaning. However, the use of GAI technology in the field of documentary still has the risks of destroying the trusting relationship between documentary creators and viewers and ignoring the bias from technology. Creators need to use GAI technology reasonably within a moderate range, and use Artificial Intelligence Generated Content (AIGC) to express the cultural value and core characteristics of documentaries.

Keywords：generative artificial intelligence，AIGC，documentary，reality

人工智能（Artificial intelligence，AI）是计算机科学的一个研究领域，通过开发和研究使得"智能主体"（intelligent agents）能够感知并处理环境信息，利用智能采取行动，实现最优化决策。① 机器学习的发展带来了更复杂的创新技术，生成式人工智能（Generative artificial intelligence，GAI）就是近年来最突出的应用之一。生成式人工智能是一种无监督或部分监督的机器学习框架，能够利用现有的数字内容（如文本、图像、音频、视频等），通过深度学习（deep learning，DL）学习输入数据的模式和结构，产生与训练数据相似但具有一定程度新颖性的新内容。② 而人工智能生成内容（AI-generated content，AIGC），就是指给定指令，使用生成式人工智能（GAI）技术生成满足指令的内容。

2022年11月30日，OpenAI推出人工智能语言模型ChatGPT，标志着生成式人工智能技术的巨大突破。ChatGPT是一种基于互联网可用数据训练的文本生成深度学习模型，采用"利用人类反馈中强化学习"（RLHF）的训练方式，能够根据上下文和之前的对话生成类人文本。③ 自ChatGPT后，处理和生成不同种类媒介素材的生成

---

① RUSSELL S J, NORVIG P. Artificial intelligence: a modern approach[M]. London: Pearson, 2016.
② BAIDOO-ANU D, ANSAH L O. Education in the era of generative artificial intelligence (AI): understanding the potential benefits of ChatGPT in promoting teaching and learning[J]. Journal of AI, 2023, 7(1): 52-62; PASICK A. Artificial intelligence glossary: neural networks and other terms explained[J]. The New York Times, 2023-03-27.
③ OpenAI. Introducing ChatGPT | OpenAI [EB/OL]. (2022-11-30)[2024-05-10]. https://openai.com/index/chatgpt/.

式人工智能技术不断涌现。文生图方面，DALL-E 和 Midjourney 都可以根据自然语言描述生成不同风格的数字图像。① 文字转音频方面，ElevenLabs 可以凭借 30 秒到 5 分钟左右的音频数据克隆真人语音，并根据文字提示生成新的语音内容②；Suno 和 Udio 则可以通过文字提示生成人声和乐器音乐③。视频方面，OpenAI 发布的大型视觉模型 Sora 使文生视频模型的能力达到了新的高度。Sora 可以根据文本提示指令生成长达 1 分钟的视频，视频内容涵盖现实场景和想象场景，且可以生成多个角色、不同主题和复杂背景。④ 画面处理方面，Vanity AI 能够通过 AI 技术快速实现去老化、美容、假肢修复等视觉特效，帮助制作方提高效率、降低成本。⑤ Wonder Studio 则可以自动将 CG 角色动画化并合成到真人场景中，将 80%—90% 的手动视觉特效工作自动化完成。⑥

生成式人工智能的上述技术迅速地在纪录片领域得到了广泛运用，正在对纪录片的各个制作流程产生深刻影响。从前期的选题开发、素材整理到后期的画面处理、配音制作，GAI 的介入使得纪录片制作变得更加高效、便捷。在这一过程中，GAI 充分发挥其独特的优势，推动纪录片创作的创新发展。然而，GAI 技术的广泛应用也引发了人们对纪录片真实价值和记录特质的思考。AIGC 如何与现实内容进行较好的融合，GAI 技术是否会削弱人类的创作力和独特性，以及 AIGC 是否会破坏纪录片的真实价值，都是纪录片行业需要思考的问题。这些问题不仅是关于 GAI 技术在应用实践层面的具体问题，更是关于纪录片创作的本质和价值的深刻追问。本文将系统梳理 GAI 技术在纪录片领域的应用情况，并基于此探讨 AIGC 背景下纪录片真实属性的意涵，分析纪录片使用 AIGC 可能带来的风险以及生成式人工智能技术如何更好地赋能纪录片创作。

一、纪录片创制流程的智能升级

人工智能技术的迅猛发展为纪录片行业带来了前所未有的变革。纪录片创作者

---

① OpenAI. DALL·E 3 | OpenAI[EB/OL]. [2024-05-10]. https://openai.com/index/dall-e-3；Midjourney. Midjourney[EB/OL]. [2024-05-10]. https://www.midjourney.com/home.
② ElevenLabs. About ElevenLabs[EB/OL]. [2024-05-10]. https://elevenlabs.io/about.
③ Suno. Suno AI[EB/OL]. [2024-05-10]. https://suno.com/about；Udio. Udio | AI Music Generator：Official Website[EB/OL]. [2024-05-10]. https://www.udio.com/.
④ OpenAI. Creating video from text [EB/OL]. [2024-05-10]. https://openai.com/sora.
⑤ Monsters Aliens Robots Zombies VFX. Vanity AI：the world's first end-to-end AI solution for Hollywood VFX[EB/OL]. [2024-05-10]. https://monstersaliensrobotszombies.com/vanityai.
⑥ Wonder Studio. Introduction | Wonder Studio[EB/OL]. [2024-05-10]. https://help.wonderdynamics.com/.

们采用已有的模型或自行开发 GAI 软件，将其充分运用到纪录片的制作过程中。生成式人工智能已逐渐渗透纪录片制作的各个流程，并在其中发挥重要作用。

在前期调研与策划方面，AI 技术能够基于海量数据总结舆论观点，快速调研市场、定位观众，为制作方提供丰富的参考信息。丹麦 PUBLIKUM 联合创始人尼尔斯·阿尔贝里（Niels Alberg）在 2024 年欧洲电影市场的行业座谈会上谈道，AI 可以被运用在纪录片项目的早期剧本开发过程中，制作方可以使用 AI 工具寻找相关话题和初步信息，筛选互联网讨论内容，辨别观众对特定主题的态度，从而辅助项目制作人绘制用户画像，明确项目制作方向。①

在画面处理方面，出于保护受访者或降低制作成本的需求，纪录片制作团队会使用 AI 技术进行画面处理。如 2020 年入围圣丹斯国际电影节的纪录片《欢迎来到车臣》（Welcome to Chechnya）涉及敏感题材，导演大卫·弗朗斯（David France）就使用了人工智能技术来隐藏拍摄对象的身份。导演用 AI 技术将被拍摄者的脸替换掉，并叠加上虚构的面孔信息，以保护受访者的隐私。② 希腊导演维多利亚·梵劳珀络（Victoria Vellopoulou）也在 2024 年的塞萨洛尼基纪录片展上表示，自己在拍摄一部讲述 1821 年希腊独立战争的历史纪录片时，使用 AI 技术生成了一些原本需要真人演员出演的画面，达到了降低拍摄预算的目的。③ 此外，AI 技术还被运用在历史类、科幻类纪录片的场景修复与场景还原过程中。如由中央广播电视总台、国家文物局联合摄制的系列纪录片《寻古中国·古滇记》就在制作过程中使用了 AI 技术，通过对青铜器具进行全方位信息采集，结合 AI 算法制作，突破了传统拍摄中的空间限制，以三维立体的视角呈现古滇国文物，既准确传递了知识信息，又使得画面生动活泼。④ BBC 工作室自然历史部（BBC Studios Natural History Unit）制作的《史前星球》（Prehistoric Planet）、Netflix 推出的《我们星球上的生命》（Life on Our Planet）等纪录片，也使用了 AI 虚拟制作来还原早已灭绝的古老生物。

AI 技术也被广泛运用到纪录片创作的音频领域，包括生成解说词、配音以及音乐和音效制作等方面。早在 2018 年，中央电视台纪录频道（CCTV-9）就推出了由 AI 语

---

① 凹凸镜 DOC. 纪录片界创新出路、可持续性与青年教育的风潮［EB/OL］.（2024-03-07）［2024-05-09］. https://mp.weixin.qq.com/s/3I5wZY6Y14v7LXLP2ty90g.
② 中国纪录片研究中心. 人工智能与纪录片的新现实：危险还是机遇？［EB/OL］.（2023-08-02）［2024-05-09］. https://mp.weixin.qq.com/s/y9Floy0-EKOiE4N0h9sfNw.
③ 腾讯新闻. AI 生成纪录片，真实如何保障？［EB/OL］.（2024-04-15）［2024-05-09］. https://new.qq.com/rain/a/20240415A03CAZ00.
④ 中国纪录片研究中心.《寻古中国·古滇记》：在青铜器与技术影像中，聆听历史的回响［EB/OL］.（2023-06-05）［2024-05-09］. https://mp.weixin.qq.com/s/jZ9RbIX2tVTC0bBgIzBjsw.

音配音的纪录片《创新中国》。该片使用了科大讯飞的AI语音合成技术，使得已逝的配音演员李易先生的声音在片中"复活"。① 2021年，摩根·内维尔（Morgan Neville）执导的传记纪录片《流浪者：一部关于安东尼·波登的电影》（*Roadrunner：A Film About Anthony Bourdain*）在制作过程中使用了AI技术合成安东尼·波登的声音，用以朗读主人公波登写的书信。② 2022年，在Netflix出品的纪录片《安迪·沃霍尔：时代日记》（*The Andy Warhol Diaries*）中，导演安德鲁·罗西（Andrew Rossi）同样使用了AI软件Resemble AI来生成安迪·沃霍尔的声音作为旁白配音。③ 2024年3月12日，总台央视发布了首部AI译制英文版系列微纪录片《来龙去脉》，使用AI技术生成英文旁白配音，完成了从声音识别、文本翻译、声线克隆到分轨替换等全译制流程，以幽默诙谐的地道英语向海外受众介绍了中国龙的"来龙去脉"，有效探索了影视译制AI全流程高效应用场景。

在后期剪辑过程中，AI技术也能够帮助纪录片剪辑师提高工作效率。知名纪录片制作公司Imagine Documentaries的剪辑师尼基塔·利亚姆齐恩（Nikita Liamzine）表示，自己在剪辑时经常使用生成式人工智能。他表示，AI提供的方案可以提高工作人员的生产效率，"现在借助人工智能来帮助处理这些琐碎的任务，可以让这个目标更快地实现，因为助理们可以腾出时间来专注于在剪辑过程中更具创意表达的方面"。④ 参与过《徒手攀岩》（*Free Solo*）和《泰国洞穴救援》（*The Rescue*）等纪录片制作的资深剪辑师鲍勃·艾森哈德特（Bob Eisenhardt）也认为，人工智能是一个让人惊喜的工具，可以很好地增强故事的表现力。⑤

二、"世界4"与纪录片真实性的再思考

AI技术的应用创新了纪录片的制作流程和风格形态，也改变着纪录片行业的创作生态和价值观念。Sora等生成式人工智能模型强大的学习、模拟和生成能力，引发

---

① 北京晚报.纪录片《创新中国》：以"创新"的态度拍创新[EB/OL].(2018-03-13)[2024-05-09].https://www.takefoto.cn/viewnews-1420427.html.
② 腾讯新闻.AI生成纪录片，真实如何保障？[EB/OL].(2024-04-15)[2024-05-09].https://new.qq.com/rain/a/20240415A03CAZ00.
③ 腾讯新闻.AI生成纪录片，真实如何保障？[EB/OL].(2024-04-15)[2024-05-09].https://new.qq.com/rain/a/20240415A03CAZ00.
④ 中国纪录片研究中心.国际瞭望｜我们如何称之为真实：人工智能与纪录片制作的争议[EB/OL].(2023-09-07)[2024-05-09].https://mp.weixin.qq.com/s/u0kjQMDpp8guj0eo8dURkA.
⑤ 中国纪录片研究中心.国际瞭望｜我们如何称之为真实：人工智能与纪录片制作的争议[EB/OL].(2023-09-07)[2024-05-09].https://mp.weixin.qq.com/s/u0kjQMDpp8guj0eo8dURkA.

了人们对"真实性"这一纪录片核心属性的重新评估。在 GAI 技术深度介入纪录片制作流程的背景下,如何定义纪录片的"真实"? AIGC 是否属于"真实"范畴? 使用 AIGC 是否会破坏纪录片的真实属性和记录特质? 对这些问题的解答,有助于推动 GAI 技术更好地赋能纪录片创作,为 AIGC 与纪录片内容的融合提供更广阔的创作空间,也有助于完善技术使用的价值标准,培养良好的创作生态,推动行业稳健发展。

毋庸置疑,AIGC 会对纪录片的内容真实性产生一定影响。以深度伪造(deepfake)为代表的生成式人工智能技术能够利用深度学习算法对图像、音频、视频进行处理,实现图像生成、语音合成、面部交换等效果,从而生成一种并非绝对真实的"虚构影像"。这种虚拟生成的内容显然有悖于传统意义上的内容真实。但是,"深度伪造"等生成式人工智能也为纪录片提供了另一种"表达真实"的路径。纪录片创作者可以借助 AI 技术,建构一种新的叙事,并最大限度地向观众传达传统意义上无法认知或很难表现的真相。多米尼克·利斯(Dominic Lees)认为,深度伪造技术在纪录片创作实践中具有矛盾性。深度伪造技术虽然一定程度上会破坏图像和影像的绝对真实,但也提升了纪录片表达另类历史的能力。① 例如,1969 年,在阿波罗 11 号的载人登月任务可能失败的情况下,尼克松总统的撰稿人比尔·萨菲尔(Bill Safire)撰写了一份"当月球灾难发生时"总统可以向全国发表的讲话内容。最终,阿波罗 11 号顺利完成了任务,这次演讲也没有发生。而 2019 年麻省理工学院高级虚拟中心(MIT Center for Advanced Virtuality)制作的纪录片《月球灾难》(*In Event of Moon Disaster*)则通过深度伪造技术"还原"了这次未发生过的演讲。该片获得了 2021 年艾美奖的互动媒体纪录片奖(Emmy Award for Interactive Media Documentary)。② 另一部传记纪录片《格里·安德森:未知的人生》(*Gerry Anderson:A Life Uncharted*)同样采用了深度伪造技术,呈现了英国儿童电视节目制作人格里·安德森的创作生涯和家庭生活。该片利用深度伪造技术和语音合成技术,复原了格里·安德森的形象,并运用这一数字形象完整地"再现"了安德森记录在纸质档案上的内容。该片制片人

---

① LEES D. Deepfakes in documentary film production:images of deception in the representation of the real[J]. Studies in documentary film,2023:1-22.
② MIT Open Learning. "In Event of Moon Disaster," produced by the MIT Center for Advanced Virtuality, wins Emmy Award[EB/OL].(2021-10-04)[2024-05-12]. https://www.csail.mit.edu/news/event-moon-disaster-produced-mit-center-advanced-virtuality-wins-emmy-award.

本杰明·菲尔德(Benjamin Field)表示,深度伪造技术是其讲述真相的另一种方式。① 正如金智勋(Jihoon Kim)所说,人工智能技术可以充分发挥纪录片的各种修辞功能,经过处理的影像可以提供更丰富的信息,更具说服力,更能表现混乱和不确定的现实面貌。②

由此可见,GAI技术的介入既有可能威胁和破坏纪录片的真实属性,也可以为纪录片表达真实提供另一种创新路径,帮助人们重新理解"真实"的内涵。为了进一步地探究GAI技术情境下的"真实"定义,本文引入卡尔·波普尔(Karl Popper)的"三个世界"理论,将其作为讨论AIGC背景下"真实"定义的切入点。波普尔认为,世界可以被区分为三种维度:"世界1"是物质的自然世界,包括一切物理的对象和状态;"世界2"是主观的精神世界,包括人的心理素质、意识状态、主观经验等;"世界3"则是人类精神活动的产物,是思想内容的世界,哲学、神学、科学、历史、文学、艺术、工艺等都属于世界3的范畴。三个世界都是真实存在的,世界1和世界3不能直接发生作用,它们需要世界2作为中介而发生作用。③ 根据这一理论,AI技术本身可被纳入世界3的范畴,但AI生成的内容则不能被完全纳入其中。与世界3的人类精神活动产物相比,AI生产内容的起点(或"灵感")是虚拟的数据,而非世界1中的具体的物质对象。同时,AI生成的内容具有极强的自创造性,且这一学习和创造过程具有不透明性,难以被描述、归纳、复制。如何界定AI生成内容的所属范围成为讨论AIGC背景下"真实"问题的一个重要环节,此时,"三个世界"之外的"第四世界"的讨论价值逐渐显现。

在波普尔的理论基础上,"世界4"存在的可能性成为21世纪以来的新议题。郦全民认为,毕达哥拉斯的"数元世界"理论强调宇宙起源于"无形、无体、既不可感知,又具有普遍性的抽象的数",20世纪70年代以来的电子信息革命印证了这一理论:计算机、互联网、人工智能等电子信息技术都是以这些抽象的数为起点的,而这些技术建构起来的世界就是超越世界3的虚拟世界,即世界4。④ 张之沧指出,世界4是人类借助信息、数字、理念和丰富的想象力构造的虚拟现实,其以信息为构成质料,以数字为外在形式;同时,这一虚拟世界的复杂性还会随着软智能体自组织、自学习能力的提升而

---

① MIT Open Learning. "In Event of Moon Disaster," produced by the MIT Center for Advanced Virtuality, wins Emmy Award[EB/OL].(2021-10-04)[2024-05-12]. https://www.csail.mit.edu/news/event-moon-disaster-produced-mit-center-advanced-virtuality-wins-emmy-award;LEES D. Deepfakes in documentary film production: images of deception in the representation of the real[J]. Studies in documentary film, 2023: 1-22.
② KIM J. Documentary's expanded fields: new media and the twenty-first-century documentary[M]. Oxford: Oxford University Press, 2022.
③ POPPER K R. Objective knowledge: an evolutionary approach[M]. Oxford: Clarendon Press, 1979.
④ 郦全民. 从世界3到虚拟世界的涌现[J]. 自然辩证法通讯, 2003(5):37-41,110-111.

不断增加,达到一种基于海量数据自我迭代的发展状态。① 尽管两位学者只是在21世纪初做出了一些对世界4的畅想,但随着生成式人工智能的不断发展,世界4已经成为现实。

世界4是与其他"三个世界"同样的真实的存在,但其构成起点的虚拟性又赋予其更丰富的讨论维度。因此,我们将AIGC视作世界4,并在世界4中讨论"真实"问题时,就打破了近代理性哲学关于虚拟和实在的二元性论述,得到更多的可能性。蓝江基于马库斯·加布里尔(Markus Gabriel)的"意义场"(Sinnfelder)理论,论证了虚拟与真实的辩证关系。他指出,即使Sora等GAI软件生成了虚拟视频,但"仍然是人类在赋予这些视频材料的意义场,让其对人类世界具有意义,并被观看的人类所感知"。② AIGC并没有摧毁真实的存在,而是赋予人类世界更多的意义场,从而让人类、自然物、数据、代码等不同的物质都获得了相对于一定的意义场的实在性。正如鲍德里亚在他的"拟像三序列"理论中所提及的,仿真阶段的超真实打破了人们对真实的传统理解,在仿真阶段,拟像创造了一种全新的真实。③ GAI技术的发展将人类带入世界4,拓展了我们讨论"真实"的空间,也赋予"真实"更深刻的意涵。

三、真实观念拓展下的纪录片形态创新

AIGC在纪录片领域的应用,丰富了纪录片的真实属性,为纪录片表达"真实"提供了更多的方式。因此,除了在常规的纪录片制作过程中使用AI技术,创作者还利用生成式人工智能技术开发探索新的纪录片创作模式和风格形态,对AI技术进行创新式、综合式的运用。

在第40届圣丹斯电影节的New Frontier单元中,导演加利·哈斯特维特(Gary Hustwit)执导的传记纪录片《伊诺》(Eno)成为焦点。该片讲述了英国音乐家布莱恩·伊诺(Brian Eno)的人生故事。导演哈斯特维特和创意技术总监布伦丹·道斯(Brendan Dawes)开发了一款定制的随机智能生成软件,将采访、旁白、空镜、照片、音乐等素材分成多个"模块",通过使用生成式人工智能技术挑选不同的素材片段组合在一起并改变剪辑点,从而生成不同的成片版本,让每一场观众都能看到不一样的纪录片内容。哈斯特维特和道斯还在2023年音乐双年展上推出了《伊诺》的姊妹篇——一

---

① 张之沧.从世界1到世界4[J].自然辩证法研究,2001(12):66-70.
② 蓝江.从现实性到实在性:人工智能时代的虚拟性和实在性的关系刍议[J].中国文艺评论,2024(4):18-23,125.
③ BAUDRILLARD J. Simulacra and simulation[M]. Michigan: University of Michigan Press, 1994.

部长达168小时的纪录片视频装置《永不重复》（Nothing Can Ever Be The Same）。二人继续使用他们开发的生成式人工智能软件，将采访、画外音、幕后花絮、剧照、音乐等内容按照不同参数生成永不重复的内容。① 导演哈斯特维特介绍道："我们硬盘中存储着不同文件夹和素材。人工智能系统会以这些文件夹，以及其中包含的视频、音频或其他内容为基础，从中提取内容并进行匹配。根据我们预设的规则和参数，它将不同场景和音乐链接在一起，就像我们制作的纪录片那样，生成一部'永不重复'的影像。"② 这种颠覆性的尝试打开了纪录片制作的新世界，再次彰显了AIGC赋能纪录片创作的无限可能性。

在国产纪录片领域，中央广播电视总台率先于2024年2月26日推出了中国首部文生视频AI系列200集动画片《千秋诗颂》。《千秋诗颂》第一季综合运用可控图像生成、人物动态生成、文生视频等最新技术成果，以唯美的国风动画形式展现了《咏鹅》《过故人庄》《黄鹤楼送孟浩然之广陵》等6首唐诗。《千秋诗颂》首播6集节目后，收视率在全国所有上星频道动画片中高居第一，累计触达观众达9441.3万人次，央视频客户端直播观看量达1318.2万人次，微博话题阅读量累计达9281.4万人次。③ 2月29日，总台人工智能实验室联合清华大学元宇宙文化实验室制作的《中国神话》也上线播出。该片是国内首部使用AI进行全流程制作的微短剧，其美术、分镜、视频、配音、配乐等内容全部由AI完成，是对AI技术影视化应用的又一次先锋实践。④ 成都广播电视台也成立了"AIGC创新应用工作室"，积极探索"传媒AI+"业务场景，重塑并构建全链条智慧融媒生态。成都台打造了"知著AI智能应用平台"，成功开发并上线十余种音视图文多模态AI工具及虚拟数字人等智能展示技术，以AI技术创制的AI音乐、AI视效、AI动画等产品已先后成功运用在大型人文纪录片《人类的记忆——中国的世界遗产》之《青城山—都江堰》、《蜀·风流人物》之《司马相如》，以及科幻纪录片《科幻之都》、系列人物纪录片《回乡种地的年轻人》等作品中，并常态化运用于海报创

---

① LA BIENNALE DI VENEZIA. Biennale Musica 2023 | Gary Hustwit / Brendan Dawes：Nothing can ever be the same[EB/OL]．[2024-05-11]．https://www.labiennale.org/en/music/2023/music-performances/gary-hustwit-brendan-dawes-nothing-can-ever-be-same.
② 中国纪录片研究中心．国际瞭望 | 我们如何称之为真实：人工智能与纪录片制作的争议[EB/OL]．(2023-09-07)[2024-05-09]．https://mp.weixin.qq.com/s/u0kjQMDpp8guj0eo8dURkA.
③ CMG观察．总台先试水：推出多部生成式AI节目，更懂中华文化的AI什么样？[EB/OL]．(2024-03-11)[2024-05-09]．https://news.cctv.com/2024/03/11/ARTIZ5ThLxQcngtA1UmPEWUS240311.shtml.
④ CMG观察．总台先试水：推出多部生成式AI节目，更懂中华文化的AI什么样？[EB/OL]．(2024-03-11)[2024-05-09]．https://news.cctv.com/2024/03/11/ARTIZ5ThLxQcngtA1UmPEWUS240311.shtml.

作、各类标识设计、文创产品设计、logo动画演绎等日常内容生产中。①

在传统媒体机构之外,网络平台也积极应用AI技术制作纪录片,其中以优酷视频最为典型。2023年12月6日,优酷在第二十届中国(广州)国际纪录片节上举办了"纪录片2024内容创享会",发布了2024重点节目片单,其中就有以AI赋能纪录片创作的"如果AI"主题内容板块。优酷纪录片频道总监韩芸介绍,优酷将依托阿里大文娱技术优势,通过最新的数字人技术建立人物模型,打造中国首部由超写实人物动画呈现的剧情式历史纪录片《中国史》。该片将精选100多位影响历史走向和文明传承的关键人物,应用当下最尖端的AI动画技术,以AIGC赋能历史场景美术设定,最大程度还原历史名人和历史名场面。② 韩芸表示,在大型的纪录片制作项目中使用AI技术,既能让内容呈现出新的样貌,还能节省制作时间和成本。③ 综合运用AI技术参与纪录片制作,为网络平台在纪录片布局与制播方面开拓了更多可能。

四、反思:信任真实与算法偏见

生成式人工智能已被广泛运用于纪录片领域,介入纪录片制作的各个流程中,前期调研、画面处理、解说音频、场景修复等环节都可以使用GAI技术来完成,甚至出现了综合运用AIGC的创新式纪录片。但不可否认,真实性仍是纪录片最根本的属性之一。如果纪录片毫无限度地使用AIGC,其真实性必然会遭到不可逆转的破坏,甚至影响纪录片这一影像类型的发展。生成式人工智能对纪录片的介入应控制在一定的范围内并遵循伦理规制,纪录片行业也应在使用AI技术的过程中逐渐探索与界定使用AI的边界。

首先,虽然在AIGC背景下的纪录片"内容真实"的范围不再固定,但"信任真实"的底线仍应该被遵守。胡泳指出,目前绝大多数人成长于"相信摄像机拍摄的就是真实视频"的时代,而伪造视频一般成本高、效果差,达不到"以假乱真"的成效,因此,人们会认为远程观看到的内容是真实的。④ 但Sora等生成式人工智能技术打破了这种媒介参考框架,"眼见不为实"的时代已经来临。约书亚·罗斯曼(Joshua Rothman)

---

① 成都市广播电视台.布局人工智能关键一子!成都市广播电视台AIGC创新应用工作室今日正式挂牌[EB/OL].(2024-02-23)[2024-05-09]. https://www.cditv.cn/show/4809-1761279.html.
② 中国纪录片研究中心."技术+内容"双创新,探索纪录片新业态!优酷纪录片2024片单发布[EB/OL].(2023-12-07)[2024-05-09]. https://mp.weixin.qq.com/s/p67yW6JccKYp43RP5w3ECg.
③ 搜狐网.纪录片要从小众走向大众[EB/OL].(2023-12-08)[2024-05-09]. https://www.sohu.com/a/742350272_119377.
④ 胡泳.AI视频的兴起:Sora类生成式平台的可能性与风险[J].传媒观察,2024(4):5-19.

认为,随着生成式人工智能技术的发展,"人们认为摄影和摄像所记录的内容是真实的"这样的时代会不复存在,人们已经无法凭借自己的感官来把握真实。① 喻国明等曾指出,在面对新闻真实这一"古老新问题"时,不仅需要关注内容层面上的真实,更应该关注传受主体之间的"关系对齐"基础上的信任真实。② 因此,在 GAI 技术迅速发展的"眼见不为实"的时代,纪录片创作者与观众之间的信任真实显得更为重要。《伯德夫人日记》(The Lady Bird Diaries)的导演道恩·波特(Dawn Porter)认为,目前值得担忧的问题是纪录片制作者可能会拒绝公开拍摄时使用到的技术,以及使用这些技术的原因。③ 前文提到的两个纪录片实例形成了鲜明对比。《安迪·沃霍尔:时代日记》和《流浪者:一部关于安东尼·波登的电影》都使用了 GAI 技术合成纪录片主人公的声音,但《安迪·沃霍尔:时代日记》的导演安德鲁·罗西声明,其纪录片中的 AIGC 已征得沃霍尔遗产委员会同意,同时,导演也坦诚地向观众说明了创作中的 AI 使用情况,在影片的显眼位置注明了部分声音由人工智能合成。罗西认为,在纪录片创作中使用人工智能技术需要保持高度的透明,让观众知情。他强调:"使用人工智能需要向他人征求建议,同时需要将此完全坦诚地告知观众和你的拍摄对象。"④ 而《流浪者:一部关于安东尼·波登的电影》的导演摩根·内维尔则未公开告知观众本片使用 AI 技术合成声音,使观众以为片中人物的声音是安东尼·波登的原声,最终该片遭到了观众的批评与抵制。有研究者认为,内维尔隐瞒 AIGC 的做法,和 1922 年罗伯特·J.弗拉哈迪(Robert J. Flaherty)在拍摄《北方的纳努克》(Nanook of the North)时采用演员扮演的做法有相似之处。⑤ 二者都打破了纪录片制作者与观众的信任关系。观众预期中的纪录片应该呈现出未经修饰、无表演痕迹、无脚本的真实事件,而当纪录片制作者呈现的内容打破了观众与创作者之间的信任契约时,往往会被视为一种越轨行为。一旦创作者与观众的"信任真实"被打破,纪录片这一影像类型存在的意义也会受到质疑。克雷格·海特(Craig Hight)认为,在广泛应用数字技术的时代,纪录片创作

---

① ROTHMAN J. As real as it gets:are we already living in virtual reality[J]. The New Yorker, 2018,94(7):30-36.
② 喻国明,高娅婕,章雪晴."后真相"的形成机制与消解之道:AIGC 时代新闻真实的重建:基于信息生态理论的探讨[J]. 学术探索,2024(5):37-45.
③ 中国纪录片研究中心. 国际瞭望 | 我们如何称之为真实:人工智能与纪录片制作的争议[EB/OL]. (2023-09-07)[2024-05-09]. https://mp.weixin.qq.com/s/u0kjQMDpp8guj0eo8dURkA.
④ 中国纪录片研究中心. 国际瞭望 | 我们如何称之为真实:人工智能与纪录片制作的争议[EB/OL]. (2023-09-07)[2024-05-09].https://mp.weixin.qq.com/s/u0kjQMDpp8guj0eo8dURkA.
⑤ FITCH III J C. When AI breaks audience trust-neville's "roadrunner: a film about anthony bourdain"[J]. Journal of media ethics, 2022, 37(4):293-295.

者应该就纪录片的内容、技术等问题与观众进行更直接的交流。[1] 因此,即使AIGC不断拓展着纪录片的"内容真实"边界,但"信任真实"的底线不能被轻易突破。

其次,AIGC背后的权力与偏见问题也值得关注。斯科特·拉什(Scott Lash)指出:"在一个媒体和代码无处不在的社会里,权力越来越存在于算法之中。"[2]生成式人工智能不只是一种新技术,也是新的权力形态。GAI技术及算法始终与其开发者、研发机构以及相关的权力关系网络紧密相连。兰登·温纳(Langdon Winner)认为,特定的政治属性内嵌于技术中,借助技术手段巩固权力,技术也在某种意义上回应着政治权力的需求。[3] GAI技术的硬件、软件、算法、数字资源等都承载了特定的政治权力和意识形态,当其被应用到纪录片领域时,这种内嵌的权力关系也会被移植到纪录片制作过程中,并在这一过程中逐渐显现。此外,人类社会的结构性偏见也会被嵌入AI技术的算法实践中。吕克·博尔坦斯基(Luc Boltanski)在论述其"批判社会学"理论时提到,现实(reality)是被建构出来的,这种建构的现实是片面的(partielle)和有偏见的(partiele),因此我们需要以批判来质疑现实的真实性。[4] 如前文所述,AI本身属于世界3即人工产物,无法完全规避来自人类社会的偏见。虽然GAI能够基于海量数据建构出世界4,但其建构过程本身和建构出来的"现实"也会不可避免地带有片面性和偏见。原始数据的采集与数据库的建立、算法过程的设计、算法与用户的互动三个过程均会受到人类偏见的干扰,算法在这些过程中会"继承并强化人类社会的原始偏见,最终导致社会偏见经过算法程序无限循环"。[5] 正如卡普尔(Anandana Kapur)和安萨里(Nagma Sahi Ansari)所说,看似"不受政治影响""合乎道德"和"价值中立"的机器,实际上成为"组织和控制身体、物品、空间和体验的媒介"。[6] 因此,在纪录片制作过程中使用AIGC时,应时刻保持对技术背后权力与偏见的警惕,审视并修正算法问题,规避GAI技术带来的数字风险,维护好纪录片的社会价值与真实属性。

---

[1] HIGHT C. Deepfakes and documentary practice in an age of misinformation[J]. Continuum, 2022, 36(3): 393-410.
[2] LASH S. Power after hegemony: cultural studies in mutation?[J]. Theory, culture & society, 2007, 24(3): 55-78.
[3] WINNER L. Do artifacts have politics?[J]. Daedalus, 1980: 121-136.
[4] BOLTANSKI L, RENNES J, SUSEN S. The fragility of reality: Luc Boltanski in conversation with Juliette Rennes and Simon Susen[C]//SUSEN S, TURNER B S. The spirit of Luc Boltanski: essays on the 'pragmatic sociology of critique'.London: Anthem Press: 591-610.
[5] 郭小平,秦艺轩.解构智能传播的数据神话:算法偏见的成因与风险治理路径[J].现代传播(中国传媒大学学报),2019,41(9):19-24.
[6] KAPUR A, ANSARI N S. Coding reality: implications of AI for documentary media[J]. Studies in documentary film, 2022, 16(2): 174-185.

总之,生成式人工智能在纪录片领域的运用引发了对"真实性"的重新评估。GAI 技术虽然打破了传统意义上的媒介内容真实,但其建构起了"三个世界"之外的世界 4,拓展了"真实"的定义边界,赋予"真实"更丰富的意涵。AIGC 也为纪录片提供了更多样的叙事手段,丰富了纪录片表达"真实"的方式。但也应认识到,不加限制地使用 AIGC,会破坏纪录片创作者与观众之间的信任真实,同时可能导致内嵌于 GAI 技术内的权力与偏见移植到纪录片影像中,破坏纪录片这一影像类型及其社会价值。对于纪录片创作而言,GAI 应该被视为一种辅助性的实用工具。纪录片创作者"有责任塑造技术以及与技术共存的方式"[①],应始终保持对纪录片创作及其真实价值的敬畏,在适度的范围内合理使用 GAI 技术赋能创作,遵守行业规范,与观众保持坦诚的沟通,使 GAI 技术更好地服务于创作本身,以创新的风格传达真实的内核,借助 AIGC 更好地彰显纪录片的文化价值和纪录核心特质。

〔梁君健,清华大学新闻与传播学院副教授、博士生导师;杨茹珺,清华大学新闻与传播学院硕士研究生,清华大学影视传播研究中心研究助理〕

〔特约编辑:顾洁〕

---

① PETERS M A, JACKSON L, PAPASTEPHANOU M, et al. AI and the future of humanity:ChatGPT-4, philosophy and education-critical responses[J]. Educational philosophy and theory,2023:1-35.

从国家记忆到人民记忆的影像传播*
——融媒时代纪录片的现实主义创作流变
Image Transmission from National Memory to People's Memory
——The Evolution of Realistic Documentary Creation in the Era of Media Convergence

◎ 张爱凤

Zhang Aifeng

摘要：从本质上讲，国家记忆是一种集体记忆，与国家的诞生、发展及国家认同密切相关。主流媒体创作的纪录片聚焦时代主题，弘扬民族精神，是建构国家记忆的重要载体。融媒时代自媒体微纪录片的发展，反映出人民对于影像生产、传播、审美及自我价值实现的多元需求，有着人民记忆的鲜明特性。当下的纪录片创作与研究，不仅需注重宏观政治层面的大事件、大人物，也要发掘、研究基层的人民记忆，更需进一步思考，如何通过多元主体协同参与的方式，以影像建构丰满、鲜活的新时代中国记忆。

关键词：媒介融合；纪录片；国家记忆；人民记忆

Abstract: Essentially, national memory is a collective memory closely related to the birth, development, and national identity of a country. Documentaries created by state media focus on the theme of the times, promote national spirit, and are an important carrier for constructing national memory. The development of we-media micro documentaries in the era of integrated media reflects the diverse needs of the people for image production, dissemination, aesthetics, and self value realization, with distinct characteristics of "people's memory". The current creation of documentaries not only needs to focus on major events and figures at the macro political level, but also needs to excavate and record the memories of grassroots people. The academic community needs to further

---

* 本文系国家社科基金重大项目"提升面对重大突发风险事件的媒介化治理能力研究"（项目批准号：21&ZD316）的阶段性研究成果。

consider how to construct a cornucopian and vivid memory of China in the new era through the participation of multiple subjects through imagery.

Keywords：media convergence，documentary，national memory，people's memory

从大历史观的角度来看,书籍、报刊、摄影、电影、电视、音视频等都是塑造、传播国家历史和记忆的重要媒介,连接着过去、现在和未来。"现代国家必须通过诸如优秀历史文学影视作品创作、历史教科书的科学编纂、叙事方式的恰当运用等历史记忆手段,不断增强人们的国家认同感。"[①]电影《长津湖》,电视剧《觉醒年代》《光荣与梦想》《理想照耀中国》等,形象化地传播了中国共产党党史,用影像的方式建构了国家记忆。

从大时代观的角度来看,艺术家应该引领时代风气之先,描绘时代的精神图谱,为时代画像、立传、明德。纪录片《摆脱贫困》《遍地英雄下夕烟——致敬脱贫攻坚的人民》《追光者:脱贫攻坚人物志》等反映了中国共产党领导人民打赢脱贫攻坚战的壮举,《记住乡愁》《乡村振兴看中国》《理想的乡村》等记录了积极投身乡村振兴事业的人物故事、非凡成绩,共同建构了共和国发展史上的一段重要记忆。

从1958年至今,中国电视纪录片(下文简称纪录片)已走过66年的风雨历程。在媒介技术不断变革的当下,纪录片的形态与创作取向发生怎样的变化？诞生于融媒背景下的微纪录片,在塑造国家记忆和人民记忆方面发挥了怎样的作用？面向未来,纪录片应该如何书写立体、丰满的时代记忆？这都是本研究特别关注并期望深入探讨的问题。

一、融媒时代国产纪录片的多维发展

(一)文艺政策引领纪录片高质量发展

不同历史时期的文艺政策对于文艺创作具有强有力的引领和指导作用。2010年至2021年,国家广电总局相继出台《关于加快纪录片产业发展的若干意见》《关于开展"百人百部中国梦短纪录片扶植计划"的通知》《关于实施"记录新时代"纪录片创作传播工程的通知》《关于实施中国纪录片对外传播推优扶持项目的通知》等文件,对于

---

① 吴玉军,顾豪迈.国家认同建构中的历史记忆问题[J].中国特色社会主义研究,2018(3):69.

繁荣国产纪录片创作、培养优秀创作人才、推动国产纪录片"走出去"起到了积极的作用。

新时期的纪录片传承了中国文艺的现实主义创作精神。呼应着改革开放 40、45 周年,新中国成立 70 周年,澳门回归 20 周年,脱贫攻坚战,乡村振兴,中国共产党成立 100 周年,香港回归 25 周年,共建"一带一路"10 周年等重要节点,历史事件、重大主题、国家战略、党史记忆,成为近年来主流媒体纪录片创作的关键词。

中央广播电视总台和地方广播电视机构制作播出了一系列大型纪录片,如《我们一起走过——致敬改革开放 40 周年》《澳门二十年》《我们走在大路上》《2020 我们的脱贫故事》《英雄儿女》《抗美援朝保家卫国》《敢教日月换新天》《山河岁月》《美术经典中的党史》《播"火"——马克思主义在中国的早期传播》《通向繁荣之路》等。这些纪录片聚焦时代主题,追溯宏阔历史,弘扬民族精神,充分发挥了纪录片作为国家记忆载体的功能,体现出强烈的媒体责任与专业主义特征,为宏观政治传播赋能。

此外,顺应融媒时代发展,以《国家相册》《百炼成钢:中国共产党的 100 年》《红色烙印——革命文物的故事》《永远的初心》为代表的历史题材类微纪录片,以《如果国宝会说话》《"字"从遇见你》《画里有话》《来龙去脉》等为代表的文化类微纪录片,也精品迭出。其中,《如果国宝会说话》第三季、《百炼成钢:中国共产党的 100 年》均入围第 27 届电视文艺"星光奖",《敢教日月换新天》获得优秀电视纪录片奖。

每一种媒介都有其特定的记忆书写符号及叙事方式。在影视艺术的多种类型中,纪录片因兼具真实性和艺术性,被称为"时代影像志",具有独特的文献价值、文化记忆的传承价值、思想艺术的审美价值和信息传播的社会价值。

(二)人世百态、人民代言:自媒体微纪录片创作凸显"烟火气"

随着媒介融合的深度推进,近年来,纪录片已成为央视频、央视网、芒果 TV、爱奇艺、腾讯视频、优酷、哔哩哔哩等网络视听平台内容建设的重要抓手。中国人民大学华侨华人研究中心研究员、纪录片导演张瑜泽认为"烟火气是纪录片创作底色"[①]。在今日头条、西瓜视频、微博、微信公众号、抖音等为代表的社交媒体平台上,大量的自媒体人聚焦百姓的烟火人生,创作的微纪录片(亦可被称为"纪实类中视频",排除纯娱乐、虚构性、编排性、营销性强的段子类视频)呈现出百花齐放的发展态势。

---

① 张瑜泽.烟火气是纪录片创作底色[N].光明日报,2023-07-12(12).

业界称时长大于等于1分钟的视频为"中视频"[①],1分钟以内的视频为"小视频"或"短视频"。更广的受众覆盖、更年轻化的消费人群,是中视频用户的显著特征。相较于集数多且单片时长1小时左右的长纪录片,社交媒体平台上自媒体人创作的微纪录片呈现出"微"特点。在这里,"微"有三层含义:一是指篇幅短小、题材微小,不追求内容的完整性,呈现出局部、片段、零碎的特点;二是指内容感性具体,多反映百姓日常生活中的见闻、琐事;三是指创作者多为本人或家庭成员,采用"我"的微观视角进行叙事。

字节跳动旗下的西瓜视频是正在高速成长的中视频内容生产、传播、创业平台,也是最受用户欢迎的视频平台之一。在西瓜视频平台上,平均时长为2—10分钟的纪实类中视频,多围绕身边人、身边景、身边事展开创作,农民种地(农民王小)、儿童成长(布衣小童)、青年创业(乡村小乔、麦小登、农村阿凯)、日常美食(大脸的乡村生活、乡村美食炊二锅)、市民生活(北京瑞姐、一朵北漂)、文化传承(阿木爷爷、评弹小刘)、旅行见闻(大头小头去旅行、刘伟元的旅行)、中外文化交流(歪果仁研究协会)等,体现出题材多元、风格个性、交流感强、互动性好等特点,颇具人间烟火气。

目前,学界还没有明确把自媒体人拍摄的纪实类中视频认定为微纪录片,也没有予以更多的关注与研究。但正如西瓜视频的宣传语"点亮对生活的好奇心"所言,这些视频深切地回应着新媒体时代用户对于影像生产、传播、审美及自我价值实现的多元需求,深度契合"以人民为中心"的发展思想。自媒体微纪录片在创作与研究之间的隔阂需要消除,这也是本研究力求推进的内容。

(三)从主流媒体到自媒体:纪录片创作与研究中的"人民江山"

2021年2月20日,习近平总书记在党史学习教育动员大会上明确提出"人民江山论","历史充分证明,江山就是人民,人民就是江山,人心向背关系党的生死存亡"[②]。2021年底,由新华通讯社、新华社国家高端智库出品,中国传媒大学深度参与的纪录片《共同的追求——民主自由人权的身边故事》(中、法、西、俄、阿、葡语版)上线。该片以普通中国人的故事反映"民主、自由、人权"等宏大命题,体现出"人民"与"江山"的统一性。

央媒视频内参中心原副主任、终审人弓立军曾在今日头条平台发布的视频中呼吁

---

① 西瓜视频联合抖音、今日头条发布《中视频 2021 发展趋势报告》[EB/OL].(2022-01-10)[2024-10-25].https://baijiahao.baidu.com/s?id=1721546316975866823&wfr=spider&for=pc.
② 习近平.在党史学习教育动员大会上的讲话[J].党建,2021(4):8.

行业、政府要重视创作优质作品的基层自媒体人,国家在制定相关政策的时候,要多参考基层自媒体人创作的优质作品,作为决策的参考。同时,他还希望更多的人能够自觉、主动地去拿起手机、相机去拍视频,记录自己的生活、人生,让这个国家巨变进程中每一个鲜活生动的人、每一个普通家庭的变化,都能呼应大国崛起的巨变。作为国家主流媒体的一员,弓立军表达了一个鲜明的观点,那就是关注自媒体微纪录片在书写历史、保存时代记忆方面的特殊贡献。但目前来看,学界从"记忆"的视角关注自媒体微纪录片的研究成果稀少。

习近平总书记在文艺工作座谈会上指出:"人民既是历史的创造者,也是历史的见证者,既是历史的'剧中人',也是历史的'剧作者'。"[①]融媒时代,学界需要拓展纪录片学术研究的新对象、新视角,既要关注宏观层面的国家历史、民族记忆,也要充分挖掘、客观评价微观层面的普通网民在微纪录片创作、书写记忆方面的价值,并积极推动二者的互动与交融。

二、集体记忆与国家认同:纪录片对"国家记忆"的影像建构

相较于电影艺术,纪录片在中国的发展还不到70年(从1958年至今)。作为视听艺术的一种类型,纪录片是在宏观的社会主义文艺政策的引领下发展起来的。

(一)真实的力量:作为记忆媒介的纪录片

在我国,从记忆的视角切入纪录片的研究,只是近二十年的事。2010年,王伟平撰写的《电视纪录片的文化记忆功能》一文,明确提出了"电视纪录片是文化记忆的载体","记忆是历史存在的意义所在,现时呈现的影像其实是对历史的重构和意义解读,纪录片尤其如此"[②]。这与在世界范围内兴起的"记忆"问题研究有很大关系。

文化记忆的基础是通过媒介实现的沟通。文学、历史、电影、电视剧、纪录片、互联网都拓展了记忆的时间和空间范围。在第五届西湖纪录片大会上,影评人王小鲁提出:"时间和历史是不可逆的,但纪录片截取了过去的时间,让我们沉浸在其中,并且能够让我们按照时间顺序去体验,因此它给予我们更为深刻的记忆方式。"[③]

我们将纪录片作为一个记忆体或是一种记忆机制来看待,而不单纯地将其视为一

---

① 习近平谈治国理政:第二卷[M].北京:外文出版社,2017:314.
② 王伟平.电视纪录片的文化记忆功能[J].新闻战线,2010(6):74.
③ 王小鲁.记忆赛博格与可体验的历史[EB/OL].(2021-11-16)[2024-10-25].https://m.thepaper.cn/baijiahao_15403712.

种艺术类型时,就会对纪录片获得更加新颖且有深度的认识。从历史的角度来说,具有真实性的纪录片,如《国家记忆》《国家相册》《延安记忆》《三十二》等,都具有珍贵的历史文献价值。

关于记忆问题,典型的边界值是 40 年和 80 年,80 年是活生生的回忆所能达到的极限值(口述历史的研究表明了这一点,口头追述最多到 80 年)。纪录片作为一种记忆的媒介,能够展现出强大的胜于人类身体的生物记忆功能,即纪录片保存的记忆时间远超于个体记忆极限的 80 年,甚至能依赖技术的进步达到永恒保存。这是历史和记忆研究的重要突破,也是纪录片创作与研究开辟的新领域。

(二)记忆"国家化":纪录片的影像生产与大众传播

从长纪录片到纪录短片或微纪录片,不只是时间长度或形态的变化,还是创作理念、生产环境、题材、传播模式及人文价值等多方面的转换。在当下,国家媒体、商业媒体、自媒体等,共同成为纪录片创作的多元主体。

从本质上讲,国家记忆是一种集体记忆,是与国家的诞生、发展及国家认同密切相关的记忆。从集体记忆与国家记忆的关系来看,国家记忆等于把记忆"国家化"。"其一,记忆必须进入公共领域,成为可被公开谈论的公共性话题;其二,记忆必须被制度化,这是'国家同一性'的现实体现;其三,记忆必须被文本化。……当历史在某种现实语境中被激活、被反复地重提甚至更新时,当这种现实涵盖了几乎全部国民的政治需求及情感需求时,共同的历史才有可能成为共享的记忆,成为国家层面的记忆。"[①]"进入公共领域(在媒体上播出、讨论)""被制度化(国家予以制度保障、政策支持)""被文本化(视听文本)",从这个意义上说,纪录片在建构与保存国家记忆方面,有着得天独厚的专业优势。

自 2014 年起,我国将每年的 12 月 13 日确定为南京大屠杀死难者国家公祭日。2005 年以来,江苏省广播电视总台曹海滨导演团队先后制作了《1937·南京真相》《1937·南京记忆》《外国人眼中的南京大屠杀》《幸存者——见证南京 1937》《南京之殇》《铭记》等多部纪录片,以视听影像文本的方式保存了这段国家记忆,"反复地书写一定有助于民族集体记忆的强化,也有助于当下受众对历史事件更立体更深刻的认知"[②]。

---

① 赵静蓉.国家记忆的生成机制与经典建构[J].学习与实践,2020(10):121.
② 刘永昶.影像记忆的光亮:与曹海滨导演谈南京大屠杀题材纪录片创作[J].视听界,2023(1):37.

(三)从形象政论片到新主流片:长纪录片中的国家叙事

1958年是中国电视事业的开创之年,也是中国电视文艺的诞生之时。我国的电视媒体从诞生之日起,"政治功能统帅着整个早期电视,建立在社会主义政治体制背景下的中国电视,从一开始就奠定了其特殊重要的地位——它是党和政府的喉舌和宣传工具"①。

1958—1977年,中国的纪录片直接采用苏联斯大林电影模式即"形象化的政论"(列宁语),忠实地记录了中国历史进程中的重大事件、重要人物,特点是重视文本、内容抽象、解说主导、声画分离,主要功能是宣传政治、保存国家记忆,具有重要的历史文献价值。

改革开放45年来,中国电视纪录片可以分成"人文化(1978—1992)""平民化(1993—1999)""社会化(2000—2009)""政治化产业(2010至今)"②四个时期。20世纪八九十年代,以《丝绸之路》《话说长江》为代表的纪录片,成为一个时代的集体记忆;《沙与海》《望长城》等推动中国电视纪录片从精英文化向大众文化转变,逐渐呈现出重视记录过程、视听声画统一、平民化视角、叙事性强等特点,由此确立电视纪录片由文化美学向纪实美学演变的里程碑。

进入21世纪后,以《复活的军团》《故宫》《圆明园》《大国崛起》《我们的奥林匹克》《美丽中国》《舌尖上的中国》《信仰》《长征》《航拍中国》《何以中国》等为代表的"新主流纪录片"出现。"(新主流纪录片)并非一定是'政治化的产物',而是开始更多向历史人文、自然地理、非遗民俗、考古发现和普通百姓日常生活故事等方面拓展。"③这些纪录片突破了早期单一的形象政论片的影像风格,对国家记忆的建构呈现出多主体、多题材、多视角、多风格的特点。

(四)微纪录片对"国家记忆"的融合传播

意大利历史学家、哲学家、文艺批评家贝奈德托·克罗齐认为:"历史从未由叙述构成,但总是由文献,或变为文献或按文献对待的叙述构成","一切脱离活文献的历史都是空洞的叙述"。④

---

① 岳淼,陈琪.中国电视新闻50年发展史论略[J].东南传播,2010(3):76.
② 何苏六,韩飞.时代性互文互动:改革开放40年与中国纪录片的发展谱系[J].现代传播(中国传媒大学学报),2018(12):111.
③ 徐莹,姚争.新主流纪录片形态小微化创新探析[J].电影评介,2022(12):1.
④ 克罗齐.历史学的理论和历史[M].田时纲,译.北京:中国人民大学出版社,2012:4,7.

2017年，新华社推出一档微纪录片栏目——《国家相册》，由新华社高级编辑陈小波担任策划及讲述人。该片依托中央级档案馆——中国照片档案馆，从1892年以来的上千万张馆藏照片中，聚焦中国百年历史中的重大事件和珍贵历史影像文献资料，挖掘老照片背后的故事，唤醒国人的国家记忆。《国家相册》至今已播出至第五季，在互联网、电视台、手机客户端、海外媒体终端等多个平台同步播出，获得了第七届"光影纪年"——中国纪录片学院奖最佳微纪录片奖。

2021年，由中央党史和文献研究院、国家广电总局、中共江苏省委联合出品的百集微纪录片《百炼成钢：中国共产党的100年》，选取了中国共产党诞生以来国家发展中的100个重要事件，每集8分钟，用珍贵的影像文献资料反映出百年大党的光辉历程和伟大成就，成为融媒时代微纪录片建构国家记忆的成功案例，也成为党史、新中国史、改革开放史、社会主义发展史的生动视听教材，在江苏卫视、北京卫视等数十家卫视及全国各大网站联动播出。

这一类微纪录片既有国家高度，也有历史深度，同时还使用了动画、沙画、情景再现等创作手段，大小屏融合传播提升了纪录片在网民中的传播度，对于普及历史知识、强化国家认同具有积极的作用。

三、从《生活空间》到自媒体微纪录片：人民记忆的多元叙事

(一)人人都是自己的历史学家：纪录片与人民记忆的勾连

在纪录片的研究成果中，根据知网文献搜索，最早将"纪录片"与"人民记忆"相关联的文章，是原北京广播学院的王纪言、刘春合作撰写的评论《人性视角与人民记忆——看纪录片〈两个孤儿的故事〉想到的》。该文认为，辽宁台创作的纪录片《两个孤儿的故事》中的两个中日孤儿，其作为普通个体的生命记忆是二战记忆中真正的"人民记忆"[1]。

此后，"纪录片"与"人民记忆"的研究中断多年，最新的一篇文章是《"小写历史"与"人民记忆"：纪录片〈山河岁月〉的历史叙事》。该文认为，百集文献纪录片《山河岁月》体现了"小写历史"的视角，坚持以人民为书写主体的历史观，将从多个向度汇聚的个体故事凝结成具有情感美学价值的人民叙事[2]。

---

[1] 王纪言,刘春.人性视角与人民记忆：看纪录片《两个孤儿的故事》想到的[J].电视研究,1994(8):11.
[2] 罗峰,王岩."小写历史"与"人民记忆"：纪录片《山河岁月》的历史叙事[J].中国电视,2021(10):82.

本文认为,"人民记忆"是指以"人民"为记忆主体和客体的记忆,简单而言,就是人民以创作者的身份记录关于"人民(片中人)"的记忆。在融媒时代,"人民记忆"反映在微纪录片中,特指自媒体人拍摄的与百姓生活相关的纪实性内容。

微纪录片是移动互联网时代非常活跃的新媒介文化形态之一。从毛泽东在延安文艺座谈会上提出的"文艺为什么人服务(立场)"以及"如何服务(态度、方法)"两个问题,到新时代习近平总书记在文艺工作座谈会上明确提出"要牢牢把握坚持以人民为中心的创作导向","人民",一直是我国现实主义文艺观中的核心主题词。

卡尔·贝克尔说:"人人都是他自己的历史学家。"[1]法国社会学家米歇尔·德塞图也强调日常生活实践具有重要意义,认为需要深入普通大众的日常生活去挖掘有价值的力量。因此,我们需要积极发掘普通人在纪录片创作与学术研究中的新价值,在建构人民记忆方面发挥的积极作用。

(二)人民记忆:从"专业叙事"到"大众叙事"

20世纪90年代,中国的改革开放深度推进,促成政治、经济、文化、生活等多方面的变革。思想的解放、经济的发展为大众文化的兴起创造了有利的条件。

1993年,中央电视台的品牌栏目《东方时空》创建了一个追求纪实风格的电视短纪录片子栏目《生活空间》。《生活空间》的栏目制片人陈虻认为,中国纪录片的生命和基础在于回归人民,回归日常生活,关注现实和当下。他期望通过《生活空间》栏目实施他"记录小人物历史"的电视改革理念,即将镜头从聚焦精英群体转向普通百姓,通过平等、亲和、贴近、观察的方式,讲述老百姓的平凡故事。《生活空间》栏目的宣传语"讲述老百姓自己的故事",通俗地表达了这个改革理念。同期,上海电视台创设的《纪录片编辑室》也有着相似的价值追求,"追踪改革大时代,讲述人生小故事",将镜头对准老百姓,挖掘平凡人生故事。

在快速发展的时代洪流中,在日新月异的改革开放进程中,《生活空间》《纪录片编辑室》等栏目为中国留下了一部"由小人物构成的历史",弘扬了普通大众的时代价值。但从文化意义上看,《生活空间》的创作者都是具有专业媒介素养的知识分子,节目秉持纪录片的创作规范和人文价值观,本质上仍然属于一种"精英叙事"。自媒体的快速发展让大众实现了自我叙事,体现出一种新的文化权力关系的构建。

---

[1] 贝克尔.人人都是他自己的历史学家[M].马万利,译.北京:北京大学出版社,2013:1.

(三)人民主体:记录鲜活的人民记忆

以近年来哔哩哔哩、西瓜视频中快速崛起的"三农"中视频创作群体为例,在既往的文化权力结构中,中国的农民群体普遍是媒体叙事中"沉默的他者"。随着我国农村互联网普及率的提升,智能手机和各种音视频编辑软件的普及,还有视频平台对原创作者的激励及资金扶持,像河南回乡大学生麦小登、河北青年阿凯这样的农人有机会参与微纪录片的创作,并以"我"的身份成为叙事主体。虽然身份、年龄、地域、职业、粉丝数量各有不同,但他们有一个共同特点,那就是积极主动、持续不断地发掘、记录着自己和身边人的日常生活,以"我"的身份讲述个人奋斗、家庭发展、城乡变迁等方面的百姓故事[①],留下了时代洪流中人民的奋斗记忆。

入选西瓜视频2022—2023"金秒奖-中视频影响力榜单"的作品讲述了各行各业、不同领域的人的奋斗故事,有的记录自驾环游中国的经历,有的表现雪域高原上的父女亲情,有的表现妻子开网约车、丈夫送外卖的打拼生活,也有的展示中国多姿多彩的乡村、少数民族部落生活。自媒体让更多以往处于沉默状态的群体,有了发挥才能、表达观点、重塑人生的平台;而轻快、便捷、日常的微纪录片创作方式,则让普通人在时代洪流中留下了个体及家庭的日常记忆。平凡大众由此成为自己的历史学家,建构起当代中国不可或缺的丰富多彩的人民记忆。

近年来,纪实类中视频创作领域的返乡青年和银发创作者受到关注,涌现了很多有独创性、有价值、有思想的作品。这也推动了视频平台加强经费投入和政策支持,鼓励更多普通用户创作优质纪实内容,记录百姓人生。

四、融媒时代的纪录片:时代记忆的参与性建构

(一)讲好中国故事与书写时代记忆

党的二十大报告指出,加快构建中国话语和中国叙事体系,讲好中国故事、传播好中国声音,展现可信、可爱、可敬的中国形象。纪录片兼具纪实性、审美性、故事性等特点,为国内外观众读懂中国打开了一扇重要窗口。

"记忆不是纯个体现象,更不是纯生理现象。……我生活其中的群体、社会以及时

---

① 张爱凤.政治·文化·媒介:乡村振兴背景下三农短视频参与媒介治理的三重逻辑[J].中国新闻传播研究,2022(4):3.

代精神氛围,能否提供给我唤起、重建、叙述记忆的方法,是否鼓励我进行某种特定形式的回忆,才是至关重要的。"①学术界普遍认为,相对于个体记忆,还有社会记忆的存在。哈拉尔德·韦尔策将社会记忆定义为"一个大我群体的全体成员的社会经验的总和"②。

"纪录片对社会记忆具有存储和建构作用,具有记录当下、书写历史甚至启迪未来的独特力量。"③2020年初新冠肺炎疫情暴发后,中央媒体、地方媒体、视频网站和普通民众纷纷参与,推出了多部纪录片,成为疫情危机中的"纪实先锋"④。其中具有代表性的有中宣部、中央广播电视总台联合制作的系列纪录片《同心战"疫"》,中央广播电视总台制作的微纪录片《武汉:我的战"疫"日记》《武汉战疫纪》《2020春天纪事》等,新华通讯社制作的《英雄之城》、湖北广播电视台制作的《见证》等;哔哩哔哩、爱奇艺、优酷人文、企鹅影视和二更制作的《中国医生·战"疫"版》《在武汉》《中国面孔》《冬去春归·2020疫情里的中国》《正月里的坚持》等。这些纪录片体现出"国家记忆"与"人民记忆"互动交融的特点。

(二)多元主体参与性建构时代记忆

自2016年以来,中国(广州)国际纪录片节每年都向全球征集"中国故事"国际提案,整合中外纪录片创作传播领域的资源,把"中国故事"推向国际舞台。

2023年9月8日,日本籍导演竹内亮因用系列纪录片拍摄真实的中国,获得中国外文局发起设立的兰花奖"友好使者奖"。疫情期间,竹内亮拍摄的纪录片《南京抗疫日记》《好久不见,武汉》曾多次被中国外交部发言人点赞。

《好久不见,武汉》在策划阶段,通过微博征集了100多名武汉网民参与拍摄,从中挑选了10位进行跟拍,其中有把摄像机安装在头盔上记录武汉街景的外卖骑手老计,在疫情中苦苦坚守的奶茶店老板郭婷,希望能够"活下去"的日料店老板赖韵,奋战在抗疫一线的护士龚胜男,雷神山医院的建设者李杰,还有通过无人机拍摄武汉、宣传武汉文化的初中英语老师,以及在疫情中爱情弥坚的警察情侣,等等。该片是创作者、市民、网民共同参与完成的,在哔哩哔哩播放时,有近2万条弹幕、2千多条评论,体现出网民观看此片时产生的共鸣和反思。"讲好中国人的故事,将最真实的中国形象传达

---

① 哈布瓦赫.论集体记忆[M].毕然,郭金华,译.上海:上海人民出版社,2002:68-69.
② 韦尔策.社会记忆(代序)[M]//韦尔策.社会记忆:历史、回忆、传承.季斌,王立君,白锡堃,译.北京:北京大学出版社,2007:6.
③ 周子恒,贾景智.医疗题材纪录片对社会记忆的建构研究:以抗疫纪录片为主[M].中国电视,2020(11):109.
④ 江礼贤.微纪录片:疫情危机中的"纪实先锋"[M].视听,2020(4):124.

给大家。"①在外界曲解、污名化中国之际,该系列纪录片为世界观众提供了真实、客观的第三方视角。2024年4月,竹内亮耗费十年拍摄完成的纪录片《再会长江》在日本上映,进一步推动中国故事"走出去"。

纪录片《柴米油盐之上》的参与主体体现出更多元化的特点。该片由国务院新闻办公室监制,中宣部对外推广局、国家广播电视总局网络视听节目管理司指导,中国报道杂志社解读中国工作室联合腾讯视频、福建省广播影视集团、深圳市委宣传部共同出品,两届奥斯卡奖获得者、英国导演柯文思(Malcolm Clarke)执导。该片通过外国导演的观察视角,讲述中国共产党领导下的基层人民脱贫攻坚的故事,获评2021年度优秀海外传播作品,为纪录片讲好中国故事、书写时代记忆、传播中国声音提供了积极的启示。

在哔哩哔哩、西瓜视频等平台上,以"歪果仁研究协会"为代表的在华外国人自媒体创作者,以中外文化体验者的身份记录当下中国发生的故事,并将作品同步发布在海外社交媒体平台,积极推动中外文化交流。

(三)科技赋能纪录片书写新时代中国记忆

如何通过纪录片反映当下时代的历史巨变、描绘时代的精神图谱,是一项重要而艰巨的时代课题。2023年12月5日,第20届中国(广州)国际纪录片节主论坛"时代立传——纪录片的历史责任与文化使命"在广州举行。与会专家认为纪录片承担了记录新时代、书写新时代、讴歌新时代的使命,《港珠澳大桥》《神奇的嫦娥五号》等纪录片采用了多种科技创新手法进行制作,记录了中国超级工程建设的历程,书写了新时代中国记忆。

不管是国家记忆还是个体记忆,都需要借助一定的媒介才能得以长时期地保存和传承。在融媒时代,作为记忆媒介的纪录片,可以作为中介在不同创作主体间形成互动,并激发出"人民"作为创作主体的积极性。当代中国的记忆,不仅需要注重记录宏观事件、伟大人物,也要发掘鲜活生动的人民记忆。②

人工智能的快速发展为多元主体参与纪录片创作,书写更立体、多元的新时代中国记忆带来了更多可能性和可行性,但我们也要关注相关的技术伦理与法律问题。纪录片与剧集、综艺、直播、游戏、动漫的合作,在吸引更多年轻人关注纪录片的同时,也

---

① 东西问·兰花奖|竹内亮:一位日本导演如何拍摄真实的中国?[EB/OL].(2023-09-17)[2024-11-30].https://www.chinanews.com/dxw/2023/09-17/10079510.shtml.
② 张爱凤.中国影视文化治理的"破"与"立"[J].广州大学学报(社会科学版),2022(5):27.

要坚守纪录片的主体性。通过政府部门、国家媒体、商业媒体、自媒体、科技公司、社会组织、公民、外国友好人士(机构)等多方参与的方式,共同以影像建构、传播真实、立体、鲜活的新时代中国记忆,是我们需要进一步探索实践的新课题。

〔张爱凤,广州大学新闻与传播学院教授,副院长〕

〔特约编辑:顾洁〕

生成式人工智能视域下摄影报道的范式转换研究

Research on Paradigm Shift of Photojournalism in the Context of Generative Artificial Intelligence

◎ 罗　琳

Luo Lin

摘要：生成式人工智能的发展基本遵循着"文字—图片—视频"的演进路径，鉴于摄影报道的媒介形态和呈现方式，这个过程必将会对摄影报道产生一定的冲击。本文站在生成式人工智能的起点回望摄影报道与技术的互动，以此来展望生成式人工智能未来对摄影报道的影响。在探寻这些影响时，本文引入库恩的"范式理论"来进行考察，并提出这种变化并不只是摄影报道形态的变化，而是一种范式转换，这也为生成式人工智能时代摄影报道的理论和实践带来了一系列新的问题。

关键词：生成式人工智能；摄影报道；范式转换；视听传播

Abstract: The development of generative artificial intelligence basically follows the evolution path of "text－picture－video". In view of the media form and presentation mode of photojournalism, this process will certainly have a certain impact on photojournalism. This paper looks back at the interaction between photojournalism and technology from the starting point of generative artificial intelligence, in order to look forward to the future impact of generative artificial intelligence on photojournalism. In exploring these influences, this paper introduces Kuhn's "paradigm theory" to investigate, and proposes that this change is not just a change in the form of photojournalism, but a paradigm shift, which also brings a series of new problems to the theory and practice of photojournalism in the era of generative artificial intelligence.

Keywords: generative artificial intelligence, photojournalism, paradigm shift, audiovisual communication

2024年肇始,人工智能领域就被OpenAI发布的Sora一石激起千层浪,普通的消费者和业界从业者仅从视觉效果上来形容这是"核弹级成果",让他们"经历了过山车般的疯狂一晚"[①]。专家学者则站在人类历史发展的角度认为这是"人类传播的又一次根本性变革",甚至将其与当年谷登堡发明印刷机——从而影响了知识的传播甚至影响了整个人类的文明进程——这一重大历史事件相媲美,将Sora的发布定义为"谷登堡时刻2.0"[②]。与Sora发布引发的热潮相对的另一极,则是对Sora影响力的"冷思考",一些业内人士劝大家要清醒,"Sora的冲击也没有想象中那么大,不会对影视、广告、内容创作等领域产生立竿见影的颠覆性影响"[③]。虽然众说纷纭,但Sora尚处于内测阶段就引起了如此巨大的反响,未来对视听传播的影响理应不容小觑。

无论是业界还是学界,对视听传播有一个基本的共识,那就是视听传播对技术有很强的依赖性,技术不仅影响着视听传播的形态,还影响着传播内容、传播渠道以及传播效果等众多环节。本文旨在从"视听传播"中的"视"来考察"视"的技术对新闻传播的影响。在此,"视"的技术主要指的是摄影,而在这一技术下催生的新闻产品即"摄影报道",本文将站在生成式人工智能的起点回望摄影报道与技术的互动,以此来展望这一新技术未来对摄影报道的影响。在回望与展望不断交错的过程中,我的脑海里始终回响着托马斯·库恩(Thomas Kuhn)在《科学革命的结构》一书中反复提及的一个概念——"范式转换"。如果像Sora这样的AIGC技术,在未来引发新闻传播领域整体的范式转换,将会带来一系列新的问题,必须用新的视野去考察。正如库恩所言:"在范式转换后,科学家所面对的将是一个不同的世界,最终,范式转换实际上是'世界观的改变'。"[④]

一、生成式人工智能与摄影报道

当今年年初人们都在为Sora惊叹与欢呼的时候,大概很少有人知道,其实早在十年前,新闻领域就在尝试利用文本生成新闻视频。2010年刚从大学毕业的Zohar Dayan和Yotam Cohen研发了可以将文字自动转换为视频的在线程序Wibbitz。这

---

① 新智元.OpenAI全新发布文生视频模型Sora,功能有多强大?将带来哪些影响?[EB/OL].(2024-02-16)[2024-04-15].https://www.zhihu.com/question/644478200.
② 方兴东,钟祥铭.谷登堡时刻:Sora背后信息传播的范式转变与变革逻辑[J].现代出版,2024(3):1-15.
③ 王悦.Sora发布两周后,关于Sora的一些冷思考[EB/OL].(2024-03-02)[2024-04-15].https://new.qq.com/rain/a/20240302A02L2000.
④ 库恩.科学革命的结构[M].金吾伦,胡新和,译.北京:北京大学出版社,2012:107.

项技术很快就以"新闻报道"做了实验——"如何将 CNN 网站上的一篇 600 字的文字报道变为视频？"Wibbitz 的工作原理跟 Sora 的颇为相似："首先根据语法逻辑从文章中提取关键词句，把 600 个单词压缩到 150 个单词以内，然后用文字语音转换器将这段缩短的文字变成自然的朗读语音，同时按照关键词在网上搜索相关的并且画质清晰的图片和动画信息图，最后再将这些元素组有秩序地拼在一起。整个过程只需要几秒钟……这是一种近似于人工智能的程序。"① 虽然就连研发者也承认"Wibbitz 的第一代产品更像是电视新闻节目的开场摘要，把网站最新的文章标题和一两句话的摘要转化成视频。当时的视频设计很粗糙，搜索出来的图片画面质量也高低不一"②，但我们看到了 Wibbitz 和 Sora 相似的工作机制和算法原理。

实际上在 OpenAI 发布 Sora 的时间节点（北京时间 2024 年 2 月 16 日左右），谷歌、Meta、Stability 都在同一时间前后发布文生视频模型成果，这不禁让人想起了摄影的发明。摄影史将摄影的发明定为 1839 年 8 月 19 日，然而，其实从 18 世纪中后期到 19 世纪前期，世界主要发达国家的众多科学家都在尝试发明摄影术③，这仿佛是历史的必然，人类文明必将进入图像时代。纵观最近几年生成式人工智能的发展，似乎也是人类文明形态史的缩影，即本雅明在《讲故事的人》和《机械复制时代的艺术作品》中总结的三种文明形态："一种是'说故事'类的古老的口传文化，一种是以小说和新闻为代表的印刷文化（也是一种机械复制的文化），第三种则是他所说的以电影为代表的'机械复制'文化"④，后人将其简单地称为从"文字文化"到"视觉文化"的转变。生成式人工智能的代表 ChatGPT 从一代到四代的迭代更替，就是从"文字"到"图像"的发展路径，但文字生成视频的重任则在 Sora 的身上实现了。就新闻报道而言，上述所说的 Wibbitz，其创立的初衷也是基于这种文明形态的演进，为何要将 600 字的新闻转换成视频？创立者 Yotam 曾对 Wibbitz 的用户体验做过这样的描述："对长篇文字报道没有耐心的人可以先看视频再决定是否继续读文章，在地铁里想看文章也不再需要两个手指不停地移动放大文字，只需要点击一下就可以戴着耳机听。看到喜欢的随时可以把视频分享到 Facebook 和 Twitter 上。"⑤

---

① 王根旺.Wibbitz：获李嘉诚青睐的交互视频应用[J].创业家，2013(6)：92.
② 第一财经.Wibbitz：文字变视频 读者变成观众[EB/OL].(2012-07-20)[2024-04-16].https：//www.yicai.com/news/1919022.html.
③ 巴钦.热切的渴望：摄影概念的诞生[M]毛卫东，译.北京：中国民族摄影艺术出版社，2016：87-102.
④ 本雅明.讲故事的人[M]方铁，译.北京：文津出版社，2022：12-23.
⑤ 第一财经.Wibbitz：文字变视频 读者变成观众[EB/OL].(2012-07-20)[2024-04-16].https：//www.yicai.com/news/1919022.html.

就生成式人工智能介入新闻报道生产流程的时间线来看,早在2018年,搜狐网上的《人工智能将成为广电新闻业态的热点?》①一文就开始梳理其中一系列具有代表性的事件,从2009年美国西北大学用其开发的软件制作的第一条自动生产的简讯到2015年腾讯开发的可用于新闻稿件写作的机器人,人工智能只是对新闻写作即"文字"的介入,与摄影报道尚无直接关系。但是,自从Wibbitz推出后,人工智能可能会对摄影报道产生不可预料的影响。

从工作原理上来看,Wibbitz与摄影报道"策划选题—实地拍摄—后期制作—发布"的制作步骤有很多吻合之处,但其中最大的差别在于"拍摄"环节,Wibbitz是利用人工智能从网络上寻找与选题相关的照片,而"摄影报道"通常是由摄影记者去实地进行拍摄,不过,在做这样的比较时,我们无意中还是将"摄影报道"设定在旧范式的视野内。Wibbitz的工作原理实际上恰好吻合了摄影新范式的"拟像"特质,这也是数码时代的基本特质。2016年,路透社开始尝试与Wibbitz合作进行新闻生产,"路透社与Wibbitz的合作预示着,人工智能对于新闻生产的改变正在从文字新闻领域进入到视频新闻领域,机器人视频新闻生产或将成为一个新的趋势"②。同样,在我国,2017年12月26日新华社的"媒体大脑"发布了第一条由机器生产的视频新闻③,并于2018年的两会期间投入使用。"媒体大脑"制作视频新闻的工作原理与Wibbitz的原理差不多,都是借助人工智能从网上搜寻相关资料,包括文字、图片、视频、数据等,然后按一定的程序组合生成视频新闻。其中还没有"摄影"的介入,因此要将其界定为"摄影报道"显然值得商榷,因为这涉及至少两个学术范式——"摄影"与"新闻",而它们在数字、新媒体与人工智能时代均发生了质的变化。

二、范式、范式转换与数码摄影

1962年,托马斯·库恩出版了《科学革命的结构》一书(以下简称《结构》),书中提出的"范式"和"范式转变"的概念给许多学科和专业带来新的研究视野,使它们的研究自身也经历了一次"范式转换"。库恩认为"范式是一个成熟的科学共同体在某段时间内所认可的研究方法、问题领域和解题标准的源头活水"④。而范式在实践层面的应

---

① 赵刚,孙萌,姚莹.人工智能将成为广电新闻业态的热点?[EB/OL].(2018-09-16)[2024-04-16].https://www.sohu.com/a/254103252_613537.
② 陈怡.外媒速览[J].中国记者,2016(10):65.
③ 新华社.新华社发布国内首条MGC视频新闻,媒体大脑来了! 2017年12月26日报道[EB/OL].(2017-12-26)[2024-04-16].http://www.xinhuanet.com/newmedia/2017/12/26/c_1122170364.htm.
④ 库恩.科学革命的结构[M].金吾伦,胡新和,译.北京:北京大学出版社,2012:56.

用则是"共有的范例",它包括符号公式、问题以及问题的解决方法等。无论是学科基质还是共有范例,都可以通过语言文字传达出来,并通过教科书传授给那些想进入这个学科共同体的人。当然,除了以上两点,库恩认为还有一些知识是不能通过语言文字表述的,只能通过直觉和意会进行表达或传播,这也属于"范式"的范畴。

按照库恩对范式的理解,摄影毋庸置疑也属于一种范式。就学科基质的诸多内容而言,摄影显然也有一个"成熟的共同体",有自己的理论和方法。比利时学者希尔达·凡·吉尔德(Hilde Van Gelder)和荷兰学者海伦·维斯特杰斯特(Helen Westgeest)认为摄影理论涉及五个主要领域:"摄影与绘画的比较;摄影是一种时基艺术(与电影和行为艺术比较);摄影与虚拟现场以及空间艺术的关系(与特定现场空间艺术之类媒介比较);摄影是社会批判的视觉化工具;以及摄影是一种自我映现的媒介。"①这几个领域都是摄影这个"共同体"所应该拥有的"共同的承诺",它们实际上就是有关摄影在"再现、时间、地点和功能等问题"上的规则,这些问题无论在摄影发展的哪个阶段都会被共同体内的成员屡屡提及。此外,巴西哲学家威廉·弗卢塞尔(Vilem Flusser)在《摄影哲学的思考》中以不同的名称从相似的角度对这些"共同的承诺"进行评析②。总之,众多的成员为摄影这个共同体提供了一定的理论基础、研究方法和问题领域,并通过专业教育和学术期刊来奠定摄影的"学科基质"。就"共有的范例"而言,自摄影诞生起,摄影共同体内的成员就在为解决摄影所遇到的问题不断地提供答案,这些问题包括技术上的,如相机、成像介质、显影方法等③,也包括艺术上的,比如风格、类型以及摄影在应用领域的具体实践方法④。至于范式中的直觉和意会知识,在摄影艺术中体现得最为明显,比如尽管有构图的诸多规则,但构图艺术更多地源于对画面的直觉,而非对构图规则的生搬硬套,更不用说摄影美学中最重要的概念之一"决定性瞬间"依靠的则是对瞬间的直觉把握⑤。

就技术而言,人工智能时代的摄影报道是基于数码摄影而非传统的胶片摄影。摄影从传统的胶片发展至数码,可以视之为"范式转换"。按照《结构》一书中的解释,范式转换的前提是必须有"反常"。现有范式对反常现象有三种处理方法,第一种是现有

---

① 吉尔德,维斯特杰斯特.摄影理论:历史脉络与案例分析[M].毛卫东,译.北京:中国民族摄影艺术出版社,2015:85.
② 弗卢塞尔.摄影哲学的思考[M].毛卫东,译.北京:中国民族摄影艺术出版社,2017:23-87.
③ NORTH M. Camera works-photography and the twentieth-century word[M]. New York, NY: Oxford University Press,2005:106-112.
④ SCOTT C.The spoken image-photography and language[M]. London, UK: Reaktion Books, 1999:34-38.
⑤ CARTIER-BRESSON H.The decisive moment[M]. London, UK: Steidl, 2014:46-67.

范式完全解决了反常现象,第二种是反常现象完善了现有范式,问题同样得以解决,库恩认为这两种处理方法不能够产生新范式,亦即没有完成范式转换,所有问题都是在既有范式(或既有范式的完善)范畴内解决。只有第三种处理方法,"即公认的反常现象,其特征是无法被现有范式同化,只有这类现象才会促成新范式的发明……这就是'危机',危机的意义就在于,它指出更换工具的时机已经到来了……而技术在新科学的突现中起着重要作用"①。也就是说,新技术的出现往往会引发范式危机,从而促成范式转换。

无论人们对摄影的理解为何,摄影首先是一门技术。摄影史可以由摄影师、照片作品和风格流派串联而成,但摄影的发展史首先是成像技术(包括相机和成像介质)发展的历史②,在这个历史中,摄影经历了不少的技术革新。仅从成像介质而言,便经历从银版到湿版,再到干版,而后到胶卷,最终到感光器的过程。每一次革新都会引发新的问题,甚至引发危机,但没有一次危机能带来像1975年的技术革新对摄影共同体所带来的冲击和影响③。那一年,数码相机的第一台原型机在柯达公司实验室内诞生,尽管第一台商用数码相机在1981年才投放市场,而数码相机真正走进普通消费者的视野大概在20世纪90年代,不过,其引发的摄影革命是显而易见的。从此以后,"数码摄影"这个概念正式写入摄影史,并像界碑一样将数码摄影和传统的胶片摄影区别开来。科学引发的技术革命带来的范式转换最终也是一种世界观的改变。摄影由"胶片"到"数码"的范式转换所带来的变化,也并不是如其名称所指示的那样仅仅是成像与储存介质的变化,而是摄影观念的整体转变④。从这一点上看,数码摄影区别于胶片摄影主要有四个特征,虚拟化、媒介化、社交化和程式化,这些特征也是媒体融合时代摄影报道范式转换的基石⑤。

三、版面、带宽与摄影报道形态的最初演变

就摄影报道的形态而言,除了摄影的范式转换所带来的影响外,媒介自身的变化也是重要的影响要素。数字技术不仅引发了摄影的范式转化,也引起了媒介的范式转

---

① 库恩.科学革命的结构[M].金吾伦,胡新和,译.北京:北京大学出版社,2012:13,83.
② NEWHALL B. The history of photography[M]. New York, NY: The Museum of Modern Art, 2010:35-43.
③ AMELUNXEN H V, IGLHAUT S. Photography after photography[M]. Berlin, GER: Art Stock, 1997:87.
④ MITCHELL J W.The reconfigured eye-visual truth in the post-photographic era[M]. Boston, MA: The MIT Press,1992:78.
⑤ MANSUROV N. The importance of ethics in photography[EB/OL].(2022-09-10)[2024-04-25]. https://photographylife.com/the-importance-of-ethics-in-photography.

化,这种转变并非仅仅局限于传统媒体和新媒体之间的转变,在新媒体范式内部,也经历着一系列的改变,比如从最初的互联网到后来的移动媒体和媒介融合,再到今天的生成式人工智能背景下的智能媒体,甚至于手机自身从 2G 到 5G 的变化。根据范式的概念,范式的大小规模没有一定的成规,亦即范式有大有小,以上所述的新媒体自身的变化是否属于范式转换,值得商榷,并非本文主旨所在,但这些变化是造成摄影报道形态变化的重要因素,这一点不容忽视。总之,在摄影和媒介的双重作用下,摄影报道经历了一系列的形态转变。

在探讨这些转变之前,需要先了解当今人工智能背景下媒体中的摄影报道与传统摄影报道之间的区别。在这些众多的显而易见的区别中,有一个起着主导作用却又很容易被人忽视的元素——版面。版面决定了一则新闻报道可以采用的照片数量及质量。传统媒体中的摄影报道主要有两种类型,一种是事件性新闻,一种是非事件性新闻。从照片数量来说,除非重大事件性新闻,通常来说,一般的事件性新闻,照片数量相对比较少,基本可以视为"新闻配图";非事件性新闻照片数量相对比较多,且质量较优,因为它给了摄影师相对充分的时间去采访拍摄,因此,这种类型的摄影报道也可视为专题报道。传统纸媒因为版面的限制,照片不可能无限量地增加。一般而言,新闻配图的照片幅数通常为 1—5 张,而出现在杂志中的专题报道(图片故事)通常被控制在 10 幅左右,即便像 *LIFE* 这种以"摄影报道"为重要呈现方式的画报类杂志,"一般我们每周只给 12 页的版面来刊登一个重要的摄影故事"[①]。可以看出,尽管摄影报道的分类有若干标准,但仅就摄影报道的形态而言,版面起了决定性的作用。

"版面"一词目前已很少为网络与新媒体所使用,取而代之的是诸如带宽、容量、分辨率、文件大小等更为细化的指标,这些技术直接影响着摄影报道所采用照片的数量和质量。因此,如果以它们作为标准,来衡量新媒体中的摄影报道,可以观察出其在新媒体中的形态演变。决定网络与新媒体的技术指标很多,对受众而言,传输速率是最为关键的要素之一,它直接影响着用户体验。"新媒体"是一个发展的概念,从最初电脑时代的 WEB 1.0,到现在拥有 5G 技术的移动媒体,带宽和传输速率的发展有目共睹。互联网早期的摄影报道照片数量通常较少,质量也较差,仅限于新闻配图。尽管媒介技术发展了,媒介范式也转换了,但是,传统媒体中"版面"的魔咒依然限制着互联网早期摄影报道的形态。随着网络带宽和储存介质的发展,"版面"的魔咒逐渐被打破,目前,即便一则很小的新闻,也可以用多幅照片来呈现。

---

① 米勒.世界的眼睛:马格南图片社与马格南摄影师[M].徐家树,译.修订版.北京:中国摄影出版社,2013:195.

这种情况愈演愈烈,2011年前后,互联网中的摄影报道发展出了一种新的形式,即"图片集"。图片集通常出现在各大门户网站,比如网易的"看客"、凤凰网的"在人间"、新浪的"新浪图片"、搜狐的"大视野"。它通常以一个主题为核心,将相关图片聚合在一起;每个主题的图片数量不等,最少的也有六七张,多的可达30张左右,有的甚至超过40张,且图片的画质很高,通常都是高清图片。此外,图片并不仅仅限定于照片,还有与此相关的其他视觉表现形式,比如绘画、插图、图表、地图等。比如,2016年12月20日发表于网易"看客"栏目中,标题为"被扔河道的共享单车,逝去的自行车大国"[①]的摄影报道包含24张照片,但是这些照片并不都是摄影师现场拍摄的照片,而是涵盖了老照片、档案图片、专业摄影记者拍摄的照片以及普通受众用手机拍摄的照片。可以看出,图片集已完全不同于纸媒时代的摄影报道,甚至与同是新媒体时代的新闻图片亦大相径庭,而是一种全新意义上的图片报道,因此,很多人也称之为"新闻图片栏目",而非摄影报道或图片报道。

与此同时,在2014年,4G网络在中国开始商用,互联网与新媒体版图逐渐发生改变,4G网络使中国网民开始由PC网民向移动网民转移,同时4G网络的带宽技术也催生了短视频在移动端的增长,"视频和垂直网站的上升已不可忽视……基于对2014年网民到企业网站媒体接触渠道路径的研究,可以看出,视频+搜索在所有路径中组合出现的频次最高,是一对强组合模式"[②]。随后几年,移动视频用户发展规模不断扩大,间接推动了短视频行业的发展,与视频制作相关的硬件和技术问题也逐渐得以解决。"随着移动硬件技术的提升,视频在手机端的后期处理变得更容易。短视频不仅可以使人们实现傻瓜化操作,通过后期智能化处理拍出大片的效果,而且可以通过社交平台的实时分享满足大众的心理需求。"[③]最终,短视频的发展也促进了摄影报道形态的再次转变。就在4G网络刚刚于中国开通的2014年,两家以"短视频"为主要表现形式的网站成立了:"一条"和"二更"。二者的经营策略不一样,"一条"将短视频和电商平台结合起来,"二更"侧重于原创短视频的挖掘和推广,严格意义上讲,"一条"和"二更"不属于摄影报道,尤其是"一条",与电商平台的关系使之有种"广告宣传"的倾向,但它们"客户端+短视频"的形式给摄影报道的表现形态带来了启示。成立于

---

① 网易看客.被扔河道的共享单车,逝去的自行车大国[EB/OL].(2017-02-04)[2024-04-16]. http://news.163.com/photoview/3R710001/2221942.html#p=C8MFFB623R710001.
② 国双数据.2014中国互联网发展报告[EB/OL].(2015-07-02)[2024-04-26]. https://www.sohu.com/a/20978584_115052.
③ 艾瑞咨询.2016年中国短视频行业发展研究报告[EB/OL].(2016-09-18)[2024-04-27]. http://report.iresearch.cn/report/201609/2643.shtml.

2010年的"中国人的一天"是腾讯网王牌原创栏目,通过摄影报道的形式聚焦普通中国人的生存状态。2017年之前,它一直是以照片与文字相结合来进行人物专题的摄影报道,这种形式也符合摄影报道的另一个名称"图片报道",但是从2017年开始,"中国人的一天"在摄影报道中加入了短视频,在内容上进行了"媒介融合",摄影报道从此不再是"图片报道"。

四、智能媒体与摄影报道范式的二次转换

摄影报道的形态至少由两种要素决定,一是媒介形态,一是摄影技术,以上分析表明,媒介形态和摄影技术一直在重塑着摄影报道的形态,这些重塑是否属于范式转换?范式理论里其实已经包含着范式转换的具体指标,比如"问题与危机""技术在范式转换中的决定性作用",这些指标在摄影报道的范式转换中也已经出现,比如,传统摄影报道的制作周期能否适应新媒体的内容更新速度?传统摄影报道对主题的筛选标准以及对照片质量和数量苛刻要求能否填满网络的深渊?传统摄影报道的形态能否适应受众移动端的转移?在短视频不断重塑受众习惯的情境下,传统摄影报道的表现形态能否依旧适应受众习惯?上文着重分析了技术革新对摄影报道的影响和改变,这些问题的答案其实已经不言自明。智能媒体时代摄影报道形态的这些变化,不是对既有范式的简单补充,而是颠覆性的。技术革新引发的问题和危机在既有的范式内无法解决,因此,摄影报道的范式转化是必然的。如果从技术的角度来进一步考察,智能媒体时代的摄影报道或许经历了两次范式转换,第一次转换发生在新媒体的语境下,第二次转换可能会发生在智能媒体的语境下。

第一次转换显而易见,它是紧随着新的媒介技术的转变而来的,即当媒体由传统媒体转向网络新媒体时,摄影报道也发生了变化,其形态由纸媒的物质性转向数码的虚拟性。这一转变同时伴随着摄影由胶片向数码的范式转换,但摄影范式的转换在其中的作用最初并没有显现。与传统纸媒中的摄影报道相比,这时的互联网中的摄影报道,仅就照片质量而言,相对较差,似乎回到了摄影报道早期的状态。不容小觑的是,随着带宽技术和数码摄影的发展,互联网中的摄影报道仅在几年的时间里就完成了对范式的补充与发展,从而产生出"图片集"这种摄影报道的形态,它可以代表互联网时代完全不同于传统媒体的一种全新的摄影报道形态。

摄影报道范式的第二次转换发生在短视频时期,其背后的技术革新主要源于智能手机的发展。作为智能传播重要的技术设备之一,智能手机与生成式人工智能的关系可以用英伟达 CEO 黄仁勋的一个比喻来理解:"2023 年 3 月 23 日 GTC 大会上英伟达 CEO 黄仁勋将 ChatGPT 的出现比喻为'iPhone 时刻',其特指一个革命性的转变时刻——乔布斯在 2007 年发布的第一代 iPhone,标志着手机行业迎来了重大变局。从技术、产品和应用视角,以开启移动时代的'iPhone 时刻'来比喻,很生动直观。"[1]通常认为,2000 年塞班系统(Symbian)的发布是智能手机的开端,但就普通大众而言,真正开启智能手机时代的则是 2007 年苹果公司推出的第一代 iPhone 手机和 iOS 系统,以及第二年安卓系统的发布。在智能手机众多的"智能"之中,手机摄影的智能化促进了摄影以及摄影报道的范式转换。第一台带拍照功能的智能手机也是出现在 2000 年,但直到手机真正进入智能时代,即 2007 年之后,它才逐渐改变了摄影的版图。简言之,在手机摄像头出现之前,摄影属于相机,但在手机摄像头尤其是智能手机在强化了手机摄影的技术随之又推出了与摄影相关的 App 后,摄影的技术主体转变了,由相机转向了手机[2]。最近几年,数码相机的销售量不断暴跌,相反,智能手机的销售量不断增长,这种增长并不能完全归因于手机摄像头和摄影功能的不断改进,但这必然导致了摄影向手机端的倾斜,"摄影师 Sven Skafish 把来自 Gartner 的智能手机的销售数据与相机销售量结合,生成了一张超长的柱状图,柱状图显示手机销量开始猛增而相机销量开始波动下滑的年份是 2009 年左右"[3]。那一年,以苹果公司为代表的智能手机生产商推出了第三代的智能手机,并结合 3G 技术,使得手机在拍摄功能提升的基础上又推进了以照片为基础的社交功能,前文提到的摄影新范式中的社交化即由此开始。

智能手机的发展不仅改变了摄影的版图,也使媒介发生了变化,"移动媒体"由此而生。"移动"意味着即时性,"手机"意味着社交化,而"智能"则意味着以较少的人工介入,便可以完成相对专业的技能表达,即"专业"的"平民化"。之前,摄影处于相机技术的支配下,需要专业的摄影师和后期人员才能完成摄影作品的制作,如今,在智能手机时代,真正实现了"人人都是摄影师"。同时,智能手机的发展也催生了网络带宽技术的发展,或者准确地说,两者互相促进,最终使得媒介进入了"短视频时代"。也是在"智能"技术的支持下,短视频的制作同样也实现了"平民化",摄影报道随着摄影技术的发展而变化,因此,它最终形成了文字、图片、视频、声音的"媒介融合"的形态。

---

[1] 方兴东,钟祥铭.谷登堡时刻:Sora 背后信息传播的范式转变与变革逻辑[J].现代出版,2024(3):1-15.
[2] 里奇.摄影之后[M].潘望,译.南京:南京大学出版社,2015:102.
[3] 篇幅所限,柱状图请详见.搜狐科技.智能手机销量疯长 数码相机产量暴跌[EB/OL].(2015-07-14)[2024-05-03].https://www.sohu.com/a/22727003_114949.

五、生成式人工智能与范式转换的新问题

2024年2月15日,当Sora与大众初次见面的时候,OpenAI在官网发布了其技术报告《作为世界模拟器的视频生成模型》(*Video Generation Models as World Simulators*)的简短通告,通告的最后一句话是:"我们的研究结果表明,比例缩放视频(scaling video)生成模型是构建物理世界通用模拟器的有希望的途径。"①其中,"物理世界的模拟器"成为其技术的核心关键词,这也是本文开头提到的,在OpenAI发布Sora的时间节点前后,谷歌、Meta、Stability均发布了文生视频模型的成果,但只有Sora胜出,其胜出的关键就是"物理世界的模拟器"。就摄影和摄影报道而言,之前的技术背景下,无论是介质由纸质(模拟的)转换到网络页面上(数码的),还是由相机转换到手机,其最终的作品——照片都是基于光学效应,即摄影的本体技术,照片中的世界是真实的物理世界,这个世界是真实存在的,但生成式人工智能改变了这一法则,影像中的世界由"物理世界"转换成了"物理世界的模拟器"。所以,2023年3月,当索尼世界摄影奖(Sony World Photography Awards)将创意摄影类别的奖项颁给德国摄影师Boris Eldagsen时,他拒绝领奖,因为他的作品是使用人工智能图像生成器DALL-E 2生成的图像②:"人工智能图像和摄影不应该在这样的奖项中相互竞争。它们是不同的实体。人工智能不是摄影。因此,我不会接受这个奖项。"③随后,Boris Eldagsen在接受媒体采访时多次建议急需划清AI生成图像与摄影之间的界限:"我建议的一件事是清理术语,不再将现实的AI艺术称为'AI摄影',因为它不是摄影。"④

就新闻报道而言,诸如Midjourney、Runway Gen-2、Pika以及今年特别火热的Sora等文生图片和影像的技术其实尚未开始大规模介入摄影报道的创作流程,即便是本文开头提及的Wibbitz,在经过了十多年的发展后,目前也是不温不火。但有学者在溯源AGI的发展历程后,认为人工智能必将会经历"全面泛化阶段……当人工智

---

① Video generation models as world simulators[EB/OL].(2024-02-15)[2024-05-07]. https://openai.com/research/video-generation-models-as-world-simulators.
② Artist rejects photo prize after AI-generated image wins award[EB/OL].(2023-04-18)[2024-05-07]. https://edition.cnn.com/style/article/ai-photo-win-sony-scli-intl/index.html.
③ Sony World Photography Awards 2023[EB/OL].(2023-03-14)[2024-05-07]. https://www.eldagsen.com/sony-world-photography-awards-2023.
④ How this AI image won a major photography competition[EB/OL].(2023-04-21)[2024-05-07]. https://www.scientificamerican.com/article/how-my-ai-image-won-a-major-photography-competition.

能不局限于某个特定的任务或领域,具有广泛的认知能力和自我进化能力并在多样化任务和复杂环境中表现出人类级别及以上的智能水平时,可以认为其达到了 AGI 水平,即 AGI 发展进入全面泛化阶段"①。当然,这些技术的出现究竟能否促使摄影报道再次经历范式转换,尚无法预言。不过,AI 时代,"未来已来"不只是一句口头禅,毋宁说是一种警示。因为一旦范式发生转换,将出现一种新的世界观和认识论。为了形象地解释范式转换后,科学家们将面临怎样的一个世界,库恩曾用了格式塔心理学中的一个例子来进行阐释,即"鸭—兔"图,虽然这是一个图像,但包含着两种观看方法,即两种视野,随着知觉感知的转变,观众会从图中看到鸭子,转而看到兔子,这就像两个范式的转换,"鸭子—兔子的例子表明,两个具有相同视网膜映像的人能够看到不同的东西"②,即在范式转换后,科学家所面对的将是一个不同的世界,最终,范式转换实际上是"世界观的改变"。放到本文的议题来看,无论在象征层面还是实践层面,范式转换后,摄影报道的内容生产者尽管面对同样的事物(如选题),但视野不一样了,因此,面对的问题显而易见也应该不一样,否则就成了"新瓶装旧酒"。这其实也是本文将摄影报道纳入"范式转换"的理论框架内进行考察的最终目的,即在新的范式视野下,摄影报道将面临哪些新问题?当然,其中涉及的众多问题并非笔者一人之力所能言及,在此,仅提出两个问题以抛砖引玉。

(一)真相与后真相

"后真相"是由多种原因促成的,如果将其限定在摄影报道中,虽然不能将其归咎于"数码摄影",但其形成与数码摄影却不无关系。真相/后真相不能简单地对应于传统摄影/数码摄影,因为在传统摄影范式中,摄影报道的照片造假也频频发生③。但是,就造假的技术成本而言,数码摄影远远低于传统胶片摄影,归其根本,在于前文所述的数码摄影的"虚拟性",使得可以表征事实的"原本"不复存在。在《明室:摄影纵横谈》中,罗兰·巴特(Roland Barthes)曾言及"照片是存在的证明"④,这或许只在摄影与摄影报道的旧范式内方能成立,在新范式中,这个问题必将危及摄影报道的本体存

---

① 郭全中,张金熠.作为视频世界模拟器的 Sora:通向 AGI 的重要里程碑[J/OL].新闻爱好者,2024(4):9-14[2024-05-07].https://doi.org/10.16017/j.cnki.xwahz.20240306.001.
② 库恩.科学革命的结构[M].金吾伦,胡新和,译.北京:北京大学出版社,2012:13,107.
③ MANSUROV N. The importance of ethics in photography[EB/OL].(2019-06-19)[2024-05-07]. https://photographylife.com/the-importance-of-ethics-in-photography;PERSE M R. Focal encyclopedia of photography[M]. Burlington,MA:Elsevier Inc.
④ 巴特.明室:摄影纵横谈[M].赵克非,译.北京:文化艺术出版社,2003:14.

在。"真相与后真相"大概也是学界对 AGI 介入新闻生产最大的担忧,"AIGC 也带来了微粒个体的权利激活和社会知识总量的熵增(混乱度),新闻场域中行动者和传播网络愈发多元,深度伪造和真假杂糅的信息更在其中挤占和混淆着普罗大众的认知"①。

然而,生成式人工智能给新闻生产带来的只有"后真相"的恐慌吗?2022 年世界新闻摄影大赛(荷赛)的一组作品给我们提供了另一个思考的角度。这组由挪威摄影师 Jonas Bendiksen 创作的名为"韦莱斯之书"的摄影作品获得了当年荷赛欧洲大区的"开放形式"奖,然而《韦莱斯之书》"项目本身就是一个伪造品——所有描绘的人都是计算机生成的 3D 模型,所有文本都是由 AI 编写的。摄影师 Bendiksen 获得了基本角色并对其进行了变形,以创建一系列角色,然后添加服装和纹理……计算机生成的 3D 模型,被放置在场景中,其情感、姿势和灯光与原始场景相匹配"②。

至于 Jonas Bendiksen 为何要采用这种方式创作一部新闻摄影作品,这跟韦莱斯这座小镇的"名声"相关,"韦莱斯是北马其顿的一个省级城镇,于 2016 年将自己置于世界地图上,成为假新闻制作的中心。在 2016 年美国总统大选期间,韦莱斯的一些居民创建了数百个冒充美国政治新闻门户网站的点击诱饵网站。随着韦莱斯的假新闻文章通过 Facebook 和 Twitter 算法广泛传播,这些'新闻黑客'中的许多人从观众广告点击中赚取了大量资金"③。可以说,Jonas Bendiksen 是在"以毒攻毒"。相较于前文所说的索尼将奖项颁给 Boris Eldagsen 而遭拒绝领奖,Jonas Bendiksen 却大方地接受了世界新闻摄影大赛的奖项,AIGC 所带来的"真相与后真相"的悖论需要在新的范式视野中重新考量。

(二)类型与界限

随着摄影技术、媒体技术和传播手段的发展,摄影报道发生了很大的改变,这种改变不仅是形态上的,甚至是本质上的,这有可能让人们去重新定义"摄影报道",它究竟是什么类型的新闻形式,它的界限又在哪里?以传统的教科书的定义来看,摄影报道一般分为两类,一类主要以照片和文字为载体,又称"图片报道",一类是以视频为主。在传统媒体范式中,言及"摄影报道"时一般指的是前者,因为后者通常以"纪录片"相

---

① 喻国明,高娅婕,张雪晴."后真相"的形成机制与消解之道:AIGC 时代新闻真实的重建:基于信息生态理论的探讨[J].学术探索,2024(5):37-45.
② BENDIKSEN J.The book of veles[EB/OL].(2022-07-20)[2024-05-09].https://www.worldpressphoto.org/collection/photo-contest/2022/Jonas-Bendiksen.
③ BENDIKSEN J.The book of veles[EB/OL].(2022-07-20)[2024-05-09].https://www.worldpressphoto.org/collection/photo-contest/2022/Jonas-Bendiksen.

称。在媒体融合时代,摄影报道将这两种类型融合在一起,但是,从传播媒介来看,纪录片实际上包含了文(声音)和图(视频)两种形式,那么在媒体融合中,如何做到文字、照片以及视频三者的平衡?从接受角度来看,在一则摄影报道中,并非使用的媒介越多信息越丰富,结果也可能造成媒介之间相互干扰。因此,有必要对摄影报道的类型特征进行再定义,以便有效地指导新闻生产的实践。另外,从外部来看,智能媒体的"交互性"使得摄影报道并非孤立的形态,[①]它通常会与其他平台搭配,比如"一条"就是将摄影报道与购物平台链接,因此,摄影报道的界限也成为一个新的问题。

如果摄影报道的形态尚未触及生成式人工智能技术,那么从摄影报道的内容生产来看,在经历了"专业内容生成"(PGC)后,摄影报道的内容生产逐渐在向"用户内容生成"(UGC)开放。在旧范式中,有些摄影报道也会有受众参与,由于传播主体和受众之间的壁垒,摄影报道的生产基本还是由专业的传播主体来完成。在新范式中,这种壁垒开始松动,UGC重构了摄影报道的生产结构。一方面,UGC与PGC形成了互补,PGC因为经过专业的新闻生产训练,且有严格的"把关人"制度,在摄影报道的选题上有自己的爱好和偏向,有稳定的制作流程,保证了新闻产品的最终质量。UGC植根于平民,形成了不同于专业新闻机构的偏好,是对后者的有益补充。另一方面,UGC的庞杂和缺乏专业素养,也使得这些摄影报道质量良莠不齐。当然,互联网也有监管制度和把关人,不过在海量的UGC面前,显然力不从心。有的新媒体机构为了流量,只追求"注意力",使得摄影报道出现泛娱乐化倾向,甚至违背了摄影报道客观、真实的原则,导致了上文探讨的真相与"后真相"问题[②]。然而,目前作为新媒体内容运营的两种主要方式,UGC和PGC在摄影报道中的角色和作用尚未理清,"人工智能生产"(AIGC)又异军突起,如果AIGC大规模参与摄影报道的生产,那么,如何让受众去辨别PGC、UGC和AIGC制作的新闻?是否像当年摄影进入"后摄影时代"时,为了解决不同类型的照片,新闻从业者曾经拟采取在照片上加注标签的方法,以使受众区别不同类型的照片?

1991年,随着数码摄影技术在各个行业中逐步推广以及照片后期处理的简洁化和快捷化,学者威廉·米切尔提出了"后摄影时代"的概念:"如今,数字图像处理和合成技术的出现对摄影准确性的概念提出了根本性的挑战:照片可以随意改变,逼真的合成图像越来越难以与实际照片区分开来。传统摄影工具所具有的高度现代主义的意图——寻求客观真相,在数字成像工具的广泛应用中已经土崩瓦解。摄影已经死了

---

① MITCHEL W J T. What do pictures want? [M]. Chicago, IL: University of Chicago Press, 2006: 67-69.
② 阿达托. 完美图像[M]. 张博, 王敦, 译. 北京: 北京大学出版社, 2015: 89.

或者说已经被数字影像生产彻底取代了,摄影进入'后摄影时代'。"①这种影响很快波及新闻摄影,各种类型的"新闻照片"充斥着媒体,引发读者认知上的混乱。1996年,纽约大学的五名专家针对当时出现的这些新的报道摄影的方法和技巧,计划建立一套标签,将新闻照片分为六类:报道摄影图片(Photo-Reportage)、无任何更改的照片(Unaltered Photos)、创意摄影(Photo-Illustrations)、拍照机会(Photo Opportunities)、修图(Retouched)、合成图片(Composite)、电脑生成图片(Computer-Generated Image),这些标签虽然有利于图片编辑对报道摄影照片的类型进行操控,最终却并未在新闻实践中推行②。那么,PGC、UGC和AIGC生产的新闻是否有必要参考这种标签?另外,如果一则新闻既有PGC的内容,又有UGC的内容,还有AIGC的内容,那么,这种辨别又如何进行?

六、结语

在数字技术和互联网的加持下,21世纪以来媒体技术也在以日新月异的速度突飞猛进地发展,每年甚至每个月都会有技术上的新词、热词频频出现:AR、VR、人工智能、大数据、区块链、元宇宙、生成式人工智能……让人眼花缭乱,目不暇接。在面对新技术时,媒体研究学者别林斯基曾提醒我们:"以数字化和联网计算机为标志的技术与文化上的明显变革,确实大张旗鼓地开始了,但其前景却应该是冷静而并不那么令人感到舒适的。过于急躁地要让各行各业一下子都去趋附于某个新的主流媒体,一直要等到下一个主流媒体得以确立为止,如果是这样的做法,那就不可能做到充分把握和建设性地对待新的事物。"③但是,从媒体技术发展的趋势来看,这些新技术并非纸上谈兵、昙花一现,许多新技术尚未普及便很快就被新闻行业所"征用",正如20世纪七八十年代,数码相机尚未开始大规模进入市场,索尼、佳能等相机品牌就开始将第一批数码原型机给新闻记者使用④,这可能源于新闻的"时效性"特征。摄影报道兼顾摄

---

① 米切尔.重组的眼睛:后摄影时代的视觉真相[M].刘张铂泷,译.北京:中国民族摄影艺术出版社,2017:34.
② 关于数码技术对新闻摄影的影响更为详细的讨论可参考:科布勒.美国新闻摄影教程[M].任悦,译.北京:人民邮电出版社,2009:380-387.
③ 别林斯基.媒体考古学[M].荣震华,译.北京:商务印书馆,2006:9.
④ "1984年洛杉矶奥运会时,东京的《朝日新闻》使用我们的无胶卷马维卡照相机,他们的采访车上安装了一台索尼的移动电话,记者们乘这辆车采访全部的主赛场,把每场比赛的图片通过电话发出去。朝日社用这种立拍可得的数字式图片击败了其他的各家报纸。这是一次试验,其结果使我们感到非常满意。"详见:盛田昭夫,下村满子.日本制造[M].周征文,译.北京:中信出版社,2016.

影技术与新闻特性,在这些新技术下,新闻自身也在经历范式转换[①],摄影自不必说,实际上,纵观这些新的媒体技术,许多又是跟影像与视听相关,或者这些新技术的演进路径便是文字——图像——视频,ChatGPT的发展便是很好的例子。所以,无论从新闻的角度还是摄影的角度来看,这些技术终将影响新闻摄影与摄影报道。就像人工智能可以取代人类的很多工作,生成式人工智能也可以介入新闻制作甚至摄影报道的过程中,问题的关键是,整个摄影报道的生产过程中,人的位置又在哪里?进一步讲,这是否又会引起一场由技术革命带来的范式转化?诸多的问题显然在旧范式中无法回答,需要以一种新的视野来进行考察。

〔罗琳,中国传媒大学新闻学院副教授〕

〔特约编辑:顾洁〕

---

① 关于这个主题的讨论可参见:杨保军,李泓江.新闻学的范式转换:从职业性到社会性[J].新闻与传播研究,2020(8):5-25;王斌,田自豪.重建坐标再出发:新闻学范式创新的基本路径与关键问题[J].国际新闻界,2024(1):86-102;等相关文章。

跨世代互动类短视频的传播呈现与关系实践

The Dissemination and Relationship Practice of Cross-Generation Interactive Short Videos

◎ 李彩霞　李迎芳

Li Caixia　Li Yingfang

摘要：本文基于对抖音账号"娥哥"的田野观察,探究跨世代互动类短视频中"忘年交"的形象呈现、关系实践等问题。研究发现,在形象呈现方面,扮演不同角色的"忘年交"剧班成员们协作分工,通过在前后台不同的表演区域进行情境表演,合力解决不协调角色、积极配合形象管理等方式,共同塑造了"忘年交"形象。在关系实践层面,"忘年交"互动类短视频创作者从成长环境、交往重心、教育策略、社会化引领等不同角度以朋辈身份践行着准父职实践与抚育行为;并且进一步衍生出对社会性关系的再造,实现了从单一的跨世代朋辈交往到多元家庭的邻里交往的关系扩散;进而走向社区共同体的群体关系意识产生,最终实现组织化的自为团结。

关键词：跨世代交往;短视频传播;关系实践

Abstract: Based on the field observation of the Douyin account "Brother E", this paper explores the image presentation and relationship practice of "year-old friends" in cross-generational interactive short videos. The study found that in terms of image presentation, the members of the "Intergenerational Friends" troupe who played different roles collaborated and divided labor, and jointly created the image of "Intergenerational Friendship" by performing situational performances in different performance areas in the front and back stages, working together to solve uncoordinated roles, and actively cooperating with image management. At the level of relationship practice, the creators of the interactive short video of intergenerational friendship practiced quasi-fatherhood practice and parenting behavior as peers from four different perspectives, such as grouth environment, communication focus, education strategy, and social guidance. In addition, it further derives the reconstruction of social relationships, realizing the diffusion of relationships from a single cross-generational peer interaction to the neighborhood interaction of multiple families, further moving towards the emergence of group relationship consciousness in the community, and finally realizing the self-unity of organization.

Keywords: cross-generational communication, short video communication, relationship practice

一、研究缘起与方法

不具血缘关系的不同世代者建立友情并由此发展出新的社会关系,诸如此类的交往行为从古至今一直存在,在中国被称为"忘年交",即不拘年岁行辈差异而结交的朋友。在中国,"忘年交"一词最早出自《南史·何逊传》:"逊字仲言,八岁能赋诗,弱冠,州举秀才。南乡范云见其对策,大相称赏,因结忘年交。"在国外,这类交往行为被称为"代际友谊"(Intergenerational Friendship)。O'Dare等人将代际友谊定义为发生在不同世代的老年人和年轻人之间的友谊[1]。本文所指的"忘年交"与其定义有所出入,因而对"忘年交"进行了重新定义。王怡红界定了人际传播的三个维度,即沟通、交流与交往,其中交往"影响关系的发生与变化"[2]。因此,作为人际传播的一种,"忘年交"侧重于强调交往,应该定义为:分属于不同世代的个体之间进行的社会互动,是一种跨世代交往。哈贝马斯指出,世代之间的互动是文化复制和社会融合的最重要因素之一[3]。因此,关注以"忘年交"为代表的跨世代交往互动行为具有重要的社会与文化意义。作为一种特殊的代际关系,"忘年交"交往主体之间的互动传播行为,不仅在维系双方的友谊,同时也在创造和协商意义、身份和关系。

然而学界一直以来对代际关系的研究主要集中于家庭关系层面,对于"忘年交"这

---

[1] O'DARE E C, TIMONEN V, CONLON C.Escaping 'the old fogey': doing old age through intergenerational friendship[J].Journal of aging studies,2019,48:67-75.
[2] 王怡红.论"人际传播"的定名与定义问题[J].新闻与传播研究,2015(7):112-125.
[3] 哈贝马斯.交往行动理论:第1卷 行动的合理性和社会合理化[M].洪佩郁,蔺菁,译.重庆:重庆出版社,1994:9.

种非家庭与血缘层面形成的跨世代交往传播行为关注较少。目前国内未找到"忘年交"的相关研究,国外有关代际友谊的研究数量也较少,主要集中于代际友谊的关系建立、实现可能、类别分析层面。有学者通过对加拿大一所大学的209名学生进行抽样调查,验证了代际友谊信念(Beliefs In Generation Friendship,BIGF)量表,认为如果年轻人的年龄歧视态度较弱,他们更有责任感、更开放、更随和、情绪更稳定,那么他们更有可能相信代际友谊。非亲属代际社会交往数量(但不包括亲属接触的数量)和与老年人现有关系的紧密程度也预测了更大的代际友谊信念[1]。加拿大学者Elliott指出代际友谊有三种类型,即成为"行动中的朋友"(追求兴趣和休闲活动,或者简单地在一起度过),"不仅是老的"(超越年龄的身份共享以及分享对友谊和生活的态度与方法)[2]。此外,"差异"是代际朋友之间兴趣的重要元素。这些研究为代际友谊的建立与关系探讨提供了宝贵视角,但对新媒体介入后的代际友谊研究考察较少。

新媒介不仅带来了新的传播形态,也介入了人际关系。新兴媒体形态对于"忘年交"这一特殊代际关系也同样带来了新的影响,由此衍生出新的学术观察点。借由短视频呈现的"忘年交"交往行为开始展现出与传统"忘年交"交往的不同面貌,呈现出私人话语与公共空间的交融、人际传播与大众传播相结合的特点。观察"忘年交"跨世代互动类短视频账号,探究"忘年交"行为在新媒体环境下的变化与价值,具有一定的学术意义。因此,本文试图从新媒体的视角出发,考察短视频中的代际友谊实践,为"忘年交"研究提供一定的视角扩展。

本文对抖音"忘年交"类短视频内容创作第一梯队的账号"娥哥"进行了田野调查。"娥哥"的运营者是一个41岁的东北中年男性,从2022年3月开始至2024年1月22日,他发布了467条短视频内容,99%的视频内容都是展示他与小区儿童朋友们的跨世代互动与交往。这些儿童最大的12岁,最小的只有3岁,全部为未成年人,他的儿童朋友现共有77位。这些儿童的平均年龄与他相差30岁,他们之间发生的是鲜明的跨世代交往行为。截至2024年1月22日,该账号有350.8万粉丝,获赞4448.9万。本文选取抖音短视频账号"娥哥"自2022年3月7日至2024年1月22日发布的短视频作为研究对象并进行分析,涉及的材料包括其发布的467条短视频内容以及相应评论区的互动文本、"娥哥"参加的电视台节目、"娥家班"成员的系列相关账号33个(见表1)等。

---

[1] VARSHAA K, ZOË F. Who believes in cross-age friendship? Predictors of the belief in intergenerational friendship scale in young adults[J]. Journal of aging studies, 2023:66101157-101157.
[2] ELLIOTT C O, VIRPI T, CATHERINE C. "Doing" intergenerational friendship: challenging the dominance of age homophily in friendship[J]. Canadian journal on aging/la revue canadienne du vieillissement, 2021, 40(1):68-81.

表 1 娥家班成员的系列相关账号统计

序号	娥家班相关账号	粉丝数（万）	获赞（万）	首条视频发布日期	视频条数	内容
1	娥哥	350.8	4448.9	2022年2月16日	467	娥哥与小朋友的交往
2	娥嫂	20.8	485	2022年3月24日	214	娥家班日常活动记录
3	娥哥日常	54.2	745.5	2022年7月12日	346	娥家班日常活动记录
4	娥哥三弟	4.2	100	2022年7月9日	195	娥家班日常活动记录
5	娥哥的三妹	1.9	24	2018年10月8日	83	以个人视频为主
6	娥哥家老四	9.2	268.2	2022年4月1日	152	个人视频＋娥家班小朋友互动
7	娥哥家老五	1.9	5.3	2022年10月26日	90	以个人视频为主
8	娥哥五妹	3.8	68.1	2022年5月6日	114	娥家班日常活动记录
9	娥家老七	2.1	55.8	2022年3月23日	274	以个人视频为主
10	娥家七妹	1.8	40.1	2021年5月22日	235	以个人视频为主
11	娥哥家八姐	5.9	108.9	2022年5月15日	163	娥家班日常活动记录
12	娥哥老九	2.3	51.2	2018年6月1日	288	个人视频＋娥家班小朋友互动
13	娥哥9妹	0.2102	4.2	2018年11月8日	494	以个人视频为主
14	娥哥十妹	11	289.5	2022年3月25日	273	个人视频＋娥家班小朋友互动
15	娥家15弟	0.9208	5.8	2022年7月15日	31	以个人视频为主
16	娥哥家17弟	6.2	165.4	2023年1月26日	124	娥家班日常活动记录
17	娥家十九	0.7773	10.9	2017年9月11日	126	以个人视频为主
18	娥哥家21妹	4.4	84.8	2022年4月22日	119	个人视频＋娥家班小朋友互动
19	娥哥27弟	6.4	201.5	2023年2月13日	192	个人视频＋娥家班小朋友互动
20	娥哥家29妹	14.1	262.8	2019年1月2日	197	个人视频＋娥家班小朋友互动
21	娥哥家33妹	18.1	523.3	2022年4月3日	273	家庭互动视频为主
22	娥哥41弟	19.5	284.7	2023年1月8日	167	家庭互动视频为主
23	娥哥家41.1弟	0.936	43.7	2023年2月5日	128	以个人视频为主
24	娥哥家51弟	1.8	45	2023年4月5日	143	娥家班日常活动记录
25	娥哥54弟老李	0.1007	0.8271	2023年5月6日	14	以个人视频为主
26	娥哥55弟	0.1796	3.2	2023年9月1日	34	以个人视频为主
27	娥哥家56妹	7.3	207.9	2022年2月4日	206	个人视频＋娥家班小朋友互动
28	娥哥六十弟（60弟）	3.9	67.1	2023年7月23日	106	以个人视频为主
29	娥哥家69弟	0.125	1.1	2018年11月27日	51	以个人视频为主
30	娥哥家70妹	10	196.7	2020年2月4日	123	家庭互动视频为主
31	娥哥家75弟（老崔）	13.4	193.2	2018年2月21日	98	以个人视频为主
32	娥哥76弟（小马总）	0.2267	2.4	2022年4月23日	20	个人视频＋娥家班小朋友互动
33	娥哥家77妹	0.2959	2.6	2024年1月16日	13	以个人视频为主

基于对"娥哥"短视频的田野调查，本文试图探讨如下问题：以"忘年交"为代表的跨世代互动类短视频如何进行形象呈现？借由短视频呈现的"忘年交"跨世代互动对现实关系实践产生何种影响？

二、跨世代互动类短视频的形象呈现

戈夫曼最早明确提出印象管理①，在《日常生活中的自我呈现》中，戈夫曼把日常生活比作一个大型的舞台，详细探讨了人们如何在社会剧本的要求下在他人与自我的期待中，通过表演来管理自己在他人眼中的印象②。在研究互联网自我呈现时，现有的绝大多数研究都集中于个体层面，而缺乏对戈夫曼"剧班"概念的深入挖掘③。然而实际上，社交媒体当中存在诸多集体表演的行为。本文研究的跨世代互动类短视频中，这类剧班表演行为极为频繁。

(一)协作表演："忘年交"短视频剧班成员的角色分配

戈夫曼用"剧班"这一术语来表示在表演同一常规程序(脚本)时相互配合的任何一组人，通过相互间的密切合作来维持一种特定的情境定义④。剧班中存在导演、主角、配角等相互依赖、熟悉契约联结的剧班成员，以及维护剧班的方针。

1.总导演兼主演："孩子王大哥"人缘好

在戈夫曼看来，"导演"是被赋予指导和控制戏剧进程权力的人。在"娥哥"短视频账号的形象呈现中，"娥哥"是确保"忘年交"剧班在表演区域完成任务的引导人，是"忘年交"视频内容创作的总导演。娥哥的角色是控制着线下线上实际交往行为的关键，从最初线下跟孩子们建立良好的朋友关系，从而使得忘年交往达成；到确保小朋友们在线上短视频拍摄中配合演出；直至最终创立娥家班，与小朋友的家庭成员紧密联结，形成更为宏大的剧班体系，共同推动"忘年交"短视频的顺利完成。"娥哥"不仅要精准分配表演角色，针对儿童的个性差异采取灵活的交流策略，引导孩子们按照预设的方向进行剧情表演，还需要精心塑造个人前台形象，确保叙事核心围绕"娥哥"展开。因此，在导演的身份之外，"娥哥"还需要完成向"演员"的角色转变，实现身份的双重融合。

---

① 王玲宁,兰娟.青年群体微信朋友圈的自我呈现行为：一项基于虚拟民族志的研究[J].暨南学报(哲学社会科学版),2017,39(12):115-125,128.
② 戈夫曼.日常生活中的自我呈现[M].冯钢,译.2版.北京:北京大学出版社,2022:6.
③ 董晨宇,丁依然.当戈夫曼遇到互联网：社交媒体中的自我呈现与表演[J].新闻与写作,2018(1):56-62.
④ 戈夫曼.日常生活中的自我呈现[M].冯钢,译.2版.北京:北京大学出版社,2022:6.

"孩子王大哥"由此产生。"娥哥"通过运用短视频对生活日常进行记录,展现出与跨世代低龄儿童的友情关系、互动模式,从而逐渐建构起"孩子王大哥"的演员角色形象。这种在彼此互动中建构角色形象的过程包含两种类型。

其一,借助他者(如"娥嫂""孩子家长")的视角作为镜像,反照并强化自我形象。"娥哥"的跨世代短视频中,大量篇幅用于描绘"娥嫂"的强势介入与对"娥哥"行为的限制,"孩子家长"的态度反馈,以及与自己分属不同世代的未成年朋友的天真无邪、顽皮可爱等特质,其实际意图是为"娥哥"自身形象的塑造提供线索。例如,在多数视频中,"娥嫂"被塑造成一位严肃、认真、易怒且具有威慑力的成年人,她以家务琐事为由,时常对娥哥与孩子们出去玩的行为进行直接干预,这一对比手法巧妙地突出了"娥哥"作为孩子王的形象特征:热爱玩耍、童心未泯,尽管年过四十,却经常展现出孩童般的纯真。

其二,通过具体展现跨世代交往的生动场景,凸显"孩子王大哥"的独特角色定位(见表2)。首先,作为"玩伴","娥哥"与小区内的儿童一起玩各类游戏,用实际行动验证其"孩子王"的称号;其次,通过组织并参与公益活动、荣誉庆典、节日聚会、日常活动及集体旅行等群体活动,展现其在动员与组织方面的卓越能力,进一步巩固"大哥"这一组织者、引领者的形象;最后,借助日常的相互关怀与付出,深刻表达跨世代忘年交的情感深度与紧密程度,强化"娥哥"与孩子们之间的情感说服力。

表2 "孩子王大哥"的特殊角色/"娥哥"忘年交短视频的互动实践行为

作为玩伴的大哥		玩秋千、滑梯、皮球、陀螺、水枪、水球、堆雪人、打雪仗、共享零食、玩你画我猜、捉迷藏、舞狮、打地鼠、长大角色扮演游戏、跳舞、舞狮
作为组织者的大哥	公益活动	捡纸壳子废品空瓶子、慰问贫困老人、动员群体帮助4弟家扒苞米
	荣誉活动	带领儿童朋友及其家长上央视《越战越勇》、组织娥家班
	节日活动	元旦聚会、五一聚会、端午送礼、六一运动会、元宵节聚会
	日常活动	组织一起过生日、放烟花、包饺子、吃烧烤、召开小娥帮帮团会议
	集体旅行	到吉林净月潭、冰雪新天地、双阳水库、双阳马场、北京、葫芦岛旅行
大哥与儿童朋友的双向互动	儿童朋友的友谊付出	帮大哥擦玻璃、扫地、扫雪、送零食、礼物、写信、做饭、捶肩膀
	娥哥的友谊付出	帮小朋友修自行车、调节小朋友间的矛盾、探病、送书

通过上述叙事策略,"娥哥"成功塑造了一个具有特殊气质的角色形象:一位尽管

年过四十,却依然能与77位小朋友亲密无间地嬉戏玩耍,建立起深厚真挚友情的"孩子王大哥"。

2.小朋友也是主角:"我就想跟你玩"

"主角"是具有戏剧支配优势的人。千禧一代的儿童成长在社交媒体媒介环境中,熟悉短视频的使用与各种流行热词,于是在这场"忘年交"角色扮演中,他们成了无须提前声明与告知的行动者,自发参与这场戏剧表演。起初,小朋友们因共同的游玩兴趣与"娥哥"产生交集,之后慢慢熟悉,在了解"娥哥"短视频的拍摄与出镜的目的后,双方达成心照不宣的默契,成为共同维持"忘年交"关系的共谋者。

戈夫曼在描述人们的印象管理时,使用了一组对照概念:给予和流露①。所谓给予,就是我们有意传达的那部分信息;所谓流露,就是我们无意间传达的信息,比如一个眼神或者体态②。在77位小朋友的互动中,小朋友形象的呈现可以分为两种类型。

一类儿童擅长主动调动自身的表演天赋,通过强化"给予"的方式,给表演增色。这一特点在"娥家班"的老四身上体现得尤为显著,作为与"娥哥"交往时间最长、出镜频率最高、有出彩镜头的小朋友,老四的戏剧性展现部分源于他的主动配合。戈夫曼曾提出"假装作为"的概念,比如领导步入办公区时员工的卖力表现就是一种"假装作为"。在"忘年之交"的短视频中,小朋友们强化"给予"的行为同样可被视为一种"假装作为"。老四为了"弄个笑话""让别人看了觉得好看进行关注",主动在娥哥的视频制作中选择扮演淘气的角色,以此来制造戏剧性,让看到"忘年交"互动视频的观众进入观看场域时,能够通过看到他呈现的淘气、捣蛋、顽皮的"伪装"形象,产生对"娥哥"账号的关注兴趣,从而转化为粉丝与流量(见图1)。

不同于短视频形象管理中常见的弱化流露,在"娥哥"的"忘年交"短视频中,儿童形象的另一类展现方式是强化流露。这种"不经意间流露的姿态"之所以产生,是因为其交往的部分儿童年纪过小(4—6岁),还缺乏足够的社会经验与表演训练,所以在语言表达、表情展示上出现纯然生动的野生状态。在"娥哥"的短视频创作中,这种未经雕琢、原生态的真实情绪流露,反而成为对孩子形象进行塑造的最佳抓手。

然而,不论何种呈现类型,作为主角的未成年小朋友们在"娥哥"短视频账号中的形象几乎都是主动的、与成年人平等视角的、具有独立思想的个体。他们有自己的执着与坚持,有不同的性格与爱好,每个人身上的独特性恰恰就是小朋友们最好的角色

---

① 戈夫曼.日常生活中的自我呈现[M].冯钢,译.2版.北京:北京大学出版社,2022:6.
② 董晨宇,丁依然.当戈夫曼遇到互联网:社交媒体中的自我呈现与表演[J].新闻与写作,2018(1):56-62.

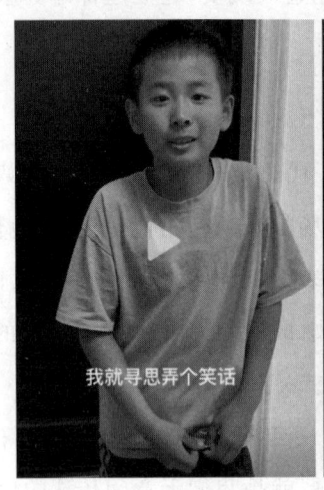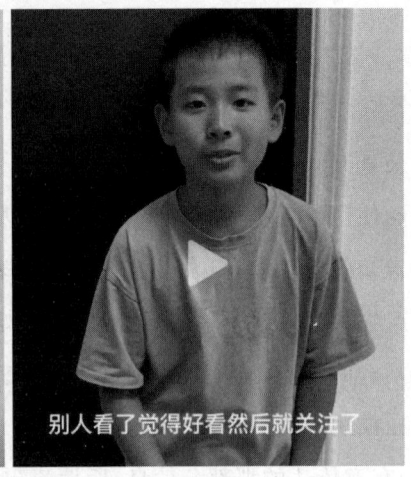

图 1 娥家班老四的视频表述截图

属性,为跨世代交往短视频的呈现提供了多元的可能性。

3."甘当配角"的家长:"感谢大哥带我们家玩"

戈夫曼曾将"配角"定义为纯粹的仪式性角色,但在社交媒体这一人人渴望成为焦点的舞台上,配角的选择有时候也会起着决定性作用。特别是在"忘年交"短视频中,鉴于儿童肖像权的敏感性及流量的巨大潜力,若作为配角的家长不愿沦为"橱窗中的展品",而是企图自立门户,争夺主角与导演的地位,那么戏剧表演将难逃失败的命运。所以,戏剧的呈现只有在家长"甘当配角"时,才能够完美推进。而家长的角色并非一成不变,他们会基于个人的价值判断与利益权衡,展现多样化的表演形象。具体而言,家长形象的呈现可细分为以下五种类型。

一是旁观者。玩耍初期,大部分家长都是这场跨世代互动的旁观者,他们大多处于不知名的状态,尚未进入公众的视野。

二是质疑者。随着时间的推移,"娥哥"短视频账号发布内容越来越多,家长们开始注意到这种互动形式的存在。他们之中,有人坚决质疑娥哥的交往动机,认为其不过是利用他们的孩子博取眼球、赚取流量,因此严禁孩子与娥哥交往;而另一部分家长则在质疑之后,试图利用这波流量开设个人账号谋取利益,甚至要求娥哥提供分红,否则拒绝让孩子出镜,如老八、十八的家长。

三是支持者。经过时间的考验与深入了解,一部分家长开始从质疑者转变为支持者。支持者选择转变的原因不尽相同。有的家长希望在娥哥的陪伴下,孩子能够拥有美好的童年回忆;有的家长则认为,与娥哥的交往能让孩子得到正确的教育引导;还有少部分家长认为孩子性格太内向,指望着他们多跟娥哥玩能改变内向的性格。因此,这部分支持者在短视频中总是以只言片语向娥哥表达感谢,以此来表达支持态度。

四是参与者。这部分家长基本是由支持者转变而来的。他们不仅深度参与视频,还主动修改抖音账号信息或者开设抖音账号,积极融入这场"忘年交"互动,展现出参与的姿态。比如,积极在视频中呈现自己的人设,主动设置话题与内容,展现出良好的家长关系与素养,等等。

五是受益者。受益者不仅参与自己账号的运营,主动更新孩子的视频内容,更擅长利用标签从娥哥、娥嫂那里分得流量,以此来积累粉丝与知名度;此外,他们还加入娥哥的直播团队,形成一个商业化紧密结合的小团体,共同推动"娥家班"事业的发展。

4.娥家班的规定必须遵守:"成为包容、多元、团结的大家庭"

为了保证表演顺利进行,防止发生意外事件以及随之而来的尴尬,"剧班倾向于挑选忠实的、遵守纪律的、谨慎的成员,并且选择巧妙的观众"[①]。换言之,每个剧班成员都有赖于剧班同伴们的恰当举止。因此,为了确保娥家班各成员能够保持恰当的表演,需要有维护剧班的方针。在"忘年交"短视频中,针对不同的角色要求,这些方针被具象化为以下几条。

一是针对"娥哥",设置礼物接收规则。"娥嫂"要求"娥哥"在接受小朋友送来的零食礼物时,总价格不得超过 10 元。制定这项规则,一方面能够呈现"娥哥"孩子王气质,另一方面也可以制造戏谑与幽默的话题热度。在互联网上,一个有缺陷的人比完美的人更打动观众。礼物方针的制定,不仅是"娥哥"与"娥嫂"人设塑造的一部分,也是两人家庭地位的微妙展演。更重要的是,它巧妙地将大哥与儿童朋友的经济水平置于平等的视角之下,一定程度上淡化了年龄、身份差异带来的阶层隔阂。

二是针对家长群体,娥家班制定了严格的运营规范。首先,从直播运营层面明确禁止家长私自带货。所有家长的直播活动都需要经过培训后,以团队形式集体上岗并统一运营。其次,直播选品层面也进行了相应要求。家长的带货商品需要跟娥哥团队保持一致,不得私自售卖其他未经娥哥团队审核的商品。通过制定直播运营与选品的规范方针,依托于跨世代互动短视频形成的流量红利在进行商业转化时,才能有效保障信誉与持续盈利能力。

三是针对儿童朋友,娥家班实施了一系列交往规范与考察制度。首先,在交往初期,通过数字代称的手段统一交往称呼。借由"4 弟""77 妹"之类的统一称呼规范,儿

---

① 戈夫曼.日常生活中的自我呈现[M].冯钢,译.2 版.北京:北京大学出版社,2022:6.

童朋友在与"娥哥"交往中能够迅速建构起群体意识与身份归属。同时,设置娥家班成员考察周期。对儿童及其家长的素质教育水平、家长支持度等方面进行综合评估,考察不通过则不给称号。其中,硬性要求是"不吃完饭、不写完作业不跟你玩",素质教育要求主要表现在是否帮父母做家务、能否跟娥家班其他儿童朋友友好互动等方面。

以方针制定为基础,加之娥哥、儿童朋友、家长的通力合作和对方针规范的严格执行,娥家班在观众心目中逐步树立了正直、积极向上、有群体责任感、学玩两不误的团体形象,展现出包容、多元、团结的大家庭氛围。

(二)表演区域:"忘年交"短视频的情境设置

1.后台前台化:娥家班基地与娥哥家

戈夫曼提出前后台概念。前台是表演中能为观众所看到的场景部分,而后台的功能在于为前台表演服务,保证在前台表演的演员可以随时得到后台的帮助或者暂时中断表演到后台休息。在"忘年交"短视频中,前台与后台的呈现出现一些新的变化。

原本被视为高度私密、典型的后台空间——家,在娥哥的视频创作中,却成为多数"忘年交"交往活动的展示舞台。通过大量家庭生活片段的展现,如穿着家居服(睡衣、拖鞋)、进行日常活动(烹饪、洗漱、家庭小争执、室内游戏)等,属于后台的"家"元素被巧妙地推向了前台,展现在观众面前。这种情境的设置不仅能够迅速营造真实感,也拉近与观众的距离,为观众制造了一种窥视他人生活的刺激心态。

娥家班基地也是一种另类的前台,它为"忘年交"的所有相关成员提供了展演空间,打造了集烹饪、聚会、群体交流、工作与生活于一体的集体情境。这些多元集体情境元素的前台展现,让关系的实践不再局限于娥哥与小朋友之间,小朋友与其他家长,以及家长与家长之间的关系实践也开始显现、渗透并成为常态。

2.制造后台:娥家班小朋友的系列账号

戈夫曼认为,"后台"具有延伸性。在"忘年交"短视频账号"娥哥"的前台呈现背后,其相关的系列账号可以被理解为一种精心打造的后台空间,很多在"娥哥"账号前台看不到的儿童的另一面,我们都可以在他们的个人账号中找到。我们由表1可以看到这些类似后台的系列账号中呈现的内容主要有三类:娥家班日常活动记录、以个人为中心的短视频制作、个人视频+娥家班小朋友互动。这些内容可以成为一种对前台不可见性的弥补,让这场跨世代互动中各方主体的形象呈现都更为丰满。制造后台的形象呈现方式主要有两种。

一是"上演闲谈",即剧班成员走进后台后,会对表演进行复盘分析。在儿童的系列账号中,父母与儿童会通过复盘,对其在"娥哥"账号短视频中呈现的形象进行反思与调整,实现补救性表演。

二是"剧班共谋",即剧班成员之间形成了一套默契的共谋机制以帮助表演成功。后台的个人账号中,儿童朋友之间会通过积极互动的视频化展演达成戏剧补充,以此实现双方形象的共同塑造。

(三)形象闹剧:"忘年交"短视频中不协调的角色

在剧班的运作过程中,难免会出现各种不协调角色,这些角色如同一颗颗潜在的定时炸弹,随时可能引发表演过程中的意外,导致表演崩溃,甚至诱发"闹剧"。前文提及,部分家长作为配角,并不甘于仅仅作为"橱窗陈列装饰"这样的存在,他们试图另开门户,抢占主角与导演的身份。这些家长正是"忘年交"短视频中不协调的角色。

不协调角色的意外现身,往往以告密者的姿态示人。他们通过散布具有破坏性的信息、在公开或私下场合诋毁娥哥及娥家班成员等手段,试图对既得利益进行重新洗牌。在"娥哥"的"忘年交"短视频账号的不同发展阶段中,这类不协调角色曾两次粉墨登场。

第一次发生在账号起步期,老八与十八的家长看到娥哥与自家孩子互动的视频获得了巨大的流量,立刻打着孩子的旗号开始直播带货,甚至直接推翻跨世代互动的友好表演,指责娥哥利用自家孩子谋取流量与经济利益。

第二次则发生在账号发展的中期,三十与30.1[①] 两位家长在直播间上演了一场"大闹天宫",对其他家长成员进行激烈的指责与谩骂,导致直播事故。在这场混乱中,既定的方针规范完全失效,娥嫂的劝阻也无济于事。两位家长更是以偏袒为由,将矛头指向娥哥与娥嫂,对他们进行了无情的辱骂。

这类不协调的角色会产生极大的破坏性。他们不仅破坏了娥哥与儿童朋友的友好关系与纯真友谊,也对邻里关系造成了难以弥补的裂痕,更让娥家班跨世代互动的美好形象蒙上阴影。

(四)管理形象:"忘年交"短视频背后的账号管控

鉴于上述剧班形象闹剧的混乱表现,形象管理无疑是确保剧班表演得以持久维系

---

① 30.1 是娥哥对儿童朋友的口头称呼,同一家族的两个儿童都加入娥家班时,一般会让年纪小的成员直接在大成员的称号后面直接加上 0.1,例如这里姐姐家的孩子称号为 30,其妹妹家的孩子就被称为 30.1,由于 30.1 不能与三十书面表达对称,特此说明。

与稳定存在的关键策略。一方面,它体现为拟剧忠诚的践行。在这一框架下,表演者需承担特定的道德责任,对剧班及其表演保持坚定不移的忠诚。娥哥、儿童朋友及家长们均有责任与义务进行集体表演关系的主动维护,因此,娥家班的系列账号在后期的视频内容呈现中,内容极为默契地开始聚焦于娥家班日常生活的温馨互动,展现这一大家庭的紧密与和谐。另一方面,由于不协调角色难以根除,为了整个剧班的健康发展与形象维护,娥家班必须对整体账号与形象进行管控。面对老八、十八、三十、30.1等人物角色引发的风波,娥哥团队迅速果断地采取应对措施,如减少相关孩子的镜头曝光、收回账号名称等,最终成功维系住娥哥"忘年交"短视频账号的声誉与权益。

总之,通过对"娥哥"及其系列相关账号的观察发现,娥哥、娥嫂、77位儿童、儿童的家长等扮演不同角色的"忘年交"剧班成员们,通过明确的协作分工,在前后台不同的表演区域进行情境表演,合力解决不协调角色、积极配合形象管理等方式,共同塑造了"忘年交"形象,完成了跨世代互动短视频的出色演出。

三、新型朋辈实践:以朋辈身份践行的准父职实践与抚育行为

父职(fatherhood)是社会文化建构出来的关于如何做父亲的实践和理念①。在中国传统社会中,长兄如父的观念一直存在,以同辈、朋辈身份践行的准父职实践也一直存在。然而,在当下的短视频平台上,这类准父职实践并不多见,而本文观察到的"忘年交"短视频中较为罕见地出现了这种准父职实践。"娥哥"以朋辈身份陪伴、照料儿童朋友们,从而践行着准父职实践与抚育行为。其准父职实践主要表现在以下四个方面。

(一)成长环境:提供去媒介的替代性陪伴

近年来,手机依赖现象出现了向学龄儿童渗透的低龄化趋势②。多项相关研究显示,学前儿童平均每日屏幕使用时间超过2小时的检出率为28.32%—52.7%,儿童媒介化程度不断加深,传播媒介对儿童的影响也进一步加大③。由于家长忙碌,无暇陪伴孩子,导致低龄儿童触网时间不断拉长、触网程度不断加深的情况越发普遍。在媒介化沉迷日益严重的现实背景下,跨世代互动交往提供了一种替代性的陪伴。在本研究

---

① 王向贤.转型时期的父亲责任、权利与研究路径:国内父职社会学研究述评[J].青年研究,2019(1):84-93,96.
② 陈青文.新媒体儿童与忧虑的父母:上海儿童的新媒体使用与家长介入访谈报告[J].新闻记者,2019(8):15-25.
③ 张晴.屏幕暴露、父母媒介干预对学前儿童媒介沉迷的影响[J].学前教育研究,2023(11):42-54.

聚焦的"忘年交"交往中,娥哥以"大哥"的身份,为儿童营造了一种类亲子关系的成长环境。虽然短视频是一种高度媒介化的环境,但是"娥哥"在线下对儿童朋友们的陪伴行为往往是去媒介的。通过组织多元化的线下互动活动,娥哥的陪伴不仅有效减少了儿童独自在家沉迷于手机的时间,还在一定程度上为他们营造了一个去媒介化、陪伴式的童年环境。在评论区及家长的语言表述中,"真心感谢大哥,给现在的孩子们快乐的童年,而不是电子产品的童年",这类表达被提及的频率非常高。从儿童与家长的角度来看,娥哥借助短视频这一媒介形式所开展的跨世代互动,无疑为77名儿童朋友构建了一个快乐、开放、陪伴式的抚育环境。

(二)交往重心:关注儿童朋友的身心健康

儿童乃国家之未来,其健康成长不仅关乎独立健全人格之塑造,更影响着他们成年后的全面发展。在参加中央电视总台《越战越勇》综艺节目的录制中,娥哥表示,"孩子们心理健康很重要"。促成儿童身心健康的良性成长,是跨世代交往的重心。每当有孩子生病,娥哥都会送去黄桃罐头(东北地区探访病患时的传统礼物);针对每个儿童朋友独特的性格特点,娥哥也会进行不同的陪伴交往策略。特别是在处理儿童间的争执、带他们亲身体验生活的不易、敏锐察觉不同儿童的心情变化并积极介入等方面,娥哥都巧妙利用"大哥"身份,进行了积极的准父职尝试。"娥哥"在2023年4月26日发布的一条视频,获得138.5万的点赞量,至今仍被置顶。视频中,老五与41弟打架并将41弟咬伤,娥哥迅速介入,妥善处理伤口,同时对孩子们进行教育引导,最终促成了双方的和解。在随后的视频中,娥哥还亲自带着老五前往41弟家,送上黄桃罐头并再次郑重道歉。娥哥对孩子行为的及时引导与有效干预,促进了孩子们之间的和谐共处,有助于儿童朋友身心健康的正向发展。

(三)教育策略:采取奖惩制度进行积极干预

育儿教育的学者认为,在儿童教育方面应该关注儿童个体在教育活动中的发展,关注儿童在教育生活中的学习方式;关注儿童在受教育的过程中对生活的快乐体验;关注和提高儿童的生活质量[①]。在"忘年交"交往的最初阶段,娥哥就会设置考察期来与儿童进行接触与考量,制定"三玩"政策:开心地玩、安全地玩、让家长放心地玩,极为关注儿童朋友的教育问题。其抖音介绍"不吃完饭写完作业不跟你玩",主张基于教育

---

① 姚伟,关永春.儿童教育与儿童的生活质量[J].东北师大学报,2004(2):140-144.

生活保障的前提下进行交往。在交往中,"娥哥"通过不定期组织"小娥帮帮团会议"展开教育行为,针对孩子说脏话、打架不考虑后果等不良行为,进行有针对性的教育并设计扣分制度与具体改进措施,同时建立激励与惩处机制,积极介入儿童的教育与成长过程。在视频中,娥哥明确表示:"每个孩子的考察期是一个月,前提是玩乐不能耽误学习,这并不是排斥学习成绩不好的孩子,而是希望孩子能在有且仅有一次的童年里,兼顾好学习和玩乐。"这些实践举措,无一不彰显了娥哥作为准父职角色的抚育担当。

(四)社会化引领:儿童社会自我的有效建构

社会化问题的核心是探讨人们从自然人成长为社会人的过程及其影响机制[①]。在社会化方面,与娥哥进行跨世代交往的儿童在团队合作能力、语言表达水平、理解能力、家庭关系、情感交流方面都实现了增强,总体社会化能力都有显著提升。很多原来内向、不爱表达、孤独的孩子,在与娥哥建立起深厚的友情后,逐渐变得开朗、主动,敢于在众人面前展示真实的自我。例如,75弟的家长就曾多次在视频中表达对娥哥的感激之情,"感谢娥哥的出现,让老崔从不怎么说话到现在敢在众人面前跳舞,积极表达自己"。除了家长之外,广大网友在评论区的表态,也展示出了他们对跨世代交往模式促进儿童正向社会化的肯定与认可。2022年3月21日,娥哥发布文案为"做核酸、递水、咱们小孩不用排队"的视频,网友Dorisss的评论内容获得了大量点赞,可以视为网友态度的缩影。"其实挺好,大人有分辨是非的能力,又有预知危险可照顾他人的能力,这帮孩子跟他玩性格方面会很好。在小区,我经常看见男孩在一起脏话连篇,还欺负人,然后在停车场踢足球扔石子玩,经常闯祸。要有一个人引领真挺好。"

四、数字赋能下"跨世代交往"带来的社会性关系再造

关系构成上的结构性探求,对具体研究中国人际传播是很有启发的[②]。人类的传播既是关系的产物,也会反作用于关系。如果不能在关系层面重新思考传播,就很难理解今天的传播现象[③]。因此,探究中国人际传播,需要对其进行关系层面的深入思考与追问。"忘年交"短视频的传播中,依然有中国关系的缩影,甚至带来了社会性关

---

① 风笑天.青少年社会化:理论探讨与经验研究述评[J].青年研究,2005(3):1-8.
② 翟学伟.本土的人际传播研究:"关系"的视角与理论方向[J].新闻与传播研究,2008(3):40-43,95.
③ 刘海龙.中国语境下"传播"概念的演变及意义[J].新闻与传播研究,2014,21(8):113-119.

系的再造。

(一) 关系扩散:从单一的跨世代朋辈交往到多元家庭的邻里交往

起初,"娥哥"与儿童间的跨世代交往仅限于个体间的互动与一对一或者、一对多的往来,不触及更广泛的社会关系范畴。然而,随着交往时间的累积与参与人数的增多,关系扩散逐渐显现。这种扩散主要源自两大因素:一方面,未成年参与视频拍摄需获得家长的同意。跨世代短视频的呈现中不仅涉及儿童肖像权等隐私因素,还由于未成年身份的特殊性而更加敏感。另一方面,家长的态度对儿童交友具有决定权与话语权。在未成年时期,若未能得到家长的认可与首肯,友谊的维系将举步维艰。加之短视频本身的扩散特性,使得跨世代交往很难隐蔽进行,家长的知情与同意就更为重要。因此,想要长久地维系跨世代交往关系,就必须要从单一的朋辈交往走向与孩子家长的交往,这自然而然地触及了中国传统的邻里交往问题。因而这种从朋辈交往到邻里交往的关系扩散与中国人的关系结构是紧密相关的。

也正因为关系扩散的必然性,所以,在跨时代互动的短视频中,前期的画面多聚焦于与儿童朋友的跨世代交往场景,而到了中后期,家长的身影愈发频繁地出现,甚至中国的人情世故也悄然融入其中。围绕多元家庭的邻里交往机制,在跨世代互动类视频中逐渐浮现。评论区网友对这种关系扩散进行了恰如其分地描述与总结:这种关系扩散,"是孩子们上学,大人们上班,按部就班的生活让小区里的人们本无交集,一个人的出现却打破了这种平行线的生活。每当他出现在小区,小朋友们也随之而动,玩滑梯、堆雪人、打口袋,好不热闹。随后家长们也加入进来,这个小区邻里关系也从大家都不认识,开始变成了和谐交往的状态"。

(二) 群体意识形成:从原子化的邻里关系到社区共同体的建立

用亲属称谓来称呼既没有实际也没有名义亲属关系的人是对亲属称谓的"延伸使用"。象征性的亲属关系称谓和礼仪形式能够建立一种新的与亲属关系相似的社会关系①。在娥哥与儿童家长的交往中,这一点鲜明地凸显出来。娥哥是这些家长们孩子的"大哥",所以按照子辈的称呼,娥哥应该称呼他们为"叔叔""阿姨",因此为了拉近距离同时营造戏剧感,娥哥按照孩子们的序号,将家长称为"某姨""某姨父",从而巧妙地运用了象征性的亲属关系称谓,极大地拉近了原本疏离的邻里关系,使之趋向于类亲

---

① 费孝通.江村经济:中国农民的生活[M].北京:商务印书馆,2001:3.

属的关系建构。

尽管亲属关系是名义或象征性的,但相应的权利和义务却是"实打实"的①。77个家庭开始有了中国社会亲属关系的礼尚往来。在前文的互动实践中,提到节假日来往与集体行动的展开,互送礼物、相互拜访、生病探望、"亲戚"聚会,这些原本只在亲属与传统邻里关系间才会出现的人情关系往来,开始在这个社区内部出现。于是,77个家庭围绕"忘年交"这一核心,构建了一个庞大的家庭关系网络。甚至在小区内部,他们还成立了娥家班基地,作为这个大家庭成员在社区的活动中心,一个新型的社区共同体由此诞生。

(三)走向组织化:从自发团结到利益捆绑的商业化、组织化的自为团结

"自发团结"是指依靠个体内在的自觉力量而发起的团结行为,"自为团结"更强调内生性和内生动力,是团结模式中各主体对未来发展有了明确认知,对发展规律有了一定了解,进而产生的较为理性的组织化团结活动②。跨世代互动类短视频的发展与运营轨迹,恰好经历了从自发团结到自为团结的深刻转变。在"忘年交"短视频走红网络之后,众多家长目睹了"娥哥"账号带来的流量价值,也看到了自己孩子成为网红的潜质与机遇。于是,他们纷纷开通抖音账号,成功吸引了一定的关注与支持。然而,这种基于个体自发性的团结行为并不稳固,个体的行为、心理、品质等素质差异成为团结行为中较不稳定的因素。在外部因素的影响下,单纯依靠自发团结,很容易走向背弃约定、团体失序的困境局面。实际上,在家长群体中,就已经出现了因利益分配不均而破坏团结的现象。鉴于此,后续"娥哥""娥嫂"对家长的系列账号进行了统一的规划与管理,开始从自发的个体商业化行为,走向集体的商业化与组织化尝试。他们采取了一系列措施,要求家长们的账号统一带"娥家班某某"或者"娥哥家的某某"等头衔,对家长开展直播带货前的岗前培训,娥哥直播间带不同的家长进行团队合作等探索性实践。在这一过程中,稳定的利益分配机制逐渐成形。通过组织化的机制激活与稳定运行,围绕跨世代互动类短视频的商业实践,从原本零散失控的自发团结,逐渐过渡到了更为成熟稳定、利益紧密相连的自为团结阶段。

---

① 金耀基:《人际关系中的人情之分析(初探)》,见:杨联陞.中国文化中的"报""保""包"之意义[M].贵阳:贵州人民出版社,2009:99-136;姚锦云,邵培仁."礼尚往来"还是"礼上往来"?从跨学科对话(1939—2013)到中国人际传播的经典模式[J].浙江大学学报(人文社会科学版),2021,51(5):84-98.

② 徐婷婷.从"在地团结"到"在地组织":乡村直播模式中的组织力量[J].新闻大学,2023(5):69-79,120-121.

五、结论

本文以抖音短视频账号"娥哥"的"忘年交"互动类短视频实践为案例,研究了"忘年交"短视频如何在社交媒体平台进行形象呈现以及形成何种新型关系实践等相关问题。跨世代互动类短视频作为人际关系的大众化表达,有助于人们重新聚焦和审视传统忘年交交往行为与邻里关系。研究发现,在形象呈现方面,娥哥、娥嫂、77位儿童、儿童的家长等扮演不同角色的"忘年交"剧班成员们协作分工,通过在前后台不同的表演区域进行情境表演,合力解决不协调角色、积极配合形象管理等方式,共同塑造了"忘年交"形象,完成了跨世代互动短视频的出色演出。

在关系实践方面,跨世代互动类短视频带来新型朋辈实践与社会性关系的再造。"忘年交"互动类短视频创作者从成长环境、交往重心、教育策略、社会化引领等不同的四个角度以朋辈身份践行着准父职实践与抚育行为;并且进一步衍生出对社会性关系的再造,实现了从单一的跨世代朋辈交往到多元家庭的邻里交往的关系扩散;进而走向社区共同体的群体关系意识产生,最终实现组织化的自为团结。这些结论有助于丰富我们当下对"忘年交"交往行为、对新媒介环境下邻里社区关系的理解,为代际鸿沟的研究与新型社会关系模式的再建提供一定的思路。

当然,本文作为一项个案研究有其局限性,笔者认为可以从以下几方面推进:一是本文采用描述性解释的质性研究方法探索了"忘年交"互动类短视频的传播与呈现,但是深入了解此类网络现象还需要使用量化方法展开研究;二是本文的分析对象是"忘年交"互动类短视频,作为"忘年交"呈现的重要实践形式,这些内容仅仅是基于抖音平台中"忘年交"的数字实践展开,缺乏对其他社交媒体平台与线下实际交往的深入考察,因此如果能够深入线下田野并且进入微信、微信群、微信朋友圈内部去查看其"忘年交"实践,可能会得出更深入的研究结果。

〔李彩霞,山西大学新闻学院副院长、副教授、硕士生导师;李迎芳,山西大学新闻传播学硕士研究生〕

〔特约编辑:顾洁〕

全媒体时代电视人的跨媒介传播现象研究*
——基于对电视人自媒体渗透力的观察

Research on the Phenomenon of Cross-Media Dissemination Among TV Professionals in the All-Media Era
——Based on the Observation of the Penetrative Power of Their Self-Media

◎ 张 春　雷亚丹
Zhang Chun　Lei Yadan

摘要：全媒体时代，电视人跨媒介传播现象日渐普遍。本文关注到这一现象，观察电视人自媒体的渗透力可以发现：在跨媒介传播动因方面，电视人出于对电视媒体的责任、情感和呼应媒介融合趋势，往往采取自发的建设态度；在跨媒介传播内容方面，电视人除发布节目信息外，还发布一些社会议题和本土信息；在跨媒介传播效果方面，电视人在微博、公众号、短视频等多渠道传播，跨媒介覆盖效果良好。总体而言，电视人在跨媒介传播中创新方式，提升了内容渗透力和品牌影响力，但如何更为有效地传播主流文化，谨防工作缺位错位，加强新闻伦理建设值得进一步思考。

关键词：全媒体时代；电视人自媒体；跨媒介传播；渗透力

Abstract: In the All-Media Era, the phenomenon of cross-media dissemination of information among television professionals has become increasingly prevalent. This article examines this phenomenon and analyzes the penetrative power of television professionals' self-media, revealing that, in terms of motivation, they often adopt a spontaneous and constructive approach due to their sense of responsibility towards television media, emotional attachment, and adaptability to the trend of media convergence. With regard to content, television professionals not only disseminate program information, but also address social issues and report local news. As for the effectiveness of their cross-media

---

* 本文系国家社科基金后期资助项目"数字文化范式中网络文艺的新实践与新美学"（项目号：20FYSB008）的阶段性成果。

communication, television professionals leverage various channels, including Weibo, WeChat Official Accounts, and short-form video platforms, achieving notable cross-media coverage. In summary, television professionals are innovating their cross-media communication strategies, thereby enhancing the penetrative power of their content and brand influence. Nevertheless, further consideration is warranted with regard to how to disseminate mainstream culture more effectively, mitigate any gaps or inconsistencies in their work, and reinforce the development of journalistic ethics.

Keywords：all-media era, television professionals' self-media, cross-media communication, penetrative power

新媒体时代,媒介扮演着越来越重要的角色,其演变与发展更呈现出前所未有的活力与多样性。正如麦克卢汉所言,"媒介即讯息",每一种新媒介的产生都深刻地影响着人们的感知方式和社会文化的构建。媒介的不断发展,推动着全媒体时代的加速形成。全媒体不仅代表了新一代信息技术的全方位集成,更实现了传播介质、途径、载体的深度整合[①],打破了传统媒介的界限,为信息的全方位覆盖和多元化传播提供了无限可能。在这样的背景下,电视人作为传媒领域的重要力量,需更加积极地投身于媒介融合的探索与实践。

渗透原为物理学和化学的术语,指物质通过半透性膜的扩散形成迁移的现象。马溦认为,"新闻传播渗透力的实现关键在于突破传者与受者间的'半透膜',实现思想意识的逐步'迁移'"[②]。由此可见,渗透力有一个缓慢体现的过程,新闻传播渗透力的最佳效果是传播内容能够引起共鸣,从而形成思想乃至文化的认同。一般而言,跨媒介传播的核心是信息在不同媒介间的交叉互动与整合传播。随着新媒体的不断发展,"新媒体时代塑造出以个人为传播主体的媒介环境"[③],电视人开通自媒体的跨媒介现象开始普遍。电视人的跨媒介传播活动不仅体现了电视人的专业素养,也展现了他们身处新媒体时代的适应能力和创新精神。这里需要指出的是,全媒体时代电视人的跨媒介传播现象,特指国内电视从业人员利用网络论坛、博客、微博、朋友圈、公众号、短视频等互联网平台,传播与电视行业相关的信息,其他在线下会议、论坛或者报刊发表

---

① 韦路,陈俊鹏.全媒体矩阵传播:国际重大新闻事件舆论引导的路径、效果与策略[J].当代传播,2024(2):11-20.
② 马溦.基于文化认同谈对台新闻传播渗透力的建构路径研究[J].新闻大学,2015(5):95-99.
③ 高晓虹,陈欣钢.新格局、新路径:媒体融合中的新型主流媒体舆论引导[J].电视研究,2015(4):34-36.

的工作心得感悟或学术类探讨等非互联网活动,不在本文讨论之列。因为电视人的跨媒介传播所体现出的渗透力,正是以上述网络平台为基础展开的,也是借此渠道活跃于人们的视野当中的。

本文选择电视人的跨媒介传播现象进行研究,原因有三:第一,全媒体时代跨媒介传播信息成为趋势,不论是媒体还是受众,都在顺应这种趋势;第二,全媒体时代电视人跨媒介传播信息的现象日渐普遍,但学界对此现象的研究尚显不足;第三,电视人作为公众人物,在自媒体发表言论,需要遵循新闻伦理,在网络治理成为热点的当下,我们应当及时关注这一领域。更为重要的是,党的二十大报告强调:"加强全媒体传播体系建设,塑造主流舆论新格局。健全网络综合治理体系,推动形成良好网络生态。"①因此,对以央视主持人的微博、"马栏那个山"公众号等为代表的,电视人自媒体跨媒介传播现象及其传播渗透力进行研究,不仅有助于我们深入理解全媒体时代电视人的角色定位和信息传播规律,还能为电视人如何更好地担负"塑造主流舆论新格局"和"推动形成良好网络生态"的重任提供有益的参考与启示。

一、跨媒介传播动因:电视人高度的自觉意识

随着信息技术的不断发展和生产传播方式的持续创新,媒介形态正以前所未有的速度发生深刻变化。保罗·莱文森的"人性化趋势"(anthropotropic)理论指出,人在媒介演化中具有很强的主观能动性。他认为:"人是积极驾驭媒介的主人。不是在媒介中被发送出去,而是发号施令,创造媒介的内容。"②河南大河网曾经报道,美国大众传播专业学生斯泰尔特"源于对电视新闻报道的热爱",在2004年建立了"电视新闻人"博客,该博客因为消息可靠而被称为美国电视圈的"公告牌"③。在全媒体时代,人的主观能动性更加增强,驱动着电视人积极投身于跨媒介传播的实践之中。马斯洛的需求层次理论强调,尊重和自我实现是个体的最高需求。电视人的自我实现不应局限于个人成就,更应体现在社会价值上。因此,电视人的跨媒介传播行为,是建立在自觉基础上的多方合力的结果。

其一,使命和情感的驱动。"现代社会已然完全由媒介所'浸透'(permeated),以

---

① 习近平.高举中国特色社会主义伟大旗帜 为全面建设社会主义现代化国家而团结奋斗[N].人民日报,2022-10-26(1).
② 莱文森.数字麦克卢汉:信息化新纪元指南[M].何道宽,译.北京:社会科学文献出版社,2001:56.
③ 博客写尽美国电视圈新闻 21岁大学生成电视圈名人[EB/OL].(2006-11-24)[2024-05-13].https://news.sina.com.cn/o/2006-11-24/044310582251s.shtml.

至于媒介再也不能被视为一种与文化和其他社会制度相分离的中立性要素。"①互联网时代的电视人不管身处网络何处,其媒体人的心理身份标签都会一直存在。因此,自觉意识是电视人跨媒介传播的基础,既体现出电视人的责任和使命,也与其对职业的深厚情感有关。通过百度搜索主题词"电视人 博客",可以找到"电视人马乐""北京电视台主持人""董路博客""电视人宏亮"等博客账号,不过有些用户已经不再更新。2010 年前后,博客走向沉寂,微型博客也就是微博崛起。"电视人宏亮""河北电视人微博""电视人曾小强"等微博用户不断出现,这也说明电视人在不断融入新兴媒介。还有许多央视主持人在兼任网络安全、消防宣传等"大使"身份后,会在自媒体发布相关信息,说明电视人在担任这一角色时,为社会服务的使命是一直存在的。公众号"马栏那个山"是湖南广电记者所创建的个人微信公众号。自 2019 年 1 月 15 日正式注册起至 2024 年 6 月 17 日,该公众号已持续发布了 101 篇高质量的原创文章,内容涵盖媒体达人经验分享、深入的影视评论以及富有地域特色的本土故事,是电视人跨媒介传播的生动体现。这背后不仅是其职责所在与情感寄托,也是对自我价值和社会价值的双重追求。

其二,媒介融合相互赋能。早在 2003 年,美国鲍尔州立大学的戴默等学者就曾谈到,媒介融合下的跨媒介新闻生产包括交互推广、克隆发布、合作竞争、内容分享和完全融合五种形式②。完全融合阶段意味着媒介合作模式发生重要转变,成为一套"独立运行、流程完整、操作规范的全新的新闻生产模式"③。全媒体时代,"内容分享"和"完全融合"成为主流。央广网报道显示:"总台 2023 年春晚全媒体触达超 110 亿人次。"④电视台作为主流媒体,也需要与其他平台合力共创,"通过加强联动、优势互补形成的跨屏效应"⑤,持续扩大传播效果。电视人在自媒体上的自发性宣传行为,体现出他们主动推进媒介融合,有效应对市场竞争,促进媒体多元化发展。首先,电视人在内容生产与传播中,需要与官方媒体协同,确保信息的真实性和公信力,同时在自媒体平台展现个性化内容。官方媒体则借助电视人自媒体吸纳网络流量,宣传优质内容,形成内外联动的话语传播机制,推动融媒交互和媒体行业创新。其次,双方在价值立

---

① HJARVARD S. Mediatization of society:a theory of the media as agents of social and cultural change[J]. Nordicom review,2008,29(2):105-134.
② DAILEY L,DEMO L,SPILLMAN M. The convergence continuum:a model for studying collaboration between media news-room[J]. Atalantic journal of communication,2005,13(3):150-168.
③ 李红祥.跨媒介新闻生产的瓶颈及对策[J].新闻爱好者,2010(4):98-99.
④ 央广网.总台 2023 年春晚全媒体触达超 110 亿人次 再掀海内外关注热潮[EB/OL].(2023-01-13)[2024-05-13].https://baijiahao.baidu.com/s?id=1755776309514146421&wfr=spider&for=pc.
⑤ 王晓红,倪天昌.论媒体深度融合背景下主流价值传播的守正与创新[J].电视研究,2021(12):10-13.

场上的一致性奠定了合作的基础,在宣传内容、运营方式及受众特点上的差异则凸显了合作的互补性和必要性。双方可相互转载内容,提升作品数据转换率,形成品牌效应的良性循环。最后,由于立场一致,电视人自媒体与官方媒体避免了与普通创作者间的竞争和版权纠纷,实现了资源共享和优势互补,这种媒体之间的相互赋能正是媒介融合的生动体现。

  其三,满足受众多元需求。由于互联网加快了信息的传播和获取,人们越来越重视信息的即时性与内容的多样性。在流量即信息、流量即关注度的当下,信息过载和注意力分散的现象也愈发引人关注。不过,受众的观看需求不同,不同媒体吸引的受众也有所不同。在电视人自媒体的受众当中,不乏对出镜人、撰稿人等创作主体加以欣赏的用户。该群体对电视人的个人魅力、观点等有着较高的认同感和忠诚度。如央视主持人尼格买提、湖南卫视主持人何炅在抖音上的个人粉丝已逾千万。再者,在面对同一事件时,不同媒体的出发角度不同,呈现方式也不同。官方媒体的包揽式宣传虽然具备广泛性,但也在一定程度上缺失了针对性。在官方媒体全面详尽地介绍相关信息时,电视人作为内部人员,能以其独特的视角为观众提供丰富的细节。例如,"马栏那个山"发布的《快来〈天天向上〉围观这个考察过地球"三极"的西北汉子》一文,开篇便以作者与李栓科近20年的交情为引,随后融入作者做节目导演的工作经历和李栓科的人生轨迹,最后简要介绍了李栓科及其团队受邀参与湖南卫视《天天向上》节目的信息。这一叙述方式不仅增强了文章的亲和力,也丰富了内容的层次感,增加了内容的深度;既满足了受众获取信息的需要,又考虑到了受众对传播内容生动性的需求。

  电视人的跨媒介传播行为,也是出于推动行业发展、进行价值引导和繁荣主流文化的考量。在行业方面,电视人通过和官方媒体的合作扩大了公共话语影响力,让受众从不同角度接收到更为多样的信息,推动行业积极建设主流话语。在价值引导方面,电视人的职业素养要求从业者站位正确、立场鲜明,其作品多倾向于有利于青少年身心发展、有助于媒体生态建设的内容输出。同时,通过电视人在多类自媒体平台上的活跃,各级电视台在公众面前的"出镜率"有所提升,引导舆论的范围得以扩展,公信力也更上一层楼。在商业方面,电视人凭借自身影响力,在自媒体平台上进行引流,从而提高电视台的收视率,提高了官方媒体在网络市场中的数据竞争力,并在一定程度上带来新的商业机会。在文化宣传方面,电视人的自媒体既能够宣传本土文化,又能反作用于电视台,推动其进行内容上的提质创新,促进媒介的进一步融合交流,助力社会主义文化大发展大繁荣。概而论之,电视人跨媒介传播的共赢模式,为媒体行业、网络生态等多方面的长远发展提供了新的揣度。

二、跨媒介传播内容：非虚构写作增强渗透力

社会环境和人类行为与媒介的变化发展有直接关系。"电视的倾向影响着公众对于所有话题的理解"[①]，而在互联网时代，"电子传播媒介对社会变化所产生的影响最为显著"[②]。在信息繁多的网络场域中，人们迫切希望在复杂的表象中探寻到真实的原本模样。但同时，真实的模样也需要有温度地表达。这种温情写作的方式常被称作非虚构写作。正如哈佛大学马克·克雷默（Mark Kramer）所言，"它在有人情味的内容里加入了学术理论和观察到的事实，给予日常事件专业的理解，整理归纳来自复杂世界的信息"[③]。非虚构写作成为热潮，其实"反映了在当今信息化社会信息的重要地位和人们对真实信息的心理需求"[④]。当然，相对于新闻报道的真实性而言，非虚构写作更有独具价值的一面，尤其是它在"舆情表达、舆论监督、社会观察等方面发挥着积极作用"[⑤]。无论是影视创作，还是新闻传播，内容为王都是金科玉律。那么，电视人跨媒介传播的内容包括哪些方面？又是如何通过非虚构写作强化传播渗透力的？

首先，发布社会热点新闻。内容价值决定渗透力。互联网、社交媒体和移动通信技术的快速发展极大地加速了信息的传播和流动。在快节奏的现代社会里，以"微"开头的媒介成为我们娱乐的必需品，微信、微博、微电影、微短剧……诸如此类，所有的信息都爆炸般地闯入我们的世界。因而这种时空压缩的"流动的现代性社会"（Liquid Modernity Society），具有不确定性、无序性、风险性、去嵌入性和高度个性化的时代特征[⑥]。人们可以随时随地获取全球各地的新闻、观点和知识，这种信息流动也促进了不同文化之间的交流与融合。马克·德尔兹（Mark Deuze）曾将"流动性"引入新闻业，用"流动的新闻业"描述当下新闻业态多维度快速的深刻变化[⑦]。电视人承担着关注社会热点、回应社会关切、传递社会正能量等社会责任。他们通过自媒体传播信息，往往是希望塑造和维护自己的品牌形象，并通过网络平台进行有价值的内容输出。河

---

① 波兹曼.娱乐至死[M].章艳,译.北京:中信出版社,2015:96.
② 汤喜燕.大众传播学导论[M].杭州:浙江工商大学出版社,2010:119.
③ 克雷默,考尔.哈佛非虚构写作课:怎样讲好一个故事[M].王宇光,等译.长沙:湖南文艺出版社,2022:Ⅵ.
④ 彭恺.新技术革命背景下中国文艺生态的观察与思考[J].贵州社会科学,2022(4):68-76.
⑤ 董向慧."非虚构写作"在网络舆情事件中的情感动员功能与表达逻辑[J].理论与改革,2021(2):125-134,155-156.
⑥ LEE R L M. Time, space, and power in digital modernity:from liquid to solid control[J]. Time & society, 2022, 31(1):69-87.
⑦ DEUZE M. Journalism in liquid modern times:an interview with Zygmunt Bauman[J]. Journalism studies, 2007, 8(4):671-679.

南广电的《小莉帮忙》栏目记者刘小莉,就在抖音上发布民众关注的社会新闻(如"河南老乡自发为高速被困者送物资")、话题视频(如反映重大气象变化)。浙江卫视主持人王志强的抖音账号"小强说"同样关注热点问题。该账号聚焦梅大高速塌方事件,陆续发布7条相关视频,持续跟进新闻进展。该话题获近50万人次的关注度,在近3万条网友评论中,包含着对同胞的哀悼、对英雄的致敬和对事故的反思等。值得一提的是,刘小莉的抖音账号隶属于河南广电的"大象MCN";"小强说"是浙江广电重点孵化的12个账号之一,并在微博、西瓜视频等平台上进行无差别的视频内容发布。由此可见,由官方携领、电视人出镜的生活化拍摄方式,能够营造出一种"网上邻居"的近距离感,达到较好的传播效果。

其次,自然展示工作内容。一般而言,新闻价值的构成因素,主要包括时新性、重要性、显著性、接近性、趣味性等因素。从这些因素可以看出,除照搬新闻报道之外,电视人的自媒体信息在全面性上不及官方媒体,更趋向于接近性和趣味性。波兹曼强调,"娱乐是电视上所有话语的超意识形态"①,所以在很多主持人的自媒体中,更多的是以娱乐态度宣传自己参与的节目。这种有针对性的转发既能提升粉丝黏性,又能满足市场的精细化需求。在抖音上,央视少儿频道主持人红果果、绿泡泡、月亮姐姐、小咕咚等会时常分享节目拍摄花絮;河南卫视主持人韩佳的抖音账号,是把节目名字与本人名字挂钩,直接以"打鱼晒网韩佳"命名,直观呈现出电视人与节目的连接性。在微博上,主持人何炅发布的内容多为宣传湖南台的热播节目;央视记者王冰冰的微博"吃花椒的喵酱",在和普通用户一样分享日常生活的同时,也用"我离退休还有10809天"等极为接地气的语言,和"央视新闻""CCTV纪录"等官方媒体保持互动,一度带动了♯王冰冰推荐2023央视开年力作奇妙中国♯、♯王冰冰学咏春♯等和具体节目相关的微博话题的阅读量。这种行为既是对节目的宣传,又是对自我形象的强化。电视人在自媒体上灵活多元的表达方式,突破了传统新闻媒体的宣发模式,让宣传更具吸引力,引流更加自然。

最后,点赞评论大美家乡。每个人都有一种故乡情结,都希望出走半生归来仍是少年。帕克从新闻浏览的角度认为,普通读者在阅读新闻时,会在短暂浏览开头后寻找和自己家乡相关的新闻,"即一种严格来讲可以被称作'人情味'(human interest)的内容"②。苏轼则直言,"此心安处是吾乡",无论身处何地,只要内心平静安宁,那里便是自己的精神家园。相较于那些以博眼球和追求利益为首要目标的网络博主,电视人

---

① 波兹曼.娱乐至死[M].章艳,译.北京:中信出版社,2015:96.
② 帕克.新闻与舆论:罗伯特·E.帕克论文选[M].刘娜,译.中文英文双语版.北京:中国传媒大学出版社,2022:9.

在信息传播中展现出了更高的责任感和专业素养。他们避免了娱乐意义上的信息窄化,而注重本土信息的深度挖掘和细致呈现。通过这种方式,电视人不仅让受众更加全面地了解风土人情,还以独特的地方特色吸引更多观众持续关注。如河南文旅频繁发布宣传视频后,河南卫视主持人韩佳随即主动化身"河南文旅推介官",在抖音上连发4条相关视频,对河南的人文历史进行宣传。央视河南籍主持人任鲁豫发布微博推广河南美食,转发央视频♯探寻洛阳至味♯话题微博,并附文"爱我河南!"。同样,"马栏那个山"公众号也有对"家乡好物""青春扬益"等本土公益广告品牌的推荐,以及对本地文艺活动、文博展览等信息的分享。这种赞美家乡的现象充分说明了电视人弘扬本土文化的自觉意识。电视人对本土文化的重视,不仅是对地域文化进行有效输出,更是在维系地区或民族情感;既传承和弘扬了本土的人文精神和文化遗产,也为观众提供了独特的视角和体验,加深了人们对本土文化的认同感和归属感。

非虚构写作是近年来十分流行的一种写作主张,虽然这一概念来自国外,但在我国早已有之,并对当代文艺以及近来的新媒体创作产生很大影响。非虚构的核心要义是"真实"二字。在新媒体语境中,电视人并非以严肃的姿态出现在大众面前,反而能以充满生活气息的文字或视频,迅速拉近与受众的距离。首先,它提供了一种新的叙事方式,让真实的故事以更贴近人心的形式讲述出来,使信息更加易于被接受和理解。这种温情表达便于激发受众共鸣,增强信息传播的效果。其次,非虚构写作在自媒体平台上的广泛应用,为电视人提供了更多的创作空间,也对电视人提出了更高的要求。他们需要具备敏锐的洞察力和丰富的创作经验,才能创作出既真实又引人入胜的作品。最后,他们还需要时刻关注网络环境的变化,及时调整自己的创作策略和传播方式,以适应不断变化的市场需求。综上所述,非虚构写作以其真实性和温情表达在自媒体平台上展现了强大的渗透力。电视人应积极拥抱这一表达趋势,不断提升自己的创作能力,在跨媒介的视域中进一步壮大主流价值、主流舆论、主流文化。

三、跨媒介传播效果:基于自媒体渠道的分析

传播效果是一个抽象的概念,受到多种因素的影响。戈夫曼认为,"当个体在不同场合对同样的观众扮演同样的角色时,就可能产生一种社会关系"[①]。电视人在跨媒介传播行为中扮演的是传播者角色,并在不同平台展现出不同的特征,以符合平台传播规律,扩大传播效果。随着互联网技术的迭代发展,论坛、博客等曾经广泛出现在大

---

① 戈夫曼.日常生活中的自我呈现[M].黄爱华,冯钢,译.杭州:浙江人民出版社,1989:15.

众视野中的平台逐渐消隐。当下人们还在使用的豆瓣、知乎等社群则凭借其知识属性,吸引着大量读者关注。之后,微信、微博以及短视频等平台的影响力持续增强,为电视人的跨媒介传播提供了更多可能。截至2023年12月,我国短视频用户规模为10.53亿人,占网民整体的96.4%①,短视频成为信息传播的最大渠道。当然,考量电视人的跨媒介传播效果,还应当考虑与媒介相关的多种因素,比如媒介技术、传播内容、所处情境、体制因素等,以及产生效果的各个层面,如效果属性、影响对象、作用时间等②。一般而言,官方媒体的受众广泛而多元,电视人跨媒介传播信息的受众范围则更为细分。电视人可以根据不同平台的特性,对媒体资讯的传播方式进行创新,在多个平台进行宣传,最大限度地提高曝光度。

首先,电视人在微博平台的信息传播效果好、速度快、针对性强。"微博的迅速崛起给电视新闻的传播创造了新的平台,同时也带来了巨大的压力。"③微博在一定程度上即时扩展了电视新闻的场外空间。在布尔迪厄看来,电视是一个场域,"一个场就是一个有结构的社会空间,一个实力场——有统治者和被统治者,有在此空间起作用的恒定、持久的不平等关系——同时也是一个为改变或保存这一实力场而进行斗争的战场"④。相比之下,微博是以短文本为主的社交媒体平台,用户倾向于围绕某一话题展开讨论和互动,其信息传播呈裂变式,短时间内热门微博能够登上热搜榜单,并引起大量转发和评论。在微博平台,人们可以看到公众人物与粉丝的互动情况、点赞情况、发博数量与涨粉数量等详细信息。主持人可以在粉丝群、超话广场等适当与粉丝进行互动交流,巩固个人与粉丝群体间的情感,增强用户黏性。电视人凭借自身的专业知识或知名度发布内容、传播信息并获得年轻群体的关注与分享。何炅个人微博账号的粉丝量目前达到了1.18亿,他所发布的微博中所带的♯魔方新世界♯、♯声生不息家年华♯、♯大侦探9收官♯等话题阅读量都轻松过亿,庞大的粉丝群所带来的流量基数和传播效果不言而喻。辩证地看,"饭圈文化"可以带来诸如信息快速传播、社会关注提升、粉丝互动增强等正向价值,但也会引发过度崇拜和盲目追星、加剧社会不平等、导致粉丝间对立和冲突,以及对青少年的成长产生不良影响等问题。这也告诉正在进行跨媒介传播的电视人,必须高度警惕基于自身影响的"饭圈文化"的负面作用。

---

① 中国互联网络信息中心.第53次中国互联网络发展状况统计报告[EB/OL].(2024-03-25)[2024-05-07].https://www.cnnic.net.cn/NMediaFile/2024/0325/MAIN1711355296414FIQ9XKZV63.pdf.
② KATZ E. Lazarsfeld's map of media effects[J]. International journal of public opinion research,2001(13):270-279.
③ 张春玲.微博环境下电视新闻的跨媒介传播策略[J].新闻知识,2012(7):57-58.
④ 布尔迪厄.关于电视[M].许均,译.沈阳:辽宁教育出版社,2000:46.

其次,电视人在公众号平台的信息传播能够实现文化的深耕与渗透。微博的出现使长篇博客逐渐式微,微信公众号则在某种程度上涵括了微博和博客的优势,更能引起读者的文本阅读兴趣。公众号文章在引发受众的文化认同和情感共鸣后,很容易实现受众的二次传播。曾拍摄《舌尖上的中国》《风味人间》等纪录片的导演陈晓卿,常在个人公众号"人老猪黄"中发表涵盖美食分享、生活故事、纪录片创作等内容的文章。陈晓卿谈到美食时,不仅仅停留在口腹层面,而深入到文化层面。在讲起谷物时,他想到自己被"用粥喂大"的童年,发出这样的提问:"为什么相比肉蛋奶为主的民族,谷物民族更依赖抱团生存,更愿意服从指挥,更具有忍让精神?"许多网友也在留言区展开关于食物与民族文化的讨论。当涉及个人生活故事时,陈晓卿用情感串联起来的朴实文字,让读者产生了极强的共鸣。对美食的挖掘和对现代生活方式的反思,也透露出大众文化时代的人文关怀。该公众号动辄数万的浏览量、互动性高的留言区、表现不俗的"在看"分享数据,足以说明电视人在跨媒介传播时共鸣与认同带来的渗透力。在形式上,公众号又能够结合文章、图片、视频、视频号等生成内容和形式,排版工整美观,做到界面友好。如"马栏那个山"公众号推文结构鲜明、主题明确、图文并茂,结合视频号进行组合叙事,起到了很好的宣传造势效果,多篇推文被官方公众号转载,还有推文被主流媒体、重点期刊发表。由此可见,公众号推广不仅要通过良好的文字功底和优质内容满足用户的阅读需求,还要有将文本转化为受众乐于接受的形式的能力。

最后,电视人在短视频平台的信息传播覆盖面广、话题性高、热点性强。跨媒介不是对原件的照搬,而是对信息加以转译构建出新形态。显而易见,新媒体语言中的"网言网语"更容易缩小创作者与用户之间的距离,在一定程度上避免"走入将电视新闻视频平移至短视频平台的误区"[①]。因此,电视人也要善于利用现有资源与优势,着力找准发展方向,进一步推动内容生产,使媒体更加贴近受众生活。如深圳卫视主持人董超在其抖音账号"董超在深圳"中以吃饭、散步、喝茶等生活化的方式出镜,很容易让用户产生亲切感。又如济南卫视主持人yoyo在一次连线中误将记者灏鑫的名字喊为"趵突泉",这一意外失误迅速在网络走红。随后,yoyo通过分享新闻现场的幽默故事,在抖音平台积累了超过400万名粉丝,#主持人yoyo酱#话题视频播放量高达12.5亿次。当yoyo和灏鑫公布恋情后,他们的组合"趵突泉夫妇"更是成为热搜焦点,吸引了大量网友关注济南广播电视台。济南广电及时把握这一热点,推出"yo游泉城"栏目,由yoyo担任主持,在抖音上介绍和宣传济宁。这种创新的宣传模式不仅

---

① 张庆.传统电视媒体进军短视频的误区与着力点[J].现代传播(中国传媒大学学报),2017,39(12):158-159.

提升了传播效果,也为地方电视台吸引观众提供了成功范例。

持续推进媒介融合,是扩大传播效果的必然选项。"媒体融合的本质是技术融合、人人融合、媒介与社会融合"①,因此,扩大全媒体时代电视人的跨媒介传播效果,必须强化三个方面的工作。第一,从技术融合层面来讲,电视人身为媒体从业者,可以借助先进的数媒技术手段,提升信息传播的审美效果。第二,从人人融合的角度出发,更要重视人的主观能动性。在媒介融合过程中,不同行业、机构、身份上的差异将在技术进步的浪潮中融合,进而使人们适应数智化生存的社会格局与媒介格局。特别需要强调的是,电视人既是自媒体用户,又是公众人物和专业人员,更要遵守新闻伦理,发挥引导作用。在这方面,"马栏那个山""人老猪黄"等公众号对标官方媒体的品控来做自媒体,值得点赞。第三,从媒介与社会融合的方面来看,媒介与社会的一体化进程正在不断推进。电视人须自觉践行社会主义核心价值观,合力共创新时代媒介融合新篇章。

四、结语

在全媒体时代,我们每一个人都扮演着重要的角色。人人都是传播者,共同编织着信息的网络;人人都是记录者,用镜头和文字记录下时代的变迁;人人都是评论员,对所见所闻发表着独特的见解;人人都是教育者,在交流中传递着知识和智慧。在这个信息爆炸的时代,我们的声音被放大,我们的行动被看见,我们的思考被传播,我们的影响被扩展。因此,我们在看到电视人推动全媒体传播体系建设的同时,还需要特别正视跨媒介传播中可能存在的风险和问题。

一是来自传播者即电视人的风险。在传统媒介环境中,电视人受监督机制约束,失范现象相对较少。身处互联网,电视人的监督难度大大增加。近年来的媒体人舆情事件,正是这一风险的直观体现。二是传播内容本身所蕴含的风险。在某些情况下,部分电视从业者为了吸引观众眼球或展现个人特色,而忽视了对节目内容的严谨审核与把控。这可能导致内容的不实、误导,更严重者可能侵犯他人隐私、操纵社会舆论,造成不良影响。由此可见,"把关人"在网络环境中至关重要。三是来自受众的风险。当前,受众的参与度和影响力前所未有地增强,这也为一些不法分子提供了可乘之机。因此,电视人在跨媒介传播时,需要保持警惕,加强自我约束,提升媒介素养,恪守职业道德,确保信息真实、公正、客观。

党的二十大报告明确提出了"增强中华文明传播力影响力"的目标,这可以被视为

---

① 廖祥忠.从媒体融合到融合媒体:电视人的抉择与进路[J].现代传播(中国传媒大学学报),2020,42(1):1-7.

对电视人多维建构文化传播路径提出的更高期望。在全媒体时代,电视人应始终坚守人民立场,以内容创新为核心竞争力,强化思想文化上的引领力和渗透力。我们应紧跟时代步伐,紧抓热点话题,通过精准的传播策略,有效转化流量与数据,形成广泛的影响力。同时,应充分利用各平台的优势,构建多元化、立体化的传播矩阵,以满足不同受众的需求。我们应当发挥表率作用,积极吸引和凝聚更多跨媒介人才,共同致力于加强全媒体传播体系建设,以推动媒体生态的健康发展。在全球化的背景下,电视人还应肩负起跨文化传播的使命,以更加开放、包容的姿态,向世界展示中华文化的独特魅力和价值。

〔张春,湖南工业大学艺术学院副教授,硕士生导师;雷亚丹,湖南工业大学文学与新闻传播学院戏剧与影视学专业 2022 级硕士研究生〕

〔特约编辑:顾洁〕

国际传播

中国国际传播的二律背反困境与破局
——基于中国品牌国际化的比较视角　　　　　　　　　　张　驰　黄升民

中国国际传播的二律背反困境与破局*
——基于中国品牌国际化的比较视角

The Paradoxical Dilemma and Solutions of China's International Communication: A Comparative Perspective Based on the Internationalization of Chinese Brands

◎ 张驰 黄升民

Zhang Chi Huang Shengmin

摘要：当下中国国际传播面临着二律背反困境，即做得越多，效果越差。过往政府主导的以外宣机构和主流媒体为主要抓手的国际传播投入和产出并不呈正比。与之形成鲜明对比的是，新中国成立以来尤其是改革开放以来中国品牌走向全球，在越来越多的国际市场获得认可，成为推动中国国际传播事业的重要力量。梳理中国品牌国际化的历史和实践可以发现，中国品牌助推中国在不同时期形成了"红色中国—制造大国—经济大国—全球大国"的国家形象，品牌国际化的经验和传播思想对破解当下国际传播的困境具有重要启示。未来国际传播需要秉持"大国际传播"的观念，需要完整而系统地理解国际传播，将商业性的品牌传播纳入国际传播的视野内，在国际传播观念、国际传播主体、传播技术和传播对象上形成新的理解和超越。在新时代的国际传播应对中，理解建构品牌的传播思想精髓，调适既往"对抗—斗争"的宣传观念，以"人类命运共同体"为基础，以共识达成为核心的传播运作可能是破局的关键。

关键词：共识；国际传播；中国品牌；人类命运共同体

Abstract: At present, China's international communication is facing the dilemma of contradictory contradiction, that is, the more you do, the worse the effect. In the past, the government-led external propaganda agencies and mainstream media were the main focus of international communication, and the

---

* 本文系国家社会科学基金青年项目"中国品牌国际传播的历史演变、制约因素与能力提升研究"（项目号：23CXW028）和国家资助博士后研究人员计划"基于生成式AI的中国品牌精准化国际传播研究"（项目号：GZC20232459）的研究成果。

input and output were not directly proportional. In stark contrast, since the founding of the People's Republic of China, especially since the reform and opening up, Chinese brands have gone global, gained recognition in more and more international markets, and become an important force in promoting China's international communication cause. Combing the history and practice of Chinese brand internationalization, it can be found that Chinese brands have helped China form a national image of "Red China, a manufacturing power, an economic power, and a global power" in different periods, and the experience and communication ideas of brand internationalization have important enlightenment for solving the current dilemma of international communication. In the future, international communication needs to uphold the concept of "big international communication", understand international communication completely and systematically, incorporate commercial brand communication into the vision of international communication, and form a new understanding and transcendence in international communication concepts, international communication subjects, communication technologies and communication objects. In the new era of international communication, understanding the essence of brand building communication ideas, adjusting the previous propaganda concept of "confrontation and struggle", and taking the "community of shared future for mankind" as the basis and the communication operation with consensus as the core may be the key to breaking the situation.

Keywords: consensus, international communication, Chinese brand, community with a shared future for mankind

一、国际传播的二律背反困境

当前中国国际传播处于百年变局之中,主要包括三方面。首先,中美之间的差距,尤其是经济产业方面的差距日益缩小,引发中美在政治、经济、外交、科技、贸易等方面的全方位博弈。其次,世界主要国家内部矛盾激化并将内部问题外部化,引发新的动荡。英国脱欧、特朗普上台、俄乌冲突、巴以冲突等黑天鹅事件频频发生,新冠疫情加速了世界格局的演化。而这一系列事件的原因很大程度上是发达国家内部经济乏力、种族与阶层矛盾等的外部转移。① 在内部矛盾外部化转移的过程中,不断强大、意识形态和政治制度极不相同的中国往往成为重要的靶子。最后,传播技术的日新月异,对旧有的国际传播思维和媒体基础设施形成巨大的挑战。国际传播本身具有很强的政治和国家意涵,其目的在于维护国家利益。在传统媒体时代,电视、报纸等主导了国际传播的媒介使用,形成了一对多的广播式和灌输式的国际传播实践范式。随着传播技术的进步,尤其是大数据、云计算、人工智能等几乎重塑了国际传播的方式和思维,对旧有的国际传播范式形成了新挑战。掌握先进传播技术及平台优势的国家对于国际传播的后发国家形成了新的国际传播优势和新的国际传播霸权。在国际舆论的较量中,国际传播的后发国家往往居于被动境地。中国经过多年的"媒体走出去",以传统媒体为主体的国际传播体系初具雏形,但数字平台建设乏善可陈,难以适应数字时代传播的新要求。

中美两国全方位的博弈、发达国家内部矛盾的外部化转移以及传播技术的日新月异共同造就了当下中国国际传播的恶劣环境,导致中国国际传播进入一种二律背反的困境。所谓二律背反,指的是中国在国际传播上做得挺多,而国际传播的效果提升不大,甚至变得更差。在各项重要议题上,中国依据国情和全球情况提出了许多有利于世界发展的主张、倡议,并下了很大力气向世界阐明,然而却招致越来越多的批评和污名化,中国似乎正陷入一种舆论上的"塔西佗陷阱",而国际传播的舆论应对又进入"修昔底德陷阱",呈现出大国"舆论战"的自我实现状态。中国与传播对象之间难以达成共识,与期望达到的国际传播目的尚有距离。② 此外,中国的国际传播主力军——主流媒体和外宣机构引发美国及其盟友的高度警惕,被"插上小红旗",多年来斥巨资建设的海外传播渠道和交流平台遭遇困境,中国国际传播当下处于一种被动的状态。

为了应对国际传播的新局面和新挑战,中国学人从多个角度建言献策,成果丰硕,极具价值。一是从叙事学、修辞学角度出发,聚焦于如何对外讲好中国故事和构建话语体系;二是从技术视角出发,探讨如何运用先进传播技术提升主流媒体的国际传播力;三是从文化视角出发,聚焦于中国文化内容的国际传播,用跨文化传播理论观照国际传播;四是从品牌学、符号学等视角出发,将国家与企业等商业组织类比,在淡化意

---

① 郑永年.中美之争,我最担心这件事发生[EB/OL].(2020-07-08)[2022-08-16]. http://www.ccg.org.cn/archives/54958.
② 2023年6月皮尤研究中心的一项调查显示,24个国家对中国的看法普遍持负面态度,67%的成年人对中国持负面看法,只有28%的人持正面看法。

识形态色彩的基础上提出建设中国的国家品牌的方略。上述研究和提出的思路对策为推动国际传播事业、提高国际传播效能提供了宝贵参考，但是面对百年变局造成的恶劣传播环境，依旧有进一步提升的空间。一是忽视了国际传播的新背景，在传播对象质疑甚至是失去信任的情况下，单纯强调话语体系建构、故事讲述等传播技巧层面的要素无助于从根本上改变国际传播面临的困境；二是过于紧盯官方主导的国际传播，尤其重视主流媒体和外宣机构的国际传播，忽视了对其他有组织、成规模的传播主体的研究，限制了国际传播的视野，制约了新传播力量的纳入和传播资源的整合；三是强调斗争，传播思想陈旧，过于重视意识形态宣教和自我价值的宣扬，难以与对象达成共识；四是，对先进传播技术的把握不够，旧有的传播技术和打法难以适应数字时代的国际传播要求。文章从企业品牌和品牌传播入手，希望通过讨论中国品牌国际化中的传播经验及其所蕴含的"共识"传播思想范式，为中国国际传播开辟新思路。

二、国际传播，品牌何为？

在新形势下国际传播需要吸纳新的主力军和调整资源配置的情况面前，企业品牌的国际化和国际传播不能忽视，中国品牌国际化的阔步前行为破解中国国际传播二律背反困境提供了新的借鉴。

(一)从理论看中国品牌推动国家形象塑造

来源国效应研究表明，国家形象会影响消费者对该国产品及品牌的感知。[1] 实际上，反之亦然，代表性商业品牌与该品牌来源国之间有很强的联结关系，甚至会产生逆向影响效应和溢出效应。[2] 也就是说，品牌国际化同样能够对国家形象建设起到促进作用，甚至能够逆转负面的品牌原产国刻板印象。[3] 一国的品牌能够为消费者认知、理解建构一国的国家形象提供新的视角和途径，对国家形象具有重要的助推作用。[4]

---

[1] LEE R, LOCKSHIN L, GREENACRE L. A memory-theory perspective of country-image formation[J]. Journal of international marketing, 2016, 24(2): 62-79.

[2] 参见：LEE R, LOCKSHIN L. Reverse country-of-origin effects of product perceptions on destination image [J]. Journal of travel research, 2012, 51(4): 502-511; MAGNUSSON P, KRISHNAN V, WESTJOHN S A, et al. The spillover effects of prototype brand transgressions on country image and related brands[J]. Journal of international marketing, 2014, 22(1): 21-38; LEE R, LOCKSHIN L, GREENACRE L. A memory-theory perspective of country-image formation[J]. Journal of international marketing, 2016, 24(2): 62-79.

[3] 江红艳,王海忠,陈增祥.心理加工模式对品牌原产国刻板印象逆转的影响：如何看待新兴国家的"新线索"[J].中山大学学报(社会科学版),2013,53(4):189-200.

[4] 董妍.品牌对国家形象认知的建构机制研究[M].北京:光明日报出版社,2020:2.

因此,品牌是撬动国家形象全球建构的重要的杠杆。一方面,品牌国际化过程中的传播行为是整体国际传播的重要构成;另一方面,品牌国际化打开和激活了许多国际消费者了解中国的新渠道。如国际市场上广泛售卖的中国产品,中国企业招聘的海外员工,线下终端店面,企业海外上市,国际并购等无不成为海外消费者感受和了解中国的窗口。品牌是一种日常生活的国际传播,深度融入国际受众的日常消费、日常交往和日常观念。① 品牌感知质量对国家形象的影响最为稳定,并且正向影响整体国家形象、产品国家形象和类别国家形象,政府可以利用产品品牌的集合性力量提升国家形象。② 总之,品牌能让国际传播事半功倍。

因此,品牌也是一种全方位、立体化的国际传播媒介。品牌作为一种集合性的概念,是企业的头部资源的集聚和最高战略的表达,也是国家实现高质量发展的集中体现。换言之,拥有全球性的强势品牌是世界一流国家的标配。品牌国际化的成功不仅传递着企业在产品、质量、技术、形象等方面的领先,也彰显着品牌所蕴含的深层次的精神文化、价值观、来源国政治经济制度等方面的影响力,对他国消费者的影响全面而深刻,既包含实际的消费行为影响,也有更为深入的心理层面的影响。品牌的成功往往意味着企业和国家在经济利益、文化影响和心理认同等多个层面的成功。正是意识到这一点,美国政府才在华为携5G优势在智能手机销售上超越苹果的关键时刻打压华为,世界头号强国如此大规模地制裁某一商业企业是世界商业发展史上罕见的一幕,也足见品牌国际化所蕴含的巨大能量。2022年8月5日国家发展改革委等部门印发的《关于新时代推进品牌建设的指导意见》特别指出要"支持大型骨干企业融入国家形象塑造,参与国际重大交流活动,传递中国品牌理念,不断增强全球消费者对中国制造、中国建造、中国服务的品牌认同"。

(二)从历史看中国品牌推动国家形象塑造

回溯历史,品牌是国家形象建设的重要力量。新中国成立以来,中国品牌国际化及中国国家形象的塑造可分为四个阶段。阶段一是中国品牌国际化的缓慢起步期与"红色中国"形象的塑造(1949—1978年)。新中国成立后,由于计划经济的逐步实行以及经济结构的变化,商业性的品牌和品牌传播(广告活动)消失于国内市场。与国内商业品牌和广告发展的低潮不同,对外贸易层面的外贸品牌及其国际传播活动却一直

---

① 赵新利,宫效喆.作为国际传播媒介的品牌:日常生活的国际传播[J].青年记者,2023(5):57-60.
② 何佳讯,黄海洋,何盈.品牌全球化、国家品牌形象与产品品类内外溢出效应[J].华东师范大学学报(哲学社会科学版),2020,52(6):137-151,181-182.

延续了下来,这也为改革开放后的中国品牌和广告发展保留了火种。① 为了获取建设社会主义新中国所需的外汇,我国与苏联、东欧、亚非拉以及日美等国保持经济交流。在这一过程中,中国的产品和品牌通过外贸广告、举办国际展览会(包括举办广交会、到他国参与或举办商品展会)和参与外交重要大事等手段向海外消费者展现了新中国工业和经济发展成绩。② 但由于彼时的社会大环境影响,品牌国际传播工作专业性不强,难以施展拳脚,获得的影响力较为有限。在"文革"时期,外贸工作更是受到极大干扰,品牌国际传播的政治和意识形态色彩也变得更为浓厚,商业的品牌传播与国家的政治宣传混为一体,但也推动塑造了独立自主、自力更生的"红色中国"形象③,这成为当时国际社会对中国的一种普遍认知。

阶段二是中国品牌国际化的恢复试水期与"制造大国"的国家形象塑造(1978—2001年)。改革开放之后,中国一方面对过去僵化的、蕴含着强大生产能力的重工业主导的工业体系进行转型,大力发展家电等轻工业;另一方面,政府指出要加大国际经济合作,在引进来的同时也引导企业"走出去"。1978年,党的十一届三中全会公报指出"在自力更生的基础上积极发展同世界各国平等互利的经济合作",1992年,党的十四大提出"积极开拓国际市场,促进对外贸易多元化,发展外向型经济"和"积极扩大我国企业的对外投资和跨国经营"。1993年,党的十四届三中全会提出"充分利用国际国内两个市场、两种资源"。1997年,党的十五大报告再次重申这一观点。在政策引导驱动以及中国品牌充分发挥大规模低成本制造优势的基础上,中国的工业增加值在1995年超过英国,2001年超越德国,成为仅次于美日的世界第三,④中国出口在全球的位次从1978年的第28位上升至2001年的第6位。随着中国制造的产品畅销全球,日本通产省将中国誉为"世界工厂"。2001年中国企业实施的跨国并购累计投资约达到12亿美元,累计设立各类境外企业6610家。⑤ 大量的中国产品出口以及中国企业海外投资提高了中国品牌的世界可见度和影响力,支撑塑就了中国在世界上的"制造大国"国家形象,对世界理解和认识一个正在蓬勃发展和日益开放的中国起到了有益的作用。

---

① 黄升民,张驰.新中国七十年品牌路:回望与前瞻[J].现代传播(中国传媒大学学报),2019,41(11):1-11,46.
② 张驰,张允竞.对外"讲好中国故事的源流与动力":以1949—1978年新中国对外商业传播为中心的历史考察[M]//丁俊杰,刘国强.营销传播研究第1辑:百年形象与城市传播.北京:社会科学文献出版社,2022:55-69.
③ 史安斌,张耀钟.新中国形象的再建构:70年对外传播理论和实践的创新路径[J].全球传媒学刊,2019,6(2):26-38.
④ 根据世界银行公布数据整理。
⑤ 徐波,许平,邓志新.中国企业跨国并购的实践与启示[J].国际商务研究,2002(4):19-23.

阶段三是中国品牌国际化的急速推进期与"经济大国"国家形象的形成（2001—2012年）。2001年，中国加入世贸组织。同年，实施"走出去"战略被写入"十五"计划。2002年，党的十六大报告指出"实施'走出去'战略是对外开放新阶段的重大举措"，"走出去"上升为国家战略。从此，中国品牌国际化和国际传播进入了一个新的快速发展时期。2001—2012年，中国出口额先后在2007年、2009年成为世界第二和第一，中国成为世界商品出口的头号大国。在国家日益强调自主品牌建设的背景下，随着本土品牌实力的增强，自主品牌产品出口成为新趋势，中国企业国际化开始进入"品牌输出"的阶段。此外，中国品牌通过"蛇吞象"式的并购加快进军国际市场的步伐，2005年联想收购IBM个人电脑事业部，2010年吉利收购沃尔沃汽车和海尔收购日本三洋均是典型案例。2002—2012年，中国企业对外直接投资流量排名从全球第26位升至第3位，对外直接投资的存量从全球第25位升至第13位。① 中国品牌也在国际重大赛事、政治经济会议等重要场合频频亮相，品牌的国际影响力得到明显提高。在深度融入全球经济的背景下，中国品牌国际化有力地推动这一时期中国"经济大国"形象的形成，中国也因为品牌的涌现获得了更多认可。

阶段四是中国品牌国际化的提速发展期与"全球大国"的国家形象建构（2012年至今）。党的十八大以来，世界进入新的剧烈变革期。面对百年变局，中国一方面坚定不移地实行"走出去"战略，另一方面提出"一带一路"倡议、构建"人类命运共同体"和"双循环"等新理念、新战略和新举措。中国品牌国际化进入日益主动的提速发展期。习近平总书记鼓励企业要"勇于并善于在全球范围内配置资源、开拓市场"②，"十四五规划"指出要推动"中国品牌走出去"。一方面，中国继续保持世界最大贸易大国地位，2017—2022年连续6年保持世界货物贸易第一大国的地位。中国产品品牌出口的结构进一步优化，高端化、高附加值成为趋势。2012年来，我国出口主导产业已由传统劳动密集型产业向高新技术产业转型升级。③ 高附加值、规模庞大的汽车产业实现新突破属于典型，2023年中国成为世界第一大汽车出口国，呈现出三大升级趋势，一是深入世界主流市场。过去以中国友好国家和发展中市场为主，现在则积极布局欧洲等主流市场。二是逐步走向中高端。过去多是低成本车型，现在不少车企以高端车切入

---

① 商务部,国家统计局,国家外汇管理局.2022年度中国对外直接投资统计公报[R].北京:中国商务出版社,2023:7.
② 欧阳洁,罗珊珊,等.在更高水平的对外开放中实现更好发展（这十年,总书记这样勉励企业高质量发展）[N].人民日报,2022-08-21(1).
③ 李萌.实现更高水平开放和更高质量发展:"中国这十年"系列主题新闻发布会聚焦"打通内外贸,构建双循环"[EB/OL].(2022-05-21)[2021-06-22].http://www.gov.cn/xinwen/2022/05/21/content_5691587.htm.

市场,致力于获取高附加值和打造中高端品牌形象。三是出口战略更加主动。车企除了在当地建厂,也自建销售渠道、定制化开发车型等。① 另一方面,中国企业对外投资在调整中实现了更高质量地"走出去"。2013—2022年,中国企业对外投资流量突破千亿美元,并在2020年首次成为世界第一,对外投资存量稳居世界前三。② 中国品牌继续开展国际并购收购活动,如2014年联想从谷歌手中收购摩托罗拉,2015年中国化工收购倍耐力轮胎,2016年海尔并购GE家电、美的收购库卡机器人,2019年安踏收购亚玛芬等。中国品牌国际化与中国国际地位的提升相互促进,推动构建了日益主动、自信负责的中国"全球大国"的国家形象。

(三)从经验看中国品牌的国际传播镜鉴

接续外贸血脉,改革开放之后,中国品牌不断加大"走出去"的力度,成绩斐然。一方面,中国大力发展出口经济,逐步成为世界第一大商品出口国。在产品出口规模增大的同时,也逐渐从单纯的白牌产品出口升级为自主品牌出口,在世界上出现了海尔、华为、小米、阿里巴巴等走向世界的中国品牌。另一方面,中国境外企业产品销售实现稳步增长。2006—2022年,中国非金融类企业境外销售收入从2746亿美元③增至34740亿美元④。与此前判断的中国有产品无品牌不同,事实证明产品、技术的突破必然会带来品牌的出现。中国品牌的全球影响力正在不断增强,在全球主流市场的品牌认知和购买意愿正稳步提升。2018—2021年,前五十名中国全球化品牌在7个发达国家的品牌认知和购买意愿分别上升4.9个和1.4个百分点。相较于2021年,2022年前两百名中国全球化品牌在以发达国家为主的11个市场的认知度和考虑度分别上升12.1%和14.6%。⑤ 整体上看,中国品牌价值总额已经成为世界第二,仅次于美国。中国也是拥有世界上最多大企业的国家,超过美国。⑥ 动荡的全球局势并未阻挡中国品牌"走出去"的热情,2022年中国品牌100强有47个上榜品牌在国际上崭露头角(即中国以外的消费者熟悉它们),数量创下历史新高。从总体来看,海外业务为中国

---

① 李哲寅,郭宇等.中国汽车出口已逼近世界第一,车企出海的狂热与隐患|《财经》封面[EB/OL].(2022-07-03)[2022-08-22].https://www.toutiao.com/article/7116087763178471936/.
② 商务部,国家统计局,国家外汇管理局.2022年度中国对外直接投资统计公报[R].北京:中国商务出版社,2023:6.
③ 商务部,国家统计局,国家外汇管理局.2006年度中国对外直接投资统计公报[R/OL].(2007-09-14)[2022-08-20].https://business.sohu.com/20070914/n252157884.shtml.
④ 商务部,国家统计局,国家外汇管理局.2022年度中国对外直接投资统计公报[R].北京:中国商务出版社,2023:5.
⑤ 参见凯度BRANDZ和谷歌发布的《中国全球化品牌50强》系列报告。
⑥ 参见BRAND FINANCE和《财富》杂志公开榜单数据。

品牌100强贡献了8.8%的品牌价值,同样刷新了纪录。①对有过中国品牌使用经验的海外用户的调研发现,44.1%的使用者表示熟悉中国品牌,而44.8%的使用者则表示信任中国品牌。②企业主导的品牌国际化的快速发展与国家主导的国际传播的乏力形成鲜明对比。那么,中国品牌国际化为什么可以取得突破?归结起来,包括以下几点。

第一,强大的生产力作为品牌走向国际的基础与前提。中国品牌真正大范围走出国门是世纪之交前后,其中一个重要支撑是中国制造的崛起。中国制造的规模化和低成本成为中国产品和中国品牌开辟国际市场的尖兵利器。国际市场很难拒绝"质量有保证、价格有优势、市场反应快"的中国产品及品牌,品牌可以冲破国际政治和意识形态偏见的束缚。强大的工业制造能力造就的制造业品牌是中国品牌出海的主力军、先锋队和基本盘。从服装(轻纺制造)到家电和消费类电子行业,再到当下的中国汽车品牌出海,背后离不开中国制造体系的支撑。目前,我国是全世界唯一拥有联合国产业分类中所列全部工业门类的国家,有220多种工业产品产量居世界第一位。③数字时代,中国建成了全球规模最大、技术领先的网络基础设施,④这将助推中国制造业及中国品牌在数字化背景下进一步提升国际竞争力。

第二,技术创新能力的培育和提升作为支撑。改革开放之后,中国企业很长一段时间内走的是一条低成本的模仿式创新之路,依靠发达国家和跨国企业的技术外溢效应迅速缩小了差距。但21世纪以来,政府多次将自主品牌与自主知识产权并提,引导企业加强自主品牌建设,提高技术创新能力。现如今,创新已成国策。2016年《国家创新驱动发展战略纲要》指出要"培育世界一流创新型企业",2022年习近平总书记深入阐释了世界一流企业的内涵,即"产品卓越、品牌卓著、创新领先、治理现代"⑤。1998—2022年,中国研发投资从532.3亿元增至30782.9亿元,企业占全社会研发投入的75%以上,⑥投资规模位居世界第二,研发强度超越欧盟平均水平。中国企业依托在5G技术、无人机、高铁、新能源等领域的技术创新,打造出华为、大疆、中国中车

---

① 参见凯度BRANDZ发布的《2022中国最具价值中国品牌100强》报告。
② 参见艾瑞咨询和飞书深诺发布的《MeetBrands中国出海品牌价值榜单报告》。
③ 岳弘彬,赵欣悦.我国制造业增加值连续12年世界第一(新数据 新看点)[EB/OL].(2022-03-10)[2022-08-20].http://finance.people.com.cn/n1/2022/0310/c1004-32371101.html.
④ 参见国家互联网信息办公室发布的《数字中国发展报告(2021年)》。
⑤ 朱英.习近平主持召开中央全面深化改革委员会第二十四次会议强调:加快建设世界一流企业 加强基础学科人才培养[EB/OL].(2022-02-28)[2022-08-15].http://www.gov.cn/xinwen/2022/02/28/content_5676110.htm.
⑥ 根据国家统计局、科学技术部和财政部联合发布的1998年度、2022年度全国科技经费投入统计公报整理。

和比亚迪等具备一定技术优势的全球影响力品牌。基于全球消费者的调查显示科技创新已经成为中国品牌的新标签。[①] 中国科技品牌已经逐步建立了与海外受众之间正向的情感连接。[②]

第三,以建立共识而非单纯灌输为核心的品牌传播的及时跟进与传播技术运用的与时俱进。首先,与强调斗争、压制的政治宣传不同,品牌是共识的结晶,只有在生产者和消费者之间的传播互动和价值交换的过程中才能达成。这就意味着,品牌无法以强制传播的方式获得消费者的认可,市场经济不支持"强买强卖",必须建立在消费者接受的基础上才能形成对企业有意义的品牌资产,灌输式的品牌传播往往难以奏效,单纯的产品销售也难以持久。数字时代,消费者浸合基础上的品牌共创成为品牌实践的新趋势,数字时代品牌的"共识"本质体现得愈发明显。可以说,品牌的共识本质对品牌传播的对象感和平等性做出了强制性的规定。品牌的成功不仅在于通过优质的产品、服务等满足消费者需求,更重要的是品牌会寻求在满足需求和产品销售之上建立与消费者的精神共通与共识,最终达成与消费者间长期的互信和亲密关系。政府主导的国际传播投入不可谓不大,也形成了一套体系化的国际传播做法,但是缺乏像品牌一样寻求建立共识的传播出发点,缺乏对象感,而更多的是强调事实观点和态度的传达,极大地限制了国际传播效果的实现。其次,品牌国际化离不开品牌传播活动的跟进,改革开放之初,中国品牌就很注重抓住机会做好国际传播。最后,品牌由于天然具有市场竞争属性,总是对市场保持极度的敏感,并尽可能地与最新的传播技术保持同步。无论在国内还是国外,品牌方总是对新的传播技术和营销媒体充满兴趣,并及时将其运用到品牌传播之中。当前,中国品牌在数字传播上的探索走在全球前沿,甚至反向输出至国际市场。面向消费者平等而非强制的品牌沟通精神和品牌传播技术与手段的与时俱进是中国品牌国际化和国际传播能够取得成效的重要原因。

第四,中国品牌的国际化离不开政商合力的长期战略过程。中国在改革开放后探索形成了中国特色社会主义市场经济,在中国经济社会的整体运行中,市场和政府共同发力是一个基本特征。中国品牌的快速成长是政府的有形之手和市场的无形之手两手博弈形塑的结果,[③]品牌国际化同样如此。首先,中国品牌国际化是中国企业发挥后发优势和比较优势融入全球市场,寻求企业生存和发展的市场规律驱动的;其次,

---

① 根据财富中文网和里斯咨询《全球战略定位报告:国家心智资源中的万亿机会》报告整理。
② 方青,李本乾.基于隐喻抽取法的中国科技品牌价值观共识地图研究[J].当代传播,2019(5):30-35.
③ 黄升民,张驰.改革开放四十年中国企业品牌的成长动力考察[J].现代传播(中国传媒大学学报),2018,40(9):1-12.

品牌国际化也深受改革开放之后很长一段时间大力发展外向型经济的国家经济发展战略影响,推动企业"走出去"是"走出去"战略的重要组成部分。早在改革开放初期,高层就重视把中国产品和品牌推向海外,1979年《政府工作报告》指出要努力创造出一大批名牌优质产品,以满足国内市场和出口的需要。最后,品牌国际化不是一蹴而就的,而是需要一个长期的战略过程进行培育。品牌国际化从产品、服务、技术、销售渠道建设到传播投入等具有一整套的连贯动作。海尔、联想、华为等国际化经营成效较好的企业均经历了数年的战略上的重视与投入。而政府则从改革之初就开始提出推动品牌"走出去",战略上也有一个不断完善和逐步重视的过程。正是依靠政府和相关企业在战略层面的高度重视与长期培育才有中国品牌国际化的良好势头。

对于国际传播而言,一是,要意识到品牌作为一种主体和媒介在推动国际传播效能提升中的重要价值;二是,不能就传播看传播,传播的成功需要硬的条件——优质的产品、服务等为基本支撑,对传播而言就是以优质的内容产品等为基础;三是,要理解技术创新的价值,先进的传播技术就是先进的传播生产力;四是,要借鉴品牌传播的对象感与基于共识建构而非宣传斗争、自说自话的传播范式;五是,寻求充分发挥有为政府和有效市场的合力的方法。

三、全面提升中国国际传播效能的未来进路

承接前文所述,企业品牌传播及其所代表的商业性的国际传播在中国整体的国际传播视野中具有不能被忽视的作用。从历史上看,中国品牌始终是中国国际传播的重要主体,中国品牌的国际化和国际传播经验也为百年变局下全面提升国际传播效能提供了新视野、新思路和新动能,要求我们在谋划和开展国际传播工作时要实现新的超越。

(一)传播观念超越:革新国际传播观念,用系统、完整的大国际传播观指导顶层设计

中国的国际传播事业呈现出鲜明的官方色彩和媒体中心主义特点,政府主导的主流媒体和外宣机构的国际传播被视为中国国际传播的主力军。政府的各类国际传播规划中,主流媒体和外宣机构的国际化建设是一直以来的一个重点。2004年政府提出了"媒体走出去"战略,2008年始相继实施了两个中国国际传播"五年规划"(2008—2013年,2014—2019年)。2009年6月,中央发布《2009—2020年我国重点媒体国际

传播力建设总体规划》。① 中央从政策环境、资金投入等方面对重点媒体给予大力扶持,使这些媒体加快了国际传播能力建设的步伐,基础设施、设备水平、技术手段、采编能力等均在短时间内得到改善,硬件建设已经接近或达到国际一流媒体水平。② 但大变局下,中国媒体为中心的国际传播体系遭受打压,中国国际传播的主体愈发多元,呈现出明显的整体性特征,国际传播已经从专业机构的专业行为变成了所有社会组织和社会成员的日常活动。一个国家的所有机构(政府、企业、社会团体等)都可以并且在客观上进行国际传播。③ 新的国际传播形势和实践要求对中国国际传播观念进行调整。调整的方向是建立"大国际传播"观念。

第一,跳出僵化琐碎、内外有别和单向灌输的内宣外宣的国际传播观念。"没有任何单纯的内宣,也没有任何单纯的外宣,就像不存在任何单纯的国内政治、单纯意义上的国际政治一样。"④数字时代,信息流动空前畅通,内外宣的区隔实际上也难以具备可行性。虽然通过努力,内外宣脱节割裂的问题得到了很大的改善,国际传播能够站在统筹国内、国际两个舆论大局的角度进行安排,但依旧存在"外宣内宣化"的问题。此外,品牌国际化的经验表明,国际传播需要改变过去单向灌输的外宣思维,转向平等共创的传播思想。

第二,跳出国家主导的政治和意识形态斗争主导国际传播的思维窠臼,将商业性的品牌传播纳入国际传播的视野。过去,我国过于强调官方主导的政治性的国际传播,"实践范式以媒体宣传为主要抓手"⑤,忽视其他规模化的、有组织的传播主体的作用,尤其是忽视了对商业性企业品牌的整合。纵观世界强国的全球形象建立,均离不开所属国跨国品牌的助推,跨国品牌的国际传播与国家主导的传播既相对独立又不可或缺。

第三,跳出就传播谈传播的概念,更加重视国际传播的基础能力和支撑体系建设。品牌冰山理论认为品牌看得见的部分是 logo、品牌名称和营销传播,而看不见的部分则包括核心竞争力、定位战略、个性化战略以及文化等。⑥ 对于品牌发展而言,冰山之下看不见的部分决定着品牌经营的成败。借用品牌冰山理论,国际传播也如同冰山。

---

① 姜飞,张楠.中国对外传播的三次浪潮:1978—2019[J].全球传媒学刊,2019,6(2):39-58.
② 程曼丽.中国对外传播的历史回顾与展望:2009—2017 年[J].新闻与写作,2017(8):5-9.
③ 唐润华,刘昌华.大变局背景下国际传播的整体性与差异化[J].现代传播(中国传媒大学学报),2021,43(4):75-79.
④ 姜飞,张楠.中国对外传播的三次浪潮:1978—2019[J].全球传媒学刊,2019,6(2):39-58.
⑤ 张毓强,庞敏.新时代中国国际传播:新基点、新逻辑与新路径[J].现代传播(中国传媒大学学报),2021,43(7):40-49.
⑥ DE CHERNATONY L. From brand vision to brand evaluation[M]. London:Routledge, 2010:15.

从媒体角度而言,则首先需要有良好的顶层战略设计,优质的内容产品,扎实有效的渠道和平台建设,其次才是媒体形象、广告口号、内容故事、传播手段创新等技巧性层面的要素。

(二)传播主体超越:建立"品牌传播＋国家传播＋文化传播"的三驾马车的国际传播新格局

从大国际传播观念出发,中国国际传播可以划分出三条实践主线(见表1),一是政府主导的以国家外交、主流媒体和外宣机构为主力的国家传播;二是以中国文化,尤其是中国传统文化"走出去"为主导的文化传播;三是以企业品牌为代表的商业组织国际化为主的品牌传播。理想状态下,中国国际传播应当是"商业的＋政治的""公益的＋营利性的""政府＋企业""官方＋民间"形成互动和配合,发挥合力的状态。但受制于历史原因和思维定式,国家传播占据主流,文化传播在文化"走出去"战略的引导和扶持下取得了一定的成绩。相对而言,民间的品牌传播则长期被排除在一般意义上的国际传播视野之外,处于一种企业自发行为的状态,研究关注的不多,国家的重视程度也有限。突破中国国际传播的困局以及提升国际传播效能,势必要更加充分发挥商业性的品牌传播的价值。深入推动"一带一路"倡议和构建"人类命运共同体"同样需要以经济和利益作为基础驱动要素,品牌可以成为排除政治和意识形态因素干扰的手段,并且也更容易得到多国民众的利益感知和认同。一项针对亚非拉国家民众的研究显示,亚非拉民众对中国投资、援助或者贸易往来上的现实利益感知,无论是在国家形象的认知层面还是情感层面都产生了显著的影响,利益感知越正面,对中国形象的感知和评价也越正面,[①]而品牌产品是其中的重要部分。调查显示,受访者认可中国企业国际化对本国经济社会发展的影响,包括中国企业带来先进的技术(46％)、带来新的资金投入(42％)和提供了新的就业机会(42％)等。受访者对中国企业在责任、公平、可信、成功这4个维度表现的认可度总体上都超过了78％。[②] 未来,需要将国家传播、文化传播、品牌传播三者协同,共同发力,形成国际传播三驾马车的新机制、新格局。当然,这里的协同并非要求国家的国际传播意志全面贯彻至企业主体,而是要寻求一种发挥1＋1＋1＞3的办法,否则就又回到了二律背反困境。

---

① 王玲宁,李靓,陈俊卿.亚非拉民众中国国家形象生成的影响因素研究:基于三个晴雨表的实证分析[J].新闻大学,2022(5):61-70,120-121.
② 中国外文局中国企业全球形象研究课题组,翟慧霞,王丹.2022年中国企业形象全球调查分析报告[J].对外传播,2023(4):54-57.

表 1 国际传播的三驾马车

不同维度	品牌传播	国家传播	文化传播
传播主体	企业（国资央企、民营企业）	国家及其相关机构（政府部门、主流媒体、外宣机构等）主导	文化机构（如海外文化中心、孔子学院等）主导
传播方式	广告、公关、赞助等营销传播工具	国家外交活动、大型公共政治活动（如赛事、会议）等	开展文化体验活动、文化产品输出等
传播目的	市场盈利为主	沟通信息、获得理解和认同为主	增进文化感知、获得文化认知和认同为主
传播性质	商业的、营利的	政治的、公益的	文化的、公益的
意识形态色彩/受众官方感知	弱	强	弱
传播行为的组织性	强	强	中
传播行为的盈利性	强	弱	弱

(三)传播技术超越：构建基于先进传播技术的智能媒体，重视自有国际传播平台建设

信息技术革命引爆全球媒体的数字化、智能化、平台化和融合化的发展，技术是媒体进化的核心动力。在数字化乃至虚实相生的元宇宙世界中，对于先进传播技术的把握和运用对国际传播的成功至为关键。

第一，智能媒体是新技术发展背景下中国构建新型主流媒体的发展方向，未来的国际传播需要依托智能媒体开展。智能媒体是具备较高的识别与理解能力，能够在营销传播场景中进行最优决策，并具备通用性进化与自我创造潜力的媒体。[①]"全媒巨人"描画了智能媒体发展的基本样态，是使得媒体成为一个嵌入社会传播沟通体系的庞大智慧有机体。[②] 西方具有总体上的国际传播优势，离不开其在"全媒巨人"建设上的领先优势，无论是BBC、CNN等新闻机构，还是脸书、谷歌、X（原推特）等互联网平台企业均在智能技术的运用上进行了深入的探索。打造和利用智能化的"全媒巨人"，利用AIGC等技术助推国际传播是未来中国实践的重点。

第二，走在智能媒体发展前沿的是各大数字平台，当前已进入全球平台传播时代，

---

① 黄升民,刘珊.重新定义智能媒体[J].现代传播(中国传媒大学学报),2022,44(1):126-135.
② 黄升民,王薇."全媒巨人":智能融媒体发展方向理论构想[J].新闻战线,2021(22):39-42.

已经基础设施化的数字平台是中国开展国际传播绕不开的选项。从传播主体的角度来说,无论是主流媒体还是企业品牌都要积极运用数字平台开展国际传播。世界数字传播的基本格局由西方,主要是美国的互联网企业主导,非西方国家的数字平台中,目前只有中国的互联网企业存在突破的可能。对于中国国际传播而言,一方面,要用好脸书、X(原推特)、油管等受众遍及全球的有影响力的西方主流传播平台;另一方面,则要加大自有传播平台的建设。在俄乌冲突中,西方主要平台的信息操控、账号封禁等展示出"借船出海"这一策略在安全可控方面的弊端。因此,中国仍须坚持建设自有的智能媒体平台。目前来看,自有平台的突破口在于中国部分具有国际化能力的互联网媒体,国有媒体仍须加强智能化平台建设。

(四)传播对象超越:重视新兴国家市场及以 Z 世代为代表的海外年轻受众群体

品牌传播之所以成功,很重要的一点在于其在市场竞争中孕育的强烈对象感,品牌传播尤其强调目标消费者的概念。对于不同传播对象要采取不同的策略,要根据实际情况调整传播面向的重点对象,更新传播手段,从而达到事半功倍的效果。传播对象的已有认知的好坏是决定传播效果的重要因素。当下来看,中国各传播主体开展组织化的国际传播需要重点观照两个宏观方向。

第一个方向是新兴国家及"全球南方"市场。首先,相较于发达国家,中国和中国品牌对新兴国家市场而言具有高势能的优势,从而降低了国际传播的难度。其次,新兴市场国家与大多数"一带一路"国家具有重叠性,具有政策助力的优势。中国外文局2020 年对 12 个"一带一路"沿线国家的调查显示,多数"一带一路"沿线国家的受访者认为本国与中国的关系重要(69%),其中认为"与中国关系非常重要"的占 30%,超过70%的"一带一路"沿线国家受访者肯定中国经济发展对全球经济、"一带一路"沿线国家经济及本国经济发展带来积极影响。另外,近 50%的受访者认可中国企业为当地经济发展带来积极作用,78%的受访者对中国企业形象评价较高。[1]

第二个方向是以 Z 世代为代表的年轻受众群体。Z 世代一般指 20 世纪 90 年代中后期到 2010 年前后出生的一代,他们是互联网的原住民。Z 世代的崛起不仅是中国的趋势,也是一个全球性的现象。联合国的有关数据显示,2019 年,Z 世代占全球人口的 32%,约 25 亿,已经超过了千禧一代的人口。[2] 传播对象的结构性变化为中国

---

[1] 中国外文局中国企业海外形象研究课题组,翟慧霞,孙敬鑫.2020 年度中国企业海外形象调查分析报告:以"一带一路"沿线 12 国为调查对象[J].对外传播,2020(12):20-22.
[2] 参见美银证券(B of A Securities) 2020 年 11 月 10 日发布的 *OK Zoomer:Gen Z Primer* 研究报告。

国际传播带来了新的机遇,年青一代消费者对中国的国家形象和企业形象更为认可。相关调查显示,海外年轻受访者对中国整体印象评价更积极①,对于中国企业的整体印象评价呈现出类似的特点②。

四、结语:"人类命运共同体"的传播建构

中国的国际传播存在着两组二律背反关系,一是政府主导的以主流媒体和外宣机构为中心的国际传播,得到了国家政策的扶持和资金支持,但收效并不理想,投入与产出极不相称;二是非官方的由企业主导的自觉或不自觉的品牌传播,虽然没有获得政府的资助或者政策优惠,却获得了令人意想不到的效果。中国品牌在全球品牌各类重要排行榜中出现的频次不断增加,品牌也从低端走向中高端,中国品牌获得了越来越多的全球消费者的认同。"有心栽花花不开,无心插柳柳成荫",两组二律背反现象背后隐含了两个重要问题。

第一个问题,为什么政府主导的国际传播效果不尽如人意?既往的研究多聚焦传播投入不足、对于传播技术缺乏掌握或者对于宣传对象认识不够等问题。近来,在习近平总书记提出"讲好中国故事"之后,许多学者开始了这个方面的研究,然而,对于根本问题并没有改观,提升国际传播的效果,"讲好中国故事",不能过分纠结于内容布局或者讲述技巧,而需要以崭新的角度和思路理解这个问题。

第二个问题,为什么企业主导的品牌传播能够取得良好的效果?首先是企业逐步地从产品、质量、服务、技术、规模等角度完善建构了品牌传播的基础系统,形成了与营销战略同频共振的传播战略系统;更重要的是,企业的品牌传播建构了一种社会纽带,一种人类可以共通的经验以及共享的体验,③品牌具有其社会公共的一面。中国企业的产品与服务通过品牌传播沟通满足了人性中共通的追求美好生活的朴素渴望,从而形成了生产与消费、人与人之间的共识,也可以谓之"品牌共识的结晶"。正是这种"共识的结晶",在不同的国度、不同的时期冲破了民粹主义的藩篱与政治意识的阻隔。

国际传播有必要做出一个根本性的调整。这个调整应该以最基本的传播理念重新思考问题。在很长的一段时间内,我们称"国际传播"为"对外宣传",从宣传到传播

---

① 中国外文局当代中国与世界研究院,凯度.中国国家形象全球调查报告 2019[EB/OL].(2020-09-16)[2022-08-15].http://www.accws.org.cn/achievement/202009/P020200915609025580537.pdf.
② 参见:中国外文局中国企业全球形象研究课题组,翟慧霞,王丹.2022 年中国企业形象全球调查分析报告[J].对外传播,2023(4):54-57;毕马威和脸书发布的《2019 年中国出海品牌 50 强》报告;蓝色光标发布的《2021 中国品牌海外传播报告》报告;皮尤 2023 年的全球态度调查报告等.
③ ARVIDSSON A. Brands:a critical perspective[J]. Journal of consumer culture,2005,5(2):235-258.

发生了一次巨大的跳跃。宣传一向是工具性的、针对性的,所以带有"斗争-对抗"的意涵,传播的根本任务在于沟通而达成共识。改革开放之后,中国产生了从"对外宣传"到"国际传播"的变化,这种变化的背后正是中国的国家战略从既往的"斗争-对抗"的方针策略转变为共同繁荣共同发展的基本态势。改革开放之前中国采取"斗争-对抗"的策略是由当时的历史环境和自身实力弱小所决定的,只有采取"斗争-对抗"才能获得立足之地,所以彼时只有"对外宣传"而无"国际传播"的意涵。改革开放后,中国实现了国际实力的快速提升,"国际传播"应运而生,因为世界进入了习近平总书记所言的"人类命运共同体"阶段,你中有我,我中有你,休戚与共。所以,要从以"斗争-对抗"为基调的宣传转变为寻求共识、建立紧密结合的"人类命运共同体"的传播与沟通。这是一个漫长的过渡时期,在一定时期,在政治、军事、外交和舆论领域保持斗争乃至对抗的策略是有必要的,但是,在使用既往工具的同时必须认识到未来发展的态势,这就是建立在"人类命运共同体"之上的寻求共存、共赢、共识的传播沟通。

中国企业的品牌传播所达成的"共识的结晶"是不是可以给我们一个良好的示范呢?

〔张驰,中国传媒大学广告学院讲师;黄升民,中国传媒大学资深教授,博士生导师〕

〔特约编辑:叶明睿〕

媒介与社会

乡村振兴背景下短视频平台归乡新农人IP研究
　　——以抖音为例　　　　　　　　　　　　　　　　　　　韩运荣　张姝琪

"寄情"虚空：电子游戏空间中地方依恋的形成研究　　　　　李　智　赵振宇

组织决策分析视角下乡村广播的社会治理功能演变
　　——基于东南某省多点田野调查　　　　　　　　　　　　崔　林　林　嵩

近年来主旋律纪录片的嬗变
　　——基于德弗勒模式的问题发现与解决　　　　　　　　　韩　莹　郭泽阳

老年人群的短视频使用与主观幸福感关系研究
　　——基于网络社会支持的中介效应分析　　　　　　　　　张　媛　张盛颖

乡村振兴背景下短视频平台归乡新农人IP研究
——以抖音为例

Research on IP of Returning Rural Farmers on Short Video Platforms in the Context of Rural Revitalization
—A Case Study of TikTok

◎ 韩运荣　张姝琪

Han Yunrong　Zhang Shuqi

摘要：推进中国式现代化，必须推进乡村全面振兴。近年来，随着我国网络零售产业的不断发展，短视频逐渐成为新农人的"新农具"，在农副产品销售与乡村振兴中发挥着日益重要的作用。本研究选取抖音博主"闲不住的阿俊"和"乡愁"为研究对象，从个人符号系统、环境系统、叙述系统三大方面分析了归乡新农人IP的塑造过程。不同归乡新农人由于返乡原因与人生经历的不同，在IP的塑造及其内涵方面也有较大不同——"闲不住的阿俊"IP是乌托邦式田园生活的美好象征，"乡愁"IP则是辛勤、艰苦的传统乡村农耕生活的现实代表；归乡新农人IP得到粉丝青睐的原因也丰富不一，一部分是契合了用户的心理或期待，另一部分则是个人的良好形象吸引了关注。

关键词：乡村振兴；短视频；新农人；IP研究

Abstract: To advance the comprehensive revitalization of rural areas is essential for promoting China's modernization. In recent years, with the continuous development of China's online retail industry, short videos have gradually become the 'new farming tools' for rural residents, playing an increasingly important role in the sales of agricultural and sideline products and rural revitalization. This study selects two bloggers as research subjects and analyzes the shaping process of the IP of returning rural farmers from three aspects: personal symbolic system, environmental system, and narrative system. Due to differences in the reasons for returning to the countryside and life experiences, different returning rural farmers have significant differences in the shaping and connotation of their IP. One represents the idyllic rural life as a Utopian symbol, while another represents the harsh reality of traditional rural farming life. The reasons why the IP of returning rural farmers is favored by fans are also diverse; some cases resonate with users' psychology or expectations, while others attract through the individual's positive image.

Keywords: rural revitalization, short videos, new farmers, IP research

一、引言

2023年1月2日，中共中央、国务院发布了《关于做好2023年全面推进乡村振兴重点工作的意见》，指出，全面建设社会主义现代化国家，最艰巨最繁重的任务仍然在农村。第53次《中国互联网络发展状况统计报告》显示，截至2023年12月，我国短视频用户规模达10.53亿人①，短视频用户规模庞大。商务大数据对重点电商平台的监测显示，2023年我国农产品网络零售增势较好，全国农产品网络零售额为5870亿元，下沉市场中农产品上行的末梢循环借由网络短视频打通②。由此可知，短视频已成为农产品销售与乡村振兴的一大重要助力。

早在2020年8月，抖音就推出了"新农人计划"，扶持平台"三农"内容创作，该计划拿出了亿级流量、百万Dou+等合计12亿流量资源，通过"入驻礼包""农人积分榜""新农人推荐官"等多种活动，给予"三农"创作者流量包和Dou+奖励，帮助其解决冷启动和曝光不足等问题③。"在2021年，抖音电商共销售了农特产品28.3亿单，帮助超10万名创作者实现农资转化，重点扶持了69个地标农产品，主要消费人群集中于上海、北京和广州等一线城市，形成了兴趣助销模式、产业融合模式、品牌打造模式、人才助力模式等多种助农模式。"④

---

① CNNIC.第53次《中国互联网络发展状况统计报告》[EB/OL].(2024-03-25)[2024-04-17].https://www.cnnic.net.cn/NMediaFile/2024/0325/MAIN17113552964l4FIQ9XKZV63.pdf.
② 商务部电子商务和信息化司.2023年中国网络零售市场发展报告[EB/OL].(2024-01-13)[2024-04-08].https://cif.mofcom.gov.cn/cif/html/upload/20240313102933492_2023%E5%B9%B4%E4%B8%AD%E5%9B%BD%E7%BD%91%E7%BB%9C%E9%9B%B6%E5%94%AE%E5%B8%82%E5%9C%BA%E5%8F%91%E5%B1%95%E6%8A%A5%E5%91%8A.pdf.
③ 赵竹青,吕骞.抖音推出"新农人计划"12亿流量补贴三农创作[EB/OL].(2020-08-06)[2024-03-12].http://it.people.com.cn/n1/2020/0806/c1009-31812806.html.
④ 算数电商研究院.2022电商助农发展报告[EB/OL].(2022-11-22)[2024-03-28].https://trendinsight.oceanengine.com/arithmetic-report/detail/834.

抖音平台自"新农人计划"推出后,经过三年多的发展,一批批的新农人逐渐成长起来,观察抖音平台上的新农人,可以发现当前新农人群体大部分属于"归乡人",他们大多是20—35岁的年轻人,拥有一定的文化及科学知识,对互联网和新媒体较为熟悉且具有较强的学习能力,在助力乡村振兴中发挥着不可小觑的作用。然而,归乡新农人是如何在短视频平台建构其个人影响力,并通过个人影响吸引一大批具有强购买力且信任度极高的粉丝,实现农产品助销的呢?归乡新农人利用短视频这一"新农具"助力乡村振兴的成功模式、经验亟待学界探索与总结。

二、文献回顾

(一)乡村短视频的创作主体

乡村短视频的内容生产者以"三农"自媒体为主,地方官媒为辅;"三农"自媒体既可以是个人,也可能是团队;此外,在内容的传播上,央媒也会参与其中[1]。也有学者根据乡村短视频创作的不同主体及不同目的将其分为"个体-娱乐"模式、"资本-商业"模式、"政府-宣传"模式、"多主体合作"模式四类[2]。

在对乡村短视频自媒体创作者的研究中,有学者从历史的维度分析了农民的主体性,即经历了从传统新闻报道中的不可见到短视频中的可见,从被建构到主动呈现的变迁[3]。部分学者将乡村短视频创作的主体进行了细分,从不同性别、角色等角度进行了较为细致的分析,如聚焦于乡村短视频中青年女性返乡创业者的短视频赋权路径等[4]。

还有部分学者关注到了乡村短视频创作者的"数字异化"与"自我异化"现象,即农民自媒体人在迎合主体性表达、商业逻辑、流量变现等因素的裹挟下,有了顺从、妥协、角力等复杂变量的博弈,这既受到由外而内的力量影响,也与由内而外的自我异化密切相关[5]。

---

[1] 邢梦莹,王坤.乡村振兴视角下短视频内容生产及其传播策略探究[J].中国电视,2022(5):17-21.
[2] 王颖吉,时伟.类型、美学与模式:乡村短视频内容生产及其创新发展[J].中国编辑,2021(11):23-28.
[3] 段鹏.鸿沟的渐隐:发展传播学视野下的农民参与和乡村振兴:作为"新农具"的三农短视频[J].当代电影,2021(7):134-139.
[4] 吴菲.返乡创业青年女性的短视频赋权与性别角色协商[J].中国青年研究,2023(8):96-103.
[5] 刘楠,周小普.自我、异化与行动者网络:农民自媒体视觉生产的文化主体性[J].现代传播(中国传媒大学学报),2019,41(7):105-111.

(二)乡村短视频的内容题材与实践特征

乡村短视频的内容题材丰富多样,有学者将其主题分为乡村景物呈现类、日常生活类、自创剧情类、技艺技能类等①;也有学者更为细致地对乡村短视频进行了三级分类②,如表1所示。

表1 已有研究对乡村短视频内容题材的分类

一级分类	二级分类	三级分类
农业类	生产景象类	务农(工作)场面
		劳作休息场景
	产品介绍类	农产品介绍推广
		生产流程介绍
		专业问题科普
农村类	自然风光类	未被商业开发的自然风光
		具有旅游性质的自然风光
		乡村住宅
		乡村厂房
	人文景观类	文化性遗址
农民类	技艺传承类	非物质文化遗产
		民间手工艺
		地域性音乐与舞蹈
		独门绝活
	生活写实类	乡村文化娱乐活动
		乡村美食展现
		婚丧嫁娶画面
		日常生活片段
	剧情扮演类	搞笑段子
		剧情剧集

针对目前的乡村振兴短视频实践,许多学者在内容分析和文本分析的基础上总结出了乡村短视频的叙事策略与传播机制。有学者从集体记忆以及戈夫曼"前台—后台"的理论视角分析,认为当前"三农"短视频的传播机理主要为集体记忆的唤起、标签传播的本土特色化以及"后台前置"式传播③;也有学者用符号互动论的视角将乡村短视频视为由场景符号、音乐符号、人物符号构成的表意语境,以此来构建真实纯粹的乡

---

① 王颖吉,时伟.类型、美学与模式:乡村短视频内容生产及其创新发展[J].中国编辑,2021(11):23-28.
② 段鹏,鸿沟的渐隐:发展传播学视野下的农民参与和乡村振兴:作为"新农具"的三农短视频[J].当代电影,2021(7):134-139.
③ 林桃千.乡村振兴战略下"三农"短视频的传播机理研究[J].传媒,2021(15):94-96.

野场景①。此外,还有学者引入具身传播的概念,深入分析了快手上新农人在短视频带货时身体叙事的呈现方式与呈现目的②。与此同时,部分学者基于对个案的分析,创造性地提出了"劳动化叙事"的概念,指出劳动化叙事是以农民自我发声为主,同时又极具商业诉求的品牌叙事模式,并在进一步阐述其具体构成的基础上引入实例进行了相关研究③。

现有研究成果为本研究提供了一定的路径参考,但目前聚焦于"归乡新农人"短视频的研究较少,鲜有研究者对归乡新农人如何利用短视频平台助力乡村振兴这一成功实践进行探索。

三、研究设计

(一)研究框架

IP(Intellectual Property),即知识产权。被誉为创意产业之父的约翰·霍普金斯认为"知识产权"包括版权、专利、商标和设计四大类别,而在知识产权保护范围内的产业被称为创意产业(smart economy)④。在国内,IP特指那些具有高专注度、大影响力并且可以被再生产、再创造的创意性知识产权⑤,优质IP应该是回归本质的文化属性从而对个体实践具有包容性的、经得起长期的市场检验的、尊重跨技术平台传播逻辑的文本集群⑥。

归乡新农人助力乡村振兴的主要途径为利用电商平台直播带货等方式销售农副产品,且部分新农人会在此基础上注册商标,创立个人品牌,成立农副产品加工厂从而增加乡村就业机会等。自媒体新农人助农实践的核心往往是基于粉丝对其的喜爱与信任才得以实现的,这与IP的理论资源有契合之处。因此,本研究试图通过纳入"IP"的理论视角,探究归乡新农人是如何吸引一批信任度极高的粉丝并使其拥有购买意愿,从而助力乡村振兴的。

---

① 邢梦莹,王坤.乡村振兴视角下短视频内容生产及其传播策略探究[J].中国电视,2022(5):17-21.
② 马梅,姜淼.乡村振兴视域下新农人短视频带货的身体叙事:以快手五位短视频带货新农人为例[J].传媒观察,2021(7):64-71.
③ 陈凌.劳动化叙事构建乡村品牌新价值:以"川香秋月"VLOG为例[J].新闻与传播评论,2021,74(5):95-107.
④ HOWKINS J. The creative economy: how people make money from ideas[M]. Beirut: Arab Scientific Publishers, 2010:17.
⑤ 尹鸿,王旭东,陈洪伟,等.IP转换兴起的原因、现状及未来发展趋势[J].当代电影,2015(9):22-29.
⑥ 陈昌凤,仇筠茜.技术可供性视角下优质IP的媒介逻辑分析[J].清华大学学报(哲学社会科学版),2018,33(4):163-168,197.

目前,有关 IP 的研究已经覆盖网络文学、电影、文创品牌、短视频等领域。在 IP 的塑造和生产方面,不同领域的研究对其有不同的偏向,或聚焦于 IP 产品的形象设计①,或关注视听领域 IP 内容的打造②。除此之外,还有部分业界人士将目前抖音平台上最受欢迎的 IP 账号总结为人格类 IP、知识类 IP、剧情类 IP、产品类 IP 四类,认为爆款 IP 需要具备新颖有趣、角度新奇、积极情感、独特颜值、个人技能、引发共鸣、贴近生活等七种属性,同时针对 IP 不同的成长阶段给出了相应的运营方法③。当前有关 IP 的已有研究框架总结如图 1 所示。

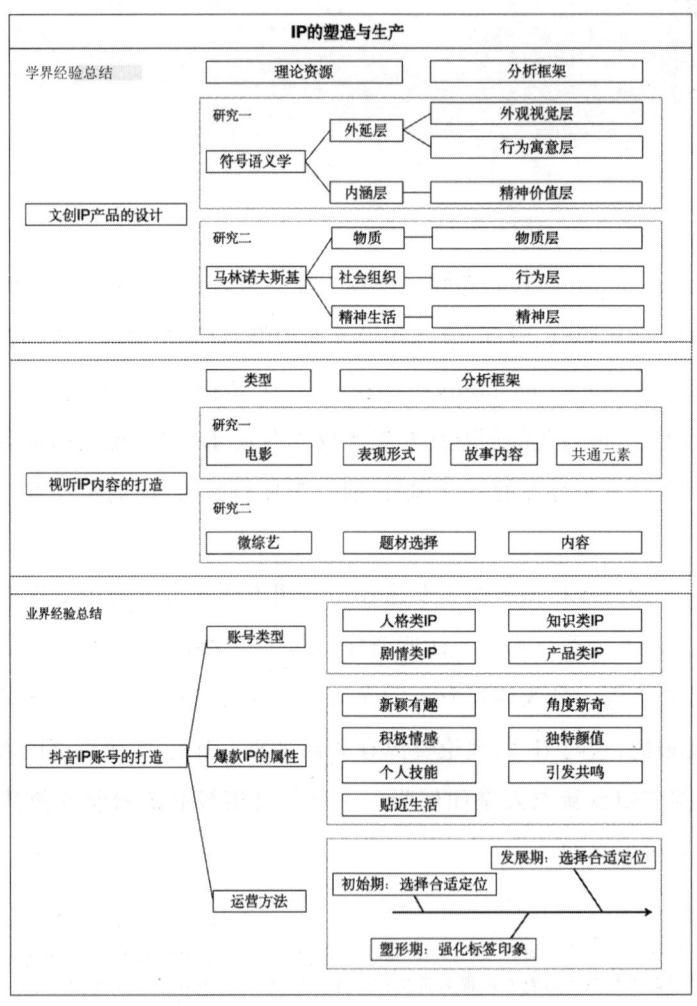

图 1　目前学界、业界关于 IP 塑造与生产的研究总结

---

① 王丽君.岭南非遗灰塑文化符号 IP 形象设计研究[J].包装工程,2023,44(18):250-257,275.
② 王慧.IP 电影研究[D].苏州:苏州大学,2016.
③ 韩志华.抖音运营实战一本通[M].北京:人民邮电出版社,2020:149-161.

对已有研究的分析和总结表明，文创 IP 产品的设计大多采用"由浅入深"的框架，且视觉元素往往作为其内涵表现的基础，而视听 IP 内容的打造则更注重内容的叙述。结合对当前抖音平台归乡新农人短视频的实践观察，本研究认为可以将归乡新农人 IP 的塑造分为个人符号系统、外部环境

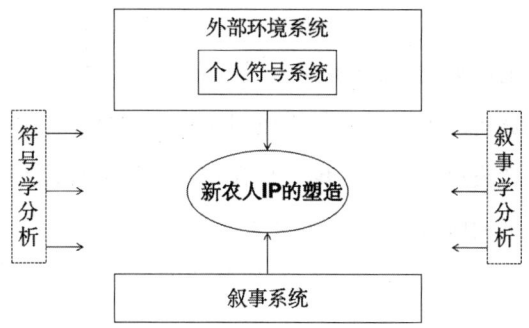

图 2　乡村振兴背景下新农人 IP 的研究路线图

系统、叙事系统三大方面，其中，个人符号系统主要侧重于归乡新农人个人形象的外在视觉元素，外部环境系统为新农人所处的环境，叙事系统则聚焦于其短视频内容的呈现。与此同时，本研究还将借助符号学与叙事学的方法对短视频文本进行分析，具体研究框架如图 2 所示。

(二)研究对象

广义的新农人，指的是具备互联网思维，服务于"三农"领域的人，其核心是"三农＋互联网"①。"'新农人'区别于传统农民的本质特征在于'新农人'是基于生态自觉基础上的、环境友好资源节约型'生态生产方式'的运用和创新，这种'生态自觉'并不起源于他人的动员，而是一种发乎于心的主动认知。"②

"三乡人"是目前较新且能够较为全面概述乡村振兴人才主体的表达方式，指原乡人、归乡人与新乡人。其中，"原乡人"指的是在该乡村土生土长且从未出该乡村务工、长期定居的人；"归乡人"指的是在该乡村成长，但在长大后因外出求学、工作等在外地生活过较长时间，甚至一度在外地定居后又重新回到乡村生活的人；"新乡人"指的是原本不属于该乡村，但因创业、工作、寻求自身想要的生活方式等原因留在了该乡村生活的人。

通过对抖音平台的观察，本研究发现大部分新农人属于"归乡人"，大多是 20—35 岁的年轻人，拥有一定的文化及科学知识，对互联网和新媒体较为熟悉且具有较强的学习能力。他们有的是怀揣着建设家乡的理想，有的是为了陪伴家人，也有的是由于在城市中发展不顺，或是为了追求自己的理想生活而选择回到乡村。

在对抖音平台归乡新农人的返乡故事、粉丝量、影响力及助力乡村振兴的举措进

---

① 阿里研究院.中国新农人研究报告(2014)[EB/OL].(2015-02-09)[2024-03-26].http://www.aliresearch.com/ch/information/informationdetails? articleCode=20176&type=%E6%8A%A5%E5%91%8A.
② 杜志雄."新农人"引领中国农业转型的功能值得重视[J].世界农业,2015(9):248-250.

行考察的基础上,本研究重点选取了"闲不住的阿俊"与"乡愁"为研究案例。"闲不住的阿俊"是福建漳州人,被网友们称为"男版李子柒",注册了商标"闲不住的阿俊"并以此为品牌在抖音创立旗舰店销售农副产品;"乡愁"的自媒体人原名沈枝丹,为福建省武夷山市洋庄乡坑口村人,成立了"乡愁沈丹""丹心可鉴"等品牌,在实现农产品助销的同时,还在乡村创办工厂提供就业岗位。截至2024年11月,"闲不住的阿俊"和"乡愁"在抖音平台上的粉丝量分别为2706.6万与2436.6万。

(三)研究问题

本研究旨在探索并揭示归乡新农人利用短视频塑造个人IP、助力乡村振兴的实践路径。具体研究问题如下:

Q1:归乡新农人是如何在抖音平台上利用短视频塑造个人IP的?——展现了什么样的个人符号?其外部环境是怎么样的?短视频内容有哪些,是如何进行叙述和呈现的?

Q2:归乡新农人塑造的IP形象具有什么样的内在意涵?这些内涵切中了用户的哪些心理或期待从而使其转化为信任度较高的粉丝?

四、乡村振兴背景下归乡新农人IP的塑造——以抖音"闲不住的阿俊"与"乡愁"为例

(一)归乡新农人IP塑造的个人符号系统

个人符号系统是新农人IP塑造的核心,同时也是短视频用户在视觉上的第一直观体验。新农人IP的个人符号系统主要可以分为姓名、外貌、妆容、服饰、口头语言和肢体语言。

表2 "闲不住的阿俊"与"乡愁"IP塑造的个人符号系统

个人符号系统	"闲不住的阿俊"	"乡愁"
姓名	阿俊	沈丹
外貌	单眼皮,眼睛小但有神,留刘海,偶尔戴眼镜更显斯文	鹅蛋脸、体格健壮、身材丰腴;黑色长发;手臂肤色较黑、手脚粗糙
妆容	素颜	淡妆
服饰	春夏穿搭,休闲服饰,短袖T恤+长袖衬衫外套+长裤/短裤	中袖碎花上衣、穿旧的围裙与灰色长裤;布鞋或赤脚
口头语言	福建口音的普通话+闽南语	说话较少
肢体语言	制作美食、与朋友亲人打闹	干活熟练且卖力

1.阿俊：开朗活泼、带有少年气的男孩形象

新农人的姓名是其IP的第一大记忆点。抖音账号"闲不住的阿俊"的主人公名唤"阿俊",是一种较为亲昵的表达,同时该名字较为大众化,拉近了与用户的距离,给人以邻家男孩的亲切感。在外貌方面,阿俊长相乖巧,单眼皮,留刘海,偶尔戴眼镜更显斯文,整体给人干净、明媚、温暖的感觉,并且出镜时多为素颜。在服饰方面,阿俊的服装简单、整洁,多为春夏穿搭,休闲服饰,基本为"短袖T恤＋长袖衬衫外套＋长裤/短裤"的组合,与城市中的男生日常穿搭差别不大,凸显少年感。

在口头语言方面,阿俊大多数时候会讲一口带有福建口音的普通话,与人交流时偶尔会讲闽南语,声音有磁性且有氛围感,类似台剧男主声音;在肢体语言方面,阿俊展现更多的是美食制作的过程,动作娴熟。

图3 "闲不住的阿俊"的外貌、妆容、服饰图

2.沈丹：辛苦劳作、历经生活磨难仍然坚韧、成熟的大女人形象

"乡愁"的主人公自称"沈丹",这虽然不是其本名,但符合大众对真实人名的认识,互联网时代,当人们更倾向于在社交媒体平台上使用网名与昵称以自我保护和保持神秘感时,其类似真实人名的呈现更易于得到用户信任。沈丹是鹅蛋脸、身材丰腴,发型较为散乱随意,肤色较黑,其清秀美丽的容颜与其粗糙的手脚形成强烈的对比。沈丹的妆容较淡,只有一层浅浅的底妆和颜色较为淡雅的口红,且往往会在日常的劳作过程中轻微脱妆。在服饰方面,沈丹的服装款式多为中袖碎花上衣＋灰色长裤,同时会穿戴围裙,穿布鞋或赤脚,显得更具有乡土气息;此外,沈丹的服饰较为陈旧,有明显的使用痕迹和年代感,且她的衣服上多有灰尘、泥土等。

沈丹仅仅在与其他人交流或是特意拍摄给粉丝说的话时才会开口说话,说的是不太标准的普通话或方言;沈丹的肢体语言更为丰富,主要为劳动和制作美食,

图4 "乡愁"沈丹的外貌、妆容、服饰图

她会干各种类型的农活,甚至包括一些难以完成的苦力活,其女性的身份与过于艰苦的劳作相对比,给用户带来了极大的视觉冲击力。

(二)归乡新农人 IP 塑造的环境系统

新农人 IP 塑造的外部环境系统可以分为静态系统与动态系统两大方面。其中,静态系统指的是新农人所处地区的自然环境及其居住环境;动态系统指的是社会环境,即新农人所处的流动的人际环境,主要包括家庭关系、邻里环境和其他关系。

表 3 "闲不住的阿俊"与"乡愁"IP 塑造的环境系统

环境系统		"闲不住的阿俊"	"乡愁"
静态系统	自然环境	山、小溪、竹林、农田、果园、大海	山、小溪、农田、藕塘、竹林、茶山
	居住环境	乡村砖房,有小院,院子里有木制凉亭、传统砖灶台,拍摄背景布置较为精致,色彩搭配和谐	房屋集中、密度较大,多为农村砖瓦土房,也有水泥房以及少量木屋;拍摄背景随意、真实
动态系统	家庭关系	与父母、妹妹、外婆相处日常	展现较少
	邻里关系	与好兄弟相处日常	看望乡村留守老人,与村民的相处
	其他关系	与个别粉丝以及公益活动认识的乡村小学生之间的互动	助农活动中与外地农民的关系;带领游客、记者参观

图 5 "闲不住的阿俊"外部居住环境图

1. 归乡新农人短视频的静态环境

(1)"闲不住的阿俊":山水竹海果田间,砖房凉亭画里寻

一方水土养一方人,新农人所处的天然环境是彰显其乡村性、塑造其 IP 形象的重要组成部分。阿俊家处于福建省,短视频中呈现的自然景观包括山、小溪、竹林、农田、果园、大海,自然风光十分秀丽;在居住环境方面,阿俊家为传统乡村砖房,有小院,且院子里有木制凉亭、传统砖灶台,拍摄背景布置较为精致,色彩搭配亮丽和谐。

(2)"乡愁":山清水秀,房屋密集古朴

"乡愁"沈丹所处的地方为福建省武夷山市洋庄乡坑口村,位于武夷山深处,主要有山、溪水、农田、藕塘、竹林、茶山等。而沈丹的住所区域房屋集中、密度较大,多为农村砖瓦土房,也有水泥房以及少量木屋,拍摄背景随意、真实。

2.归乡新农人短视频的社会环境

在费孝通的《乡土中国》中,"熟人社会"是理解中国传统乡村社会形态的重要学术概念,指的是基于血缘和地缘而形成的地域型生活生产共同体,该共同体具有明确且清晰的地理边界和生活边界;此外,费孝通还提出了"差序格局"的概念,即认为在亲属关系、地缘关系等社会关系中,以自己为中心像水波纹一样推开,最终会形成一个能伸能缩的社会格局,且它随自己所处时空的变化而产生不同的圈子①。归乡新农人所处的环境为传统的乡土社会,人际关系与人情往来也是构成其IP的重要内容,又因其社会关系处在不断变化流动之中,因此可以被概括为动态环境系统。

图6 "乡愁"外部居住环境图

(1)"闲不住的阿俊":家庭幸福热闹,年轻伙伴相伴

在家庭关系方面,阿俊的短视频呈现了与父母和表妹的相处日常,且其父母经常出镜并有大篇幅对话与互动。在邻里关系方面,阿俊展示的主要是与其好兄弟的相处,包括聊天、打闹、野餐等;在其他关系方面,阿俊偶尔会展示与粉丝之间的互动,例如回应粉丝来信,以及公益资助乡村小学后与小学生的互动等,但此类视频出现频率较低。

(2)"乡愁":留守人员众多,乡民乡亲欢聚一堂

沈丹的家庭成员在短视频中出镜较少,只有在晚上吃饭时才会一同出现,多为她的女儿和奶奶,并且对话较少。邻里在沈丹的短视频中出现得更多,首先是与村民的相处,主要呈现的是一起干农活的场景;其次是她对乡村留守老人与小孩的探望。在"乡愁"的短视频中,其他人际关系主要包括带领游客或是记者参观乡村和茶园,以及去外地参加农产品助销活动时与当地农民、政府相关部门人员形成的人际关系。

(三)归乡新农人IP塑造的叙述系统

归乡新农人借助短视频这一"新农具"实现新型农业的实践与经营,讲好个人故事

---

① 费孝通.乡土中国·生育制度[M].北京:北京大学出版社,1998:6-11.

是其塑造个人IP的核心方式,具体可以分为故事系统与技术系统两大部分——故事系统指的是其短视频的内容题材;技术系统指的是其呈现故事的方式,具体到短视频层面,主要包括拍摄方式与视角、剪辑方法、旁白、背景音、字幕、滤镜等。

表4 "闲不住的阿俊"与"乡愁"IP塑造的叙述系统

叙述系统		"闲不住的阿俊"	"乡愁"
故事系统	乡村生活	美食制作,与家人、朋友相处日常,旅行、赶海、赶圩、做公益	干农活、晚餐制作、与家人朋友相处、收购农产品售卖
	美食制作	包括家常菜、网红菜、地域特色美食等	包括家常菜、网红菜、地域特色美食等
	乡村技艺	暂无	改造木柜、修复镯子
	传统文化、民族文化、地域文化	地域美食文化	传统节日、地方茶文化
	农产品种/养殖、加工过程	水果蔬菜采摘、养猪等	采茶、挖藕、开旋耕机耕地、采摘水果等
	农产品展示、科普	暂无	永泰李干、莲藕、茶叶、竹荪
技术系统	拍摄方式与视角	横屏拍摄与竖屏拍摄并存,多为"第三人"视角拍摄,但阿俊时常会面对镜头采用第二人称的方式对镜头说话	大多为竖屏拍摄,"第三人"视角记录,多为固定机位拍摄,移动机位较少
	滤镜	色调对比度强,饱和度高,较为鲜明、活泼,多为暖色调	整体偏亮,凸显人物
	旁白与背景音	视频多为全程配歌曲,歌曲多为舒缓类;有自然环境的"白噪声"	无旁白,视频多为全程配歌曲,歌曲多为女声演唱、治愈系、舒缓型的
	字幕	人物语言配字幕	偶有介绍地点、时间的字幕

1. 归乡新农人短视频的故事系统

(1)"闲不住的阿俊":以"今天吃什么"为主线展开的乡村生活

在乡村生活方面,阿俊主要展现的是与家人和朋友的相处日常,以及旅行、赶海、赶圩、做公益等。美食制作也是阿俊短视频的重要主题之一,主要包括家常菜制作、网红菜复刻、地域特色美食制作等。阿俊的大部分短视频都是以美食制作为主线展开的,例如他与父母、朋友的互动对话往往围绕"今天吃什么"展开,而后会详细介绍、记录其收集食材、制作美食以及用餐的过程,较为精致且具有仪式感。

在农产品的种植、养殖以及加工方面,阿俊展现得极少,多为水果蔬菜的采摘以及养猪过程,人们在"闲不住的阿俊"的抖音账号主页可以发现其在个人简介处写着"最终我还是放弃了拍电影的梦想回农村养猪了",并且"【闲不住的阿俊】土猪肉烤肠"也是其主推的品牌产品之一,但实际上在其短视频呈现中,阿俊养猪的场面极少,只出现过一两次。在文化传递方面,阿俊主要展现的是地域文化,包括地域美食文化以及当地习俗。

(2)"乡愁":以"今天干什么"为主线展开的乡村生活

美食制作同样是"乡愁"短视频的一大主题,但与"闲不住的阿俊"不同的是,沈丹制作美食只将其当作生活里的三餐,更多是先展示干农活的过程,结束了一天的劳作后才会做饭,整体篇幅较小。因此,"乡愁"的短视频更多的是围绕"今天干什么"展开,包括干农活、经营茶厂、收购农产品售卖等。"乡愁"短视频中还呈现了一些乡村技艺,例如沈丹会手工改造木柜、古法修复手镯等。各种各样的农产品种植与加工过程是"乡愁"短视频中干农活的核心内容,包括采茶、挖藕、开旋耕机耕地、插秧、打稻谷、制作葛根粉等。

此外,沈丹还会在农作物丰收、收购农产品以及去外地参加助农活动的时候向大众进行相关农产品的展示与科普,例如介绍永泰李干、莲藕、茶叶、竹荪、新疆沙枣等。由于创立了"丹心可鉴"茶品牌,沈丹更注重在其短视频中宣扬地方茶文化,同时会呈现中华传统节日文化,例如在元宵节时和乡民一起打糍粑、制作兔子花灯、制作汤圆、猜灯谜等。

2.归乡新农人短视频的技术系统

(1)"闲不住的阿俊":亲切的镜头+鲜亮的滤镜+欢快型音乐

在拍摄方式方面,"闲不住的阿俊"的短视频大多采用横屏拍摄与竖屏拍摄并存的方式,多为"第三人"视角拍摄,但阿俊时常会面对镜头采用第二人称的方式对镜头说话,显得更加亲切。

在旁白方面,"闲不住的阿俊"短视频中的旁白主要为阿俊自己讲述。在背景音的选择上,"闲不住的阿俊"的视频多为全程配歌曲,歌曲多为轻快类的,并且有自然环境的"白噪声";与此同时,"闲不住的阿俊"往往会给人物语言对话与旁白配上字幕。"闲不住的阿俊"视频色调对比较为强烈,多为暖色调,整体呈现出鲜明、活泼的感觉。

(2)"乡愁":固定镜头＋清冷的滤镜＋抒情型配乐

"乡愁"大多为竖屏拍摄,也是"第三人"视角记录,但多为固定机位拍摄,移动机位较少;短视频中几乎没有旁白。"乡愁"的视频也多为全程配歌曲,但歌曲多为女声演唱,偏向治愈系和舒缓型。在字幕方面,"乡愁"中仅仅偶尔有对时间、地点的提示字幕。

"乡愁"的视频滤镜整体偏亮,自然饱和度较高,会随着自然环境和视频主题进行色调调整,例如,干农活的片段会整体偏绿色色调,既匹配树林的自然环境,也更显清冷,而与乡亲团聚和丰收的片段会整体偏橙色等暖色调。

五、研究结论

通过对"闲不住的阿俊"与"乡愁"的 IP 塑造进行分析,本研究发现由于阿俊和沈丹二人归乡成为新农人的原因不同,他们在 IP 塑造时所运用的个人资源、打造个人 IP 时的定位和策略也各有侧重,打造出不同的个人符号系统、环境系统、叙事系统,从而塑造具有独特性的个人 IP,因此呈现出来的 IP 内涵与得到用户青睐的原因也有所不同。

(一)"闲不住的阿俊"的 IP 分析

1."闲不住的阿俊"IP 的内涵——乌托邦式田园生活的美好象征

阿俊于 2017 年大学毕业后从事导演、剪辑等相关职业,后来因为母亲生病,他主动放弃导演梦想回乡陪伴家人,开始创业拍摄短视频并参与农业养殖,成为一名新农人。

在个人符号系统方面,利用妆容、服饰以及皮肤等外貌的特征打造人设并通过肢体语言和口头语言进行强化,阿俊整体呈现的是开朗活泼、带有少年气的男生形象;在环境方面,"闲不住的阿俊"短视频中展现的居住场景布置精美、整洁、色调和谐,人物处在一个美满幸福的大家庭中;在叙事系统方面,阿俊的短视频故事主要围绕"今天吃什么"展开,辅以轻快的背景音乐,从而将其 IP 打造为"乌托邦式田园生活的美好象征"。

2."闲不住的阿俊"IP 得到用户青睐的原因——迎合用户心理期待

用户对于"闲不住的阿俊"短视频的评论主要分为四个方面——对相关美食制作

的探讨、对阿俊及其亲朋好友的议论和关心、对阿俊的夸赞、粉丝自身的日常分享。例如,许多粉丝在评论区问阿俊某一道菜的做法,阿俊也会挑选一些评论作答;还有一部分粉丝十分关心阿俊的"婚姻大事",在评论区讨论阿俊视频中出现的女生;还有粉丝会评论"如果我有个像阿俊这样的儿子就好了""阿俊的父母也太幸福了";此外,许多粉丝都将阿俊当作自己的朋友,他们会发自己晚餐、家乡的照片作为日常分享。

由此可知,"闲不住的阿俊"IP 主要迎合了用户的以下四个期待。

首先,迎合了用户对于乡村田园生活的向往。"闲不住的阿俊"的粉丝大多为城市用户,生活辗转于城市的车水马龙之中,而阿俊的短视频极大展现了山林、溪水、大海等秀丽的自然风光,满足了城市用户对亲近大自然、宁静、简单、节奏缓慢的乡村田园生活的向往。

其次,迎合了用户对于美食及制作过程的期待。"闲不住的阿俊"短视频中的美食不仅菜系丰富多样,而且制作原料往往"就地取材",例如,阿俊会去田里采摘蔬菜再做饭,契合了用户对于原生态、无公害美食的期待。

再次,迎合了用户对于家庭团聚、子孙承欢膝下的美满期盼。"闲不住的阿俊"短视频中用了大量篇幅展现阿俊与其父母、亲戚的相处场景,家庭氛围和谐、融洽、甜蜜,契合了部分用户,尤其是年长用户对于家庭团聚、子孙承欢膝下的美满期盼。

最后,"闲不住的阿俊"还满足了用户的分享欲和社交需要。由于阿俊在视频中大多采用第二人称对镜头说话的方式进行拍摄,拉近了与用户的距离,许多用户逐渐将阿俊当成"素未谋面的朋友"并与他分享自己的生活。在某种维度上,阿俊本身已成为粉丝满足分享欲和寻求陪伴、社交的精神寄托。

(二)"乡愁"的 IP 分析

1."乡愁"IP 的内涵——辛勤、艰苦的传统乡村农耕生活的现实代表

与阿俊不同,沈丹的个人经历更加坎坷波折。沈丹最初离乡外出务工,23 岁那年怀孕,然后因感情不和独自生下女儿,后又于 2012 年自主创业开办瓷砖加工厂。但由于生意不顺,5 年后工厂倒闭,她因此转而回乡发展,并于 2018 年开始拍摄短视频,在 2020 年开始组建自己的客服、拍摄、运营等团队,成为一名新农人。

由此可知,沈丹在极为年轻的时候就承担起了赡养老人与抚养小孩重任,而她归乡的原因也是在外发展不顺,生活得不到保障,因此,沈丹的短视频从一开始就具有"艰苦""奋斗""励志"的基调。在个人符号系统方面,沈丹通过展示手脚皮肤粗糙的个

人外貌,强化了她辛苦劳作、历经生活磋磨后仍然坚韧、成熟的大女人形象;在环境方面,"乡愁"中的住房条件稍差,更显古朴、清冷;在叙事系统方面,沈丹的短视频故事主要围绕"今天干什么",即干农活展开,同时在短视频中采用舒缓类的背景音乐侧面烘托相应的气氛,从而将其 IP 塑造为辛勤、艰苦的传统乡村农耕生活的现实代表。

2."乡愁"IP 得到用户青睐的原因——个人形象吸引

在"乡愁"短视频的评论区中,最常见的评论是对主人公沈丹的钦佩和赞美。有粉丝评论"沈丹把中国女性的勤劳、智慧、善良、孝道表现得淋漓尽致",更有部分用户对她致力于建设家乡、助力乡村振兴的举措进行夸赞。

由此可知,"乡愁"IP 之所以能够赢得粉丝的青睐主要依靠的是沈丹的个人形象吸引。

首先,吸引用户的是沈丹身上具有的温柔善良、重视家庭观念等传统美德。沈丹在短视频中时常展现她探望乡村孤寡老人与留守儿童的场景,例如,她经常将准备好的饭菜拿去当地政和县东平镇风头村的"长者食堂",让留守老人能够"食有所依,老有所乐"。与此同时,她还会奔赴全国各地农产品滞销的地方开展助农活动,更有粉丝评论称其行为有"大爱",体现了她的温柔善良。此外,"乡愁"的短视频还展现了沈丹孝顺奶奶的画面,她经常陪伴奶奶,为奶奶梳头;她还经常在短视频中表达对女儿的爱,更是直言"女儿的笑脸是我最大的支柱",表明她十分重视家庭,全心全意照顾好亲人。

其次,沈丹还具有吃苦耐劳、独立进取、有社会责任感的优良品质。"乡愁"短视频的大部分篇幅都展现了沈丹干农活的场景,体现了她吃苦耐劳的品质;与此同时,沈丹一人在 20 出头的年纪就承担起了家庭的重任,历经创业失败、感情不顺后,毅然决定返乡独自创办茶厂,为乡亲提供就业岗位,带动家乡产业和经济的发展,这塑造了她独立自主、进取勇敢、坚韧不拔、具有社会责任感的形象。

六、结语

"新农人"之所以"新",是因为其区别于传统农人,有着不一样的新理念、新技术、新业态、新生产组织方式,而这些新方式方法与其个人人生经历有着紧密的联系。"闲不住的阿俊"与"乡愁"作为抖音平台上归乡新农人的代表,从个人符号系统、环境系统、叙事系统三大方面打造了各具特色的个人 IP。因此,归乡新农人 IP 需要根据其个体的人生经历,综合利用外貌条件、资源等进行个性化塑造。

乡村振兴,关键在人。《"十四五"农业农村人才队伍建设发展规划》指出,到 2025

年,返乡入乡创业人员将超过1500万人。因此,随着我国乡村的不断发展,越来越多的新农人加入乡村振兴的人才队伍,为乡村振兴注入新活力,因此,短视频平台其他类型新农人IP的塑造模式及其个人IP的实现,包括如何进行品牌、广告以及电商的运营,如何从传播效果与社会效益等方面对IP进行评估等一系列实践,还有待未来进一步探索。

〔韩运荣,中国传媒大学新闻学院教授,博士生导师;张姝琪,中国传媒大学新闻学院2023级硕士研究生〕

〔特约编辑:叶明睿〕

"寄情"虚空:电子游戏空间中地方依恋的形成研究

Virtually Dwelling: A Study on the Formation of Place Attachment in Video Game Space

◎ 李 智 赵振宇

Li Zhi Zhao Zhenyu

摘要:电子游戏已是当今青年主流的娱乐方式之一,其生成的虚拟空间是个体获取意义和满足需求的重要场域。本文以大型多人在线网络游戏《魔兽世界》为例,以地方依恋研究理论为基础,采用半结构式访谈的研究方法,探讨电子游戏空间中地方依恋的形成特征。具体来说,从玩家对游戏空间的感知、感受视角出发,将地方认同与地方依赖作为探讨电子游戏空间中地方依恋的维度,探析人与电子游戏空间的情感连接、情感生成及其特征,进而讨论主体人融身于电子游戏空间中是如何完成电子栖居的。

关键词:地方依恋;虚拟空间;网络游戏

Abstract: Recent years have seen important advances in the study of video games, with many scholars examining the very space of video games and its impact on players. The virtual space generated by these games serves as an important domain for individuals to seek meaning and fulfill their needs. This article takes the massively multiplayer online game *World of Warcraft* as an example and adopts the theory of sense of place to investigate the formation characteristics of sense of place in electronic game spaces. Specifically, starting from players' perceptions and perspectives of game spaces, this study explores sense of place in virtual game spaces by examining place identification and place dependence as dimensions. It analyzes the emotional connection and generation between individuals and virtual game spaces and discusses the characteristics of such connections. Furthermore, it delves into how individuals can achieve virtual habitation within the realm of virtual spaces.

Keywords：place attachment，virtual space，video game

一、研究缘起

游戏是人类社会重要的生物、文化活动，而随着技术的进步，其扮演的角色也在悄然发生变化。电子游戏的发明极大地拓展了人们的游戏方式，虽然早期的电子游戏还是以模仿传统体育项目为主，但人们很快就发现其所制造的游戏空间的特殊之处：这是一个完全开放的空间，可以满足游戏制作者的任何想象。此后，各种类型的电子游戏及其所生成的虚拟空间如雨后春笋般出现，玩家得以在不同游戏中扮演不同的角色，通过计算机和游戏机"生存"于幻想世界之中。

在进入互联网时代后，网络游戏成为玩家的新宠。许多游戏开发商致力于制作游戏内容更丰富、同时在线人数更多的游戏，被称为大型多人在线角色扮演类游戏（MMORPG）应运而生，并迅速风靡全球。《魔兽世界》作为此类游戏的经典之作，自2004年发售以来在全球范围内积累了超过4500万名月活跃玩家，已在中国运营了18年，拥有约300万人活跃用户，且极大地影响了网络游戏设计的基础理念。

随着时间的推移，电子游戏已成为一种流行文化。面对愈加庞大的玩家群体，他们与游戏的互动关系一直是业界与学界关注的焦点。已有研究从游戏对反社会/亲社会行为的影响、对暴力行为是否存在促进作用、游戏成瘾现象等问题进行了探索，但这些研究将游戏所制造的虚拟空间本身置于被忽略的位置。当游戏嵌入玩家的日常生活，玩家事实上同时生活在现实、虚拟空间之中，甚至有部分玩家更满意虚拟空间中的那个"自己"，更倾向栖身于游戏的"世界"，而玩家对游戏的情感依赖是该现象的重要成因。游戏空间关乎人与空间的情感关系，对此，地理学中的人文、文化地理学分支有着深入讨论，并产生了地方感、地方依恋、地方认同、地方依赖等研究领域。本文以大型多人在线角色扮演游戏为研究场域，玩家与虚拟空间的情感依恋为研究问题，人文地理学中的地方依恋为理论基础，试图探索虚拟空间中的人的情感生成机制与表现形式。

二、文献回顾

（一）人与地方的情感联结：地方依恋概念梳理

地方依恋（Place Attachment）由环境心理学引入人文地理学研究中，主要关注人与地方的情感连接，强调人对地方形成情感依恋的心理过程，具有强烈的主观性。人们的居住时间长短、宗教性因素、价值观等都会引起地方依恋，并有社区感、地方认同、地方依赖等多种表现形式。有学者认为地方依恋是人与他们居住环境之间的积极关联[1]；或是对地方的情感参与[2]；或是跟人对环境的认知和情感联系[3]。虽然地方依恋的定义较为复杂，但在使用这一概念时，学者们明显存在一种共识，Hidalgo 和 Hernandez 对地方依恋的诸多概念进行了归纳，认为这是人对某一地方的诗意般的联系，其主要特征为个人倾向于保持与该地方的亲近关系[4]。

虽然现实空间是人产生地方依恋的基础，但物质基础更多的是作为背景存在。Low 等人指出地方是人际、社区和文化关系发生的场所和背景，人对地方的依恋不仅仅是对地方本身，也包括这些非物质因素。[5] 而作为对比，虚拟空间在很长的一段时间里被认为无法产生任何意义。地理学界对地方与虚拟之间的关系也持负面态度，认为地方与虚拟是无法共存的，只具有隐喻意义。在传播学研究中，梅罗维茨也认为虚拟空间对地方具有消极作用，媒介会减弱地理空间中的差异性，制造更多同质化空间[6]。

随着媒介技术嵌入人们的日常生活实践，虚拟空间与现实空间的界限变得形同虚设，越来越多的人开始对虚拟空间产生情感依恋。其中，电子游戏所制造的虚拟空间引起了社会与学界的关注。在媒介技术方面，现有研究将媒介置于实体空间与虚拟空

---

[1] SHUMAKER S A. Toward a clarification of people-place relationships: a model of attachment to place[J]. Environmental psychology: directions and perspectives,1983,2:19.
[2] HUMMON D M. Community attachment: local sentiment and sense of place [M]//Place attachment. Boston, MA: Springer US, 1992:253-278.
[3] LOW S M, ALTMAN I. Place attachment: a conceptual inquiry[M]//Place attachment. Boston, MA: Springer US, 1992:1-12.
[4] HIDALGO M C, HERNANDEZ B. Place attachment: conceptual and empirical questions[J]. Journal of environmental psychology, 2001, 21(3):273-281.
[5] LOW S M, ALTMAN I. Place attachment: a conceptual inquiry[M]//Place attachment. Boston, MA: Springer US, 1992:1-12.
[6] ROWLAND-MORIN P A. No sense of place: the impact of electronic media on social behavior: by Joshua Meyrowitz[M]. New York: Oxford University Press, 1985:416.

间之间,作为主体体验和感知实体空间的中介。这些研究主要强调数字化的地方呈现方式及中介化的观看行为对主体的影响,对媒介、地方与人的关系作出了建设性工作。但受限于媒介形式,这些研究中也存在被遮蔽的方面。这些研究中的主体皆处于对地方感知的被动位置,在被动地感知地方、被动地与地方互动、被动地形成地方依恋,而缺少从主观性出发的描写。数字身体在这些研究中的地位没有得到重视。人与虚拟地方之间的互动过程中,人的数字替身即虚拟空间实践的中介,也是现实空间中人的延伸,而这一点在现有研究中缺乏体现。

(二)电子游戏空间与地方依恋

通过对人文地理学关于地方的论述整理,人与地方的联系中所形成的情感、信仰、行为、生活方式等都与地方依恋的形成相关,地方依恋的形成模式由主体对空间的感知(包括对实体空间的感官感知和对空间的抽象理解)以及主体对空间的情感依附组成。目前有不少学者将游戏空间置于地方视角下进行理解,从游戏玩家间的社交与互动方式[1]、现实增强游戏对现实空间居民的作用[2]、游戏体验如何影响现实空间中的地方感[3]、虚拟游戏场景对现实旅游业的作用[4]等角度展开研究,然而,人在虚拟空间活动与玩家对虚拟空间的情感依恋并不是被讨论的重点。通过数字替身,人具有与虚拟空间以及其他数字替身展开互动的能力,虚拟空间本身也不仅仅是数字背景,更是玩家们的情感依附之所和交往互动之地。

作为赛博空间的一种呈现形式,电子游戏空间也同样以调动身体感官与精神观念为用户带来空间体验。玩家在游戏世界中的实践行为必然也会产生情感和感官体验,并由此与虚拟空间相连。许多玩家在长期体验游戏内容的过程中,对游戏所构建的虚拟世界产生了如依赖感、认同感、怀旧感等各种情感。[5] 学者们的研究也证明了虚拟

---

[1] BARNETT J, COULSON M. Virtually real: a psychological perspective on massively multiplayer online games[J]. Review of general psychology, 2010, 14(2):167-179.
[2] VELLA K, JOHNSON D, CHENG V, et al. A sense of belonging: Pokémon Go and social connectedness [J]. Games and culture, 2017, 14(6):583-603.
[3] BOWMAN N D, BANKS J, RITTENOUR C E. Country roads through 1s and 0s: sense of place for and recollection of West Virginia following long-term engagement with Fallout 76[J]. Technology, mind, and behavior, 2020,1(1):75-93.
[4] BOWMAN N D, VANDEWALLE A, DANEELS R, et al. Animating a plausible past: perceived realism and sense of place influence entertainment of and tourism intentions from historical video games[J]. Games and culture,2024,19(3).DOI:10.1177/15554120231162428.
[5] KOKKINI V,TSELIOU E,ABAKOUMKIN G,et al."Immersed in World of Warcraft": a discursive study of identity management talk about excessive online gaming[J].Journal of language and social psychology, 2022, 41(5): 590-612.

世界在社会交往、社会存在、游戏角色与个人认同、怀旧等方面都扮演着重要的角色。近年来,有学者认为电子游戏的数字世界中的虚拟体验也可以被视作真实的空间体验,并在玩家日常生活当中扮演重要角色[1]。甚至游戏中的实践也可以强化玩家对现实空间的地方依恋,即人并不需要实地去过某地才能形成地方依恋,通过虚拟空间对现实空间的模拟也可以达到类似的效果[2]。然而,已有研究对虚拟空间中的研究更多地停留在地方的建构意义和象征意义上,对虚拟空间本身、虚拟空间中的人、虚拟空间中人的地方情感生产机制等讨论不足。

现有研究已将地方依恋引入游戏研究中,并为虚拟空间中地方依恋的影响因素提供了大量经验证据,以调查问卷为主的量化分析虽然很好地验证了研究假设,但为得出具有显著性的结果,玩家与地方的关系也被限定在特定的框架内,造成研究结果缺乏来自玩家的主观感受。地理学者Tim Cresswell认为,地方不仅仅包括那些常识性的存在,同时也是一种认识和看待世界的方式,人与地方的情感依附和关联就体现在其中[3]。地方依恋研究也应当囊括更多人的主观性经验与体验,发现地方中被遮蔽的情感意义。电子游戏空间不只是一块供玩家游乐的电子仙境,也不是想象力与技术堆砌出的无根之木。游戏空间制作的成功与否,一定程度上取决于开发商能否以现实世界为模板,制造一个让玩家既熟悉又陌生的空间,这就使得游戏空间具有人造和虚拟的双重属性。要理解游戏空间与玩家的关系,就需要以现实空间中的情感依赖作为出发点。

在大型多人在线游戏(massively multiplayer online games)中,虚拟空间的规模是庞大的,往往需要玩家进行上百小时的探索才能对游戏所营造的虚拟空间有所熟悉,玩家可以自由选择如何以及是否与虚拟空间中的存在展开互动,而不是被动地观看。现实中的身体与数字化身(Avatar)是共时、共在的关系,人在地方中的主动性可以通过其数字化身得到展现。同时,玩家之间因同处一片空间,关系变得紧密。从多达数百人的游戏内玩家组织,到数万人同时在线的线上论坛,再到千万人以上的玩家总量,大型网络游戏所塑造的玩家共同体对游戏的热爱不仅体现在游戏带来的娱乐性上,这种凝聚力也来源于人与虚拟空间的互动。由此可见,电子游戏和其营造的虚拟空间可能是我们理解虚拟空间与人的关系的途径之一。

---

[1] ROBINSON J A, BOWMAN N D. Returning to Azeroth: nostalgia, sense of place, and social presencein world of Warcraft classic[J]. Games and culture, 2022,17(3):421-444.

[2] VELLA K, JOHNSON D, CHENG V, et al. A sense of belonging: Pokémon Go and social connectedness[J]. Games and culture, 2017,14(6):583-603.

[3] CRESSWELL T. Place: a short introduction[M]. New Jersey: Wiley-Balckwell, 2011:8-11.

三、研究方法

玩家通过计算机中介由视觉和听觉获取游戏中的信息,这就使玩家在游戏空间中感知地方、与地方互动的方式与现实空间的情况不同。图像、文字和音乐是影响玩家情感生成的主要信息来源,人与虚拟空间的互动以非常个人化的方式嵌入玩家的游戏实践中,这要求对玩家的主观情感进行深入挖掘。虽然地方依恋的研究方法以量化为主,但近年来,越来越多的研究将质化研究引入地方依恋研究[①]。本研究采用半结构化访谈的方式进行,受访者主要访谈内容包括过往游戏经历、对《魔兽世界》游戏的看法、对《魔兽世界》游戏的依赖程度、对《魔兽世界》中虚拟场景的印象、因游戏而产生的社交、虚拟替身与自身的关系等。因玩家的游戏体验各有不同,访谈在涉及游戏会议和对游戏的主观感受方面未能出现同质化和内容饱和状态,但在游戏内地方依恋的来源、情感依赖的表现、社区感的营造等方面做到了内容趋近一致。

本研究将《魔兽世界》的长期玩家作为访谈对象,这是因为停留时间长短是影响地方依恋强度的重要因素[②]。长期的游戏实践经历让这些玩家在游戏理解、游戏技能、玩家社区等方面更像是这片虚拟空间中的"原住民",他们的主观情感依赖更具代表性。访谈对象从魔兽玩家最著名的在线社区——艾泽拉斯国家地理(National Geography of Azeroth)中选择,这是一个几乎与《魔兽世界》游戏本身存在时间一样长的游戏论坛,至今仍是最主要的玩家活跃地。

研究从艾泽拉斯国家地理论坛网站(bbs.nga.cn)募集了 10 位访谈对象(N=10),访谈对象均为 18 岁以上的成年人,平均有 13.8 年的《魔兽世界》游戏经历(非连续),访谈在 2023 年 2 月 27 日至 3 月 4 日间完成,所有的访谈都进行了录音,并删除了个人信息(见表 1)。

表 1 受访者信息

受访编号/昵称	游戏时长	主要游戏实践
1/BOY	10 年	小型副本
2/GZS	16 年	大型副本/小型副本

---

① 吴玮,周孟杰."抖音"里的家乡:网红城市青年地方感研究[J].中国青年研究,2019(12):70-79;曾一果,凡婷婷.重识"地方":网红空间与媒介地方感的形成:以短视频打卡"西安城墙"为考察中心[J].新闻与传播研究,2022,29(11):71-89,128.
② 肖坤冰,李怡婷."麻"味中的地方依恋:川渝饮食中的花椒与地方感建构[J].民族学刊,2022,13(4):125-130,144.

续表

受访编号/昵称	游戏时长	主要游戏实践
3/SJ	18年	大型副本
4/PAN	13年	成就系统
5/RZC	11年	小型副本
6/XHJ	14年	小型副本
7/DMB	13年	大型副本
8/FH	14年	小型副本
9/HGS	14年	小型副本
10/DF	15年	小型副本

四、研究发现

(一)初入艾泽拉斯:虚拟空间与现实空间的对照

魔兽世界作为一款大型多人在线角色扮演类网络游戏,其故事发生在一颗名为"艾泽拉斯"(Azeroth)的星球上。为了控制这颗星球的能量,宇宙中的各种势力展开了角力,光与暗、秩序与混乱的对抗在这里上演。玩家要扮演一个诞生于艾泽拉斯星球的普通生灵,在冒险中成长,并最终在拯救艾泽拉斯的行动中扮演关键角色。当然,宏大叙事很难在短期内与玩家产生共鸣。玩家与艾泽拉斯之间的互动也是由浅入深的嵌入过程。段义孚认为人与空间和地方之间的关联涉及多个方面,宗教、建筑、地方景观、不同年龄段的人等都对人们对空间和地方的理解产生影响。在《魔兽世界》中,景观、人的行为和意义被串联起来,将玩家的情感与感官带入虚拟空间之中。

游戏的美术设计和文本信息描述是玩家获知地方信息的基础。以访谈对象较多提及的、留下深刻印象的初期活动区域"贫瘠之地"为例进行分析。这里将非洲大草原的自然景观作为模板,地面由黄红色稀疏草地组成,零星点缀着猴面包树,蜿蜒的夯土路自南向北连接了不同的据点。看着成群的斑马、羚羊、狮子、土狼等几乎和现实世界中无异的生物,一幅生动的荒野景观就呈现在玩家眼前。在建筑设计上,"贫瘠之地"上主要生活着三个种族,分别是牛头人、兽人和地精。牛头人的建筑具有游牧民族风格,这是因为该种族的主要分布地在草原。风车、石磨、毡房和各类毛皮制品组成的简易营地看起来十分容易搬迁。兽人的建筑风格简陋而野性,野兽的獠牙、动物的羽毛是常见的装饰,具有战斗功能的地穴和瞭望塔在鲜血颜色的旗帜的映衬下无声地宣告着部落的口号"鲜血与雷鸣"。地精的建筑风格具有工业革命特色,装满酒精的木桶、钢铁制造的车间和码头向人们展示着机械的力量,与这个种族矮小的身形形成鲜明对比。

作为游戏内容的一部分,《魔兽世界》中的非玩家人物(NPC)也组成了玩家们虚拟社交的一部分。部分 NPC 被设计成具有某种性格特征的角色,让玩家感觉游戏更有代入感。如"贫瘠之地"中的一名兽人 NPC 会告诉玩家,酋长教导他去尽可能地学习更多关于"贫瘠之地"的文化,即便是那些卑微的种族也有可取之处。那些与玩家呈敌对关系的 NPC 也拥有自己的文化和习俗,如"贫瘠之地"上的半人马族就象征着欧洲文化中对中亚游牧民族的恐惧,这些手持弓箭和巨刃的战士会在萨满教巫师的帮助下烧杀抢掠,而玩家的任务之一就是将半人马族的威胁消除。

作为游戏文本内容的主要载体,《魔兽世界》中设计了大量任务来提升玩家的情感参与度。玩家被要求按照指引完成特定目标,其中不乏现实空间中道德和社会规范所不允许的行为。在"贫瘠之地",玩家的任务路线被设置得十分清晰。在部落玩家的活动区域中,玩家被要求去完成狩猎野兽、攻击联盟营地、调查特定区域、肃清区域威胁。这些任务会为玩家交代一定的背景信息和原因,并为玩家叙述任务的完成方法。通过阅读这些文本和完成这些任务,玩家逐渐接受部落成员的身份。

雷尔夫认为地方与无地方的区别在于地方对人的意义,这种意义的生成和变化与人地之间的互动所产生的主观经验有直接联系。通过游戏的场景设计可以发现,玩家们在游戏初期就对即将展开的冒险形成初步的印象:这将是一段身处非洲大陆之上的野性之旅。通过数字替身和媒介技术,玩家与艾泽拉斯世界之间的互动得以产生,玩家的感官和精神被调动,并逐渐在与地方的实践过程中产生属于这一片地方的意义。

(二)地方认同:人与虚拟地方的情感联结

在人文地理学视角下,地方认同和地方依赖经常作为地方依恋的子维度出现[1]。前者代表人对地方的情感性依恋,后者为人对地方的功能性依赖[2]。地方认同的主要特征包括地方的象征意义、地方给人的情感满足、人对地方的熟悉感和作为"局内人"

---

[1] WILLIAMS D R, PATTERSON M E, ROGGENBUCK J W. Beyond the commodity metaphor: examining emotional and symbolic attachment to place[J]. Leisure sciences,1992,14(1):29-46.
[2] 孙九霞,周一.遗产旅游地居民的地方认同:"碉乡"符号、记忆与空间[J].地理研究,2015,34(12):2381-2394.

的感知①。访谈中,玩家称自己与虚拟地方的情感联结由游戏实践而发生,分别向积极情绪反馈、身份认同转化、地方特质内化三个方向延伸。

  人与地方互动所产生的积极情感是形成地方认同的重要一环②。游戏中的积极情绪反馈首先来自完成挑战的情绪刺激和成就感。游戏的核心玩法分别是大型副本(raid)和小型副本(dungeon),前者需要10至40名玩家,后者只需5名玩家即可。前者需要大量玩家配合、学习、制定战术,并需要经过几十次上百次的实际操作后才能完成挑战。这种被称为"开荒"的游戏体验是大部分受访者获取积极反馈的来源。"我们公会每周打四五天,每天至少三四个小时,打了两周一共130多次才过了双子(大型副本中的一个首领),但是最后过了的那一瞬间真的特别爽,有一点精神高潮的感觉,毕竟它折磨了我们很久。"(受访人9,2023年3月)随着副本中一个接一个首领倒下,玩家获得了极大的成就感和满足感。受访者表示开荒的过程虽然枯燥乏味,也有沮丧和内部争吵的情况发生,但最终击败首领的那一瞬间是令人着迷甚至上瘾的。除难度挑战以外,大部分受访人表示积极的情绪也来自看着人物逐渐变强的过程。数值是电子游戏衡量玩家实力的标准,玩家虚拟替身的各项数值高低与其获得的战利品(提升玩家人物数值和能力的游戏道具)直接相关。越高品质的战利品越需要高水准的团队配合和高水平的玩家个人实力,战利品既是努力过后的回报,也是精英玩家的身份象征。"我每拿到一件能提升自己的装备都非常高兴。"(受访人8,2023年3月)"拿装备主要还是为了自己能打更高的伤害,就喜欢当输出最高的人。"(受访人9,2023年3月)玩家的虚拟替身实力越强,他们在游戏中的表现就越好,他们就越容易获得自我满足和其他玩家的认可。玩家在这样的正面价值反馈中会更积极地打造更强的游戏角色,继而形成积极的情绪反馈循环。

  一个地方的特质是它与其他地方相区别的所在,并极大地影响人对地方的感知。对游戏空间来说,游戏间的横向对比是获取独特性的主要来源。在地方特质方面,所有受访者均表示《魔兽世界》的游戏设计与当时其他游戏的完全不同。"游戏刚开始吸引我的地方,第一个就是比其他游戏能活动的地方大得多。"(受访人3,2023年2月)"接触过其他游戏,对比之后不管游戏的流畅度还是画面(和《魔兽世界》)都完全就不是一个档次的。你玩过《魔兽》之后,你再去玩这些游戏,感觉就是玩贴图游戏一样。"

---

① 朱竑,刘博.地方感、地方依恋与地方认同等概念的辨析及研究启示[J].华南师范大学学报(自然科学版),2011(1):1-8.
② 古丽扎伯克力,辛自强,李丹.地方依恋研究进展:概念、理论与方法[J].首都师范大学学报(社会科学版),2011(5):86-93.

(受访人2,2023年2月)"我觉得暴雪(指游戏制作公司)是当时游戏开发工作做得最好的。"(受访人4,2023年3月)游戏独特性表现包括直观和非直观两个方面。前者包括整体美术风格、美术设计精细程度、游戏玩法丰富程度、社交性等；后者包括游戏的剧情设计、台词、重要角色的刻画、游戏所蕴含的价值观等。《魔兽世界》为玩家提供的虚拟场域将娱乐性、严肃性、真实性与社交性相结合,制造了独特的游戏空间。

陌生的空间总使人不安,对空间的熟悉是人建立安全感、熟悉感的基础。大卫·西蒙(David Seamon)从梅洛-庞蒂的现象学观点出发,试图通过日常生活里的移动、停止、相遇来发现地方的意义,他认为人们在日常生活中的持续性、重复性行为是生产地方意义的关键[①]。访谈对象的空间安全感也来源于他们在游戏中的日常实践以及对游戏环境的熟悉。最初进入《魔兽世界》的玩家很难对游戏地图有全面的了解,经常在大型游戏场景中迷失方向,不得不通过内置地图或求助非玩家角色(non-player character)获取帮助。但随着玩家游戏实践的持续,经常性的空间移动消解了玩家的陌生感。"以前刚进幽暗城,因为城市有高低之分,地图又没法显示不同的层之间怎么连接,去哪里坐电梯上下,交一个任务花了一下午的时间才找到人。后来当然不会出现这样的情况了,常用的功能根本不需要看地图就能找到。"(受访人8,2023年3月)

个人的心理因素亦会影响玩家与虚拟地方间的情感互动。受访者初次接触《魔兽世界》一般在初中和高中阶段,学业压力较大,游戏时长也仅有每周三小时左右,但暂时从学业中脱身,在充满幻想的年纪投身一个虚拟世界的体验仍旧让受访者记忆犹新。"当时我印象很清楚,有几个敌对阵营的玩家级别比我们高,他们不光杀级别低的玩家,还把周围的NPC都打死了,让所有人没法做任务,当时很绝望。这时候突然冲出来两个人,一个转着黄色的光,另一个抬手召唤暴风雪,几下就把那几个欺负我们的人打死了。我当时才高中,我就想这个游戏太帅了,我也要变成这种人。"(受访人6,2023年3月)虚拟游戏空间为玩家提供了将幻想变为现实的游戏场,满足了青少年对玄幻世界的幻想,同时也延伸了玩家的个人认同,而这样的认同只有在虚拟空间中可以获得。正如吕冬青所述,现实世界中的地方感并不是全部,也包括那些在现实空间中被压抑和不被社会承认的那些潜在的地方感、缺失的地方感。[②]那些不被社会规则

---

① SEAMON D. Body-subject, time-space routines, and placeballets[M]//BUTTIMER A, SEAMON D. The human experience of space and place. New York: St. Martin's Press,1980:148-165.
② 吕冬青. 人的媒介化存在:梅罗维茨媒介思想史研究[D].济南:山东大学,2018.

承认,或是现实空间中无法实现的个人认同在游戏空间中得到了释放。

(三)地方依赖:人对虚拟地方的功能需求

作为一款风靡全球的游戏,《魔兽世界》游戏本身所提供的娱乐功能已经足以吸引海量玩家进入其游戏空间。"《魔兽》吸引我的地方太多了,比如游戏世界本身非常宏大,我第一次知道游戏可以有这么多可以去的地方,其次就是这个游戏里原来可以有这么多形形色色的 NPC,再就是同样的 Boss 可以有这么多不同的打法。"(受访人 8, 2023 年 3 月)"最开始是因为对剧情感兴趣,玩游戏很有代入感,后来就是单纯地玩游戏本身了。"(受访人 3,2023 年 2 月)吕冬青认为主体对虚拟地方的依恋往往体现为一种上瘾的状态。在她看来,玩家于虚拟空间之中的重复性、熟悉性、节奏性的线上实践实际上构成了人与虚拟地方间的地方芭蕾。虚拟地方芭蕾的形成与玩家的持续性行为紧密相关,这首先体现在玩家对虚拟地方的使用上,即玩家被虚拟地方所具有的哪些功能吸引而来。

如果说数字替身的强度提升带来的成就感是直观的、主流的,那么,游戏内的成就系统所带来的成就感则是偏向私人的和不易察觉的。玩家在游戏内完成一些特定要求或特定事件后,会得到特殊奖励和成就点数。成就的完成并不一定要求玩家游戏技能或人物数值达到一定程度,更多地需要玩家持续的时间投入和思考。"刷成就的时候你会发现他会引导你去做一些比较有意思的事情,特别是那些小型副本里有很多隐藏彩蛋和线索,不仔细看根本不会发现居然有这些。"(受访人 4,2023 年 3 月)"首先第一个,弹跳成就有的那一刻是挺有满足感。第二个,你会看到成就面板,你会发现自己游戏的完成度好像挺高的,游戏的各个角落,各种乱七八糟的事情你都体验过。"(受访人 10,2023 年 3 月)电子游戏空间提供了多样化的成就感实现路径,玩家依赖于这一空间来满足情绪需求。

追求社交需求的满足是玩家的主要游戏动机,《魔兽世界》也是满足社会交往需求的场域。玩家大致有以多人为基础,围绕线上社交和虚拟社区的社交依赖型玩家,和以个体意志和喜好为基础,基于游戏特定玩法的自我驱动型玩家,前者在人数上远多于后者。对于前者来说,"魔兽玩家"是他们展开游戏内与游戏外社交的重要身份标识。"游戏实际上拓展了我的社交圈,让我认识了很多现实生活里没交集的人。我之前帮过一个玩家做任务,后面一来二去熟了以后发现他是一个上市公司的老板,后来他还把我安排进他收购的公司里工作,没有《魔兽》的话,这肯定不可能发生。"(受访人 3, 2023 年 2 月)"对我来说,我觉得最认同的就是社交,而且他社交是正儿八经的社交。"

(受访人7,2023年3月)"《魔兽》,我说实话,它对我来说更倾向于一种社交游戏。我在这里认识了很多朋友,对我来说它不仅仅是游戏,也是生活的一部分。"(受访人2,2023年2月)《魔兽世界》为玩家们制造了强连接环境,这源于游戏本身强调合作的性质。玩家通过网络与游戏实现了社交的时空脱域,在当时社交媒体还不发达的背景下扩展了社交范围,他们利用数字替身表达自己,通过虚拟空间展开互动,并最终将自己的虚拟替身内化为自身认同的一部分。

游戏发售的十数年间,虽然今天的《魔兽世界》已经与早期的版本有了巨大的变化,但玩家们长期的游戏经历已经让他们的身体习惯了与虚拟地方的互动、实践模式。玩家们不断在旧立足点的基础上,围绕新的游戏内容发展出新的游戏意义。研究者从访谈中得知,这种意义的变迁体现在游戏目的、游戏内容、与现实空间的关系方面。玩家的游戏动机从初期对游戏的好奇与迷恋,逐渐转变为对社交需求的依赖;玩家的游戏内容从早期多人大型副本转变为小型副本;随着玩家的年龄增长,责任与义务要求他们将更多时间分配给现实空间中的身体。受访者将大量空闲时间投入虚拟地方之中,由此产生了独属于他们自己的回忆和经验。虚拟地方对受访者来说并不是数据和贴图所组成的游戏空间,也代表了他们的青春。他们在另一片世界中生活过、战斗过、交往过,这是一个真实的世界,一个他们年轻时候的世界。

五、电子游戏空间中地方依恋的形成特征

人通过账号和虚拟替身往返于现实空间与虚拟空间,并在与虚拟空间的互动过程中形成地方依恋。电子游戏空间与人的互动并不能调动所有感官,游戏内的环境也不具有物质性,但玩家在与虚拟空间的互动中生成的情感和意义也是真实的。现如今,电子游戏较之二十年前更加普及,游戏的定义也从赫伊津哈口中无功利性的、纯粹的娱乐行为变为一种文化现象。如何更好地理解游戏的社会角色和对人的意义是需要进一步研究的议题。

段义孚认为,地方是运动中的停顿,而停顿使得地方成为一个感受价值的中心,长时间的停留让人类具备将家作为地方的意识,这是其他灵长类动物所不具备的特质。停留赋予人们安全感、隐私感,移动则带给人陌生感、新奇感,这两者并不对立,而是不断处于平衡和失衡的状态中。过多的重复性让人们渴望移动和旅行,而过多的移动则会导向栖居和停留。电子游戏空间为人提供的便是一种移动服务,人们将数字替身作为探索空间的工具,消解在家性带来的不适。"基本上都是只要回家有时间就会去打本,因为我们的一些跟我一起玩的人都是比较喜欢打本的。我们一起一来是享受游戏,二来是享受开黑的过程。"(受访人3,2023年2月)而如果我们从停顿与移动的辩证视角来审视游戏空间与现实空间的关系,就会发现这两者也处在不断地平衡与失衡当中,访谈对象均谈到逐渐丧失游戏热情,减少《魔兽世界》的游戏时间的行为。但是他们也会像候鸟一样再次回归到这片虚拟大地之上,"停留—旅行"的反复在这些有着超过10年游戏经历的人身上一再上演。全球流动性的加剧让人的一生可以体验多个地方,雷尔夫称之为多中心的地方经验,每一处地方都可以制造特定的情感、归属感和记忆①。作为地方的电子游戏空间无法被人触及,却在情感生成、互动方式、社交空间营造等方面拥有比现实地方更大的潜力。

在谈到人们对地方的依恋时,乡愁(Nostalgia)是易于被发现的特质。物质环境、文化、个人记忆和集体记忆等都会制造乡愁情感,但不断更新的故乡面貌很难让人们重回过去,然而,这一点却可以在电子游戏空间中实现。暴雪娱乐在2019年上线了《魔兽世界:经典版》,即2004年的游戏版本,这是该类型游戏历史上最成功的版本之一,并重新吸引了大量玩家回归。这个被称为"怀旧服"的版本重新将经典的游戏地图、玩法甚至是当年的游戏伙伴连接在一起,让玩家重新激活了过去的记忆,且这种激活的方式极大地还原了过去的地方。"(玩怀旧服)好像有一种找回自己记忆和当年的自己的感觉。"(受访人7,2023年3月)有学者认为电子游戏具有时间机器功能,可以允许玩家回到过去的数字游戏空间来重现他们在地方中的经验②。玩家实际上已经将电子游戏空间视作对自身充满意义的地方。

MMORPG类游戏的一大特点是为玩家制造了新的社交空间。游戏空间中的社交具有一定的真实性,玩家在交往过程中增强了社会存在感,这是游戏行为得以持续的重要原因③。所有访谈对象都认为社交是他们的游戏动机和持续游戏行为的主要原因,游戏空间既是社交发生的地方,也是人际互动得以存续的保障。"如果缺少了游戏,就缺少了社交的媒介。比如你《魔兽世界》里面的这些社交圈子,哪怕你们发展到了线下,哪怕你们现实生活中有了许多的接触,但是缺少了中介的圈子还是很受影响的。"(受访人3,2023年2月)

游戏中的地方依恋形成主要来源于功能性和情感性两个方面。玩家游戏使用频

---

① 雷尔夫.地方与无地方[M].刘苏,相欣奕,译.北京:商务印书馆,2021:前言.
② WULF T, BOWMAN N D, RIEGER D, et al.Running head: video game nostalgia and retro gaming[J]. Media and communication,2018,6(2):60-68.
③ NARDI B A. My Life as a Night Elf Priest: an anthropological account of World of Warcraft[M].Michigan: University of Michigan Press,2010.

率和时长体现出他们在功能性上对电子游戏空间的依恋程度;在情感联结方面,通过游戏内部设计的情绪反馈机制和玩家间社交构成感情部分的基础。在许多方面,玩家地方依恋的形成与现实空间中有相似之处,如熟悉感、经验性体验、个人和社会因素等。但是,电子游戏空间也在数字替身与本体的认同关系、网上虚拟社区的构建等方面凸显了特殊性。

在《魔兽世界》的案例中,玩家首先因为游戏空间的构造质量形成初步印象,而后在功能性和情感性基础上稳固人与虚拟地方的联结,持续性的人-虚拟地方的互动让玩家产生乡愁情绪,最终,虚拟地方成为玩家感知价值的多个中心之一。研究发现,情绪的生产是玩家产生情感依恋的主要原因,亦是游戏制作者设计的意图所在。人们通过游戏实践产生对虚拟空间体验的真实感,又从围绕游戏进行的线上和线下社交活动中增加了社会存在感。

六、结论与讨论

在虚拟空间中,人实际上经历了另一段人生,主体被赋予重新选择身份的可能。媒介技术改变了人与虚拟地方间的互动关系,弥补了玩家在现实空间中被压抑、被限制的身份表达。本研究试图将媒介与虚拟地方依恋研究置于具有主动性的媒介形式——电子游戏(video games)之中,通过地方依恋研究框架发现主体在虚拟地方中的情感生成特征。虽然玩家在与电子虚拟空间的互动中形成了深刻的情感连接和记忆,但正如段义孚所概括的地方提供安全,而空间代表自由,我们身处其中一个,却又向往另外一个[①]。在虚拟空间与现实空间难分彼此的今天,空间对身体的争夺也被赋予更深刻的含义。受访者与虚拟地方呈现出爱恨交加的矛盾关系,他们一方面肯定游戏世界带给他们的意义和体验,另一方面又陷入对自己将大量时间分配给虚拟空间的自责之中。从这一角度考虑,对虚拟地方依恋的探索也具有了现实意义。如果将虚拟空间的塑造背后的结构性力量纳入考量,这种对身体、时间和金钱的争夺似乎笼罩上了一层人为设计的外衣。玩家们固然可以在虚拟空间完成属于自己的地方芭蕾,但这也是游戏制作商和其背后的资本集团所设计、希望的结果。

在 MMORPG 类游戏逐渐式微的今天,我们不难发现那些易于引起玩家与虚拟地方情感连接的设计正以新的形式出现,并在继续演化。随着 AR、VR 技术的不断发展,游戏将必然可以调动更多感知器官,为玩家提供身临其境的游戏体验,仍有许多问

---

① 段义孚.空间与地方:经验的视角[M].王志标,译.北京:中国人民大学出版社,2017:89

题值得继续研究,诸如虚拟空间中的结构性力量与主体虚拟地方感的形成有何关联,虚拟空间中的共识性地方认同因何形成等。

〔李智,中国传媒大学传播研究院教授;赵振宇,中国传媒大学传播研究院博士研究生〕

〔特约编辑:叶明睿〕

组织决策分析视角下乡村广播的社会治理功能演变*
——基于东南某省多点田野调查

The Changes of Social Governance Function of Rural Broadcasting from the Perspective of Organizational Decision Analysis
—Based on Multiple Fieldwork in a Province of Southeast China

◎ 崔　林　林　嵩

Cui Lin　Lin Song

摘要：随着新兴媒介不断发展，传统广播生存空间被严重压缩，但在近年的公共危机应对与文化宣传工作中，乡村广播凭借覆盖面积广、抗损能力强、接收成本低等特点，发挥出一定的社会动员作用。新中国成立以来，我国乡村广播建设是由国家政权推动的有组织的集体行动，旨在对基层社会实现有效整合。由此，本研究基于组织社会学之决策分析的理论视角，对东南某省乡村广播不同时期的社会治理功能演变进行田野调查。研究发现，乡村广播是国家政权、基层组织与村民占据"不确定性领域"、扩大"自由余地"、形成权力优势、谋划组织行动的媒介利器，在高度社会主义集体化道路阶段是国家权力下沉的手段，在市场化浪潮中是协调场域内外信息不对称矛盾的工具，在当前乡村治理中是信息辐散的渠道，在日常与仪式性事件中发挥着不同的社会组织力。

关键词：社会组织力；理性决策；新地方化；信息不对称；非正式规则

Abstract: With the continuous development of new media, the living space of traditional broadcasting has been severely compressed. However, in recent years, rural broadcasting has played a certain social mobilization role in public crisis response and cultural propaganda work, with its characteristics of wide coverage, strong resilience, and low reception costs. Since the establishment of the People's Republic of China, the construction of rural broadcasting in our

---

*　本文系福建省社会科学基金项目"闽东乡村善治中网络媒介的组织与对话功能机制研究"（项目批准号：FJ2024C052）阶段性成果；中国传媒大学中央高校基本科研业务费专项资金资助项目"组织与对话：网络媒介视角下闽东乡村善治机制研究"（项目批准号：CUC24BS21）阶段性成果。

country has been an organized collective action promoted by the state power, aimed at achieving effective integration of grassroots society. Based on the theoretical perspective of decision analysis in organizational sociology, a fieldwork was conducted on the changes of social governance functions of rural broadcasting in a province of southeast China at different periods. Research has found that rural broadcasting is a media tool for the state power, grassroots organizations, and villagers to occupy the "uncertainty field", expand "freedom space", form power advantages, and plan organizational actions. In the stage of highly socialist collectivization, it is a means of sinking state power. In the wave of marketization, it is a tool to coordinate information asymmetry and contradictions inside and outside the field. In current rural governance, it is a channel for information dissemination, playing different social organizational forces in daily and ceremonial events.

Keywords: social organizational strength, rational decision-making, new localization, information asymmetry, informal rules

随着国家"村村通""村村响""户户通"政策实施,全国应急广播体系建设以及"两个中心"(新时代文明实践中心与县级融媒体中心)融合发展需要,曾经一度"退场"的乡村广播重新进入大众视野。本文作者在东南某省不同地区乡村进行田野调查时发现,不论是突发公共卫生事件的应急处置、宣传教育,还是最新政策、市场、村庄信息的"最后一公里"传递,乡村广播在特殊时期、特殊场合、特定人群中仍发挥一定的信息影响力和社会组织力。回顾我国乡村广播建设过程发现,早在新中国成立之初,乡村广播作为人民广播事业的重要组成部分,不仅提供了信息服务、知识普及、寻人找物等基础功能,还是政令下达、思想动员、社会整合的组织手段。因此,本文从组织社会学出发,将乡村场域视作一个传播组织,对乡村广播的社会治理功能演变进行历史性分析,研究这种媒介形态是如何通过声音符号、话语结构、管理体制组织起个体行动,其中存在哪些权力主体,这些权力主体通过信息传播实践形塑了怎样的权力关系,在不同历史阶段产生了怎样的社会治理效果,以期为当前加强和改进乡村治理、推动乡村振兴提供学术价值。

一、研究乡村广播社会治理功能的视角与方法

乡村广播这种听觉型媒介不仅对防灾减灾救灾具有特殊价值,还在常态政治经济文化生活与社会治理中发挥着不同形式的组织效用,正如麦克卢汉所言,"广播的潜意识深处,充满了部落号角和古老鼓乐的共鸣回荡……这个媒介有力量把心灵和社会转换成一个共鸣箱"[1]。本文具体采用组织社会学之决策分析的理论视角和对东南某省进行多点田野调查的研究方法,来探析新中国成立以来乡村广播的社会治理功能演变。

(一)组织社会学之决策分析的理论视角

为了更好探究乡村场域中不同权力主体间的信息传播关系,以及乡村广播建构下有组织的集体行动,本文采用的是组织社会学法国决策分析学派的推论方法。组织决策分析理论兴起于20世纪60年代,创始人克罗齐耶及其领导的科研小组经过大量个案分析,揭示了有组织的集体行动的战略性实践本质,提出了行动者与决策、权力关系与不确定性领域、组织边际的中继者、调节组织的具体行动体系等基本推论要素。

第一,行动者与决策。组织决策分析理论将行动者定义为"决策人",认为虽然"组织结构以多种方法限制着有关行动者能够选择的理性形式",但是"个体在工作中的行为从来不会被完全限定",决策的成功程度依赖于个体在组织中的"自由余地"[2],即能够讨价还价的稀缺资源。该推论要素可以为研究乡村广播建设是出于什么样的组织初衷,以及传播场域中上位与下位的自由行动者为达到治理目标如何理性决策提供分析工具。

第二,权力关系与不确定性领域。权力意味着"一个人或一个群体对另一个人或另一些群体施加影响的可能性"[3],权力在关系中得以施展。权力有四个来源,一是拥有难被替代的特殊技能,二是控制组织与其环境的联系,三是掌握信息传递网络,四是利用组织规则,权力的每一种来源关联着与组织相关的"不确定性领域"[4]。乡村传播主体包括国家政权、基层组织与村民,基于该推论要素,可以研究乡村广播如何被不同

---

[1] 麦克卢汉,秦格龙.麦克卢汉精粹[M].何道宽,译.南京:南京大学出版社,2000:438.
[2] 李友梅.组织社会学与决策分析[M].北京:生活书店出版有限公司,2019:143-160.
[3] DAHL R A. The concept of power[J]. Behabioral sciences,1957(2):201-215.
[4] 克罗齐耶,费埃德伯格.行动者与系统:集体行动的政治学[M].张月,等译.上海:格致出版社,上海人民出版社,2017:48-53.

传播主体利用,扩大或缩小不确定性领域,形塑三者的权力关系和组织结构。

第三,组织边际的中继者。组织在发展中必然会受到外部环境的影响,同时,外部因素又总在一定程度上规定着个体在组织内部的活动。这时就需要一个"中继者"(个人或专门部门)代表组织就内外关系进行协商谈判,同时,这个"不确定因素的消除者"[①]又会对组织与外部环境中的其他行动者形成某种权力优势。该推论要素可以分析在乡村组织化、媒介化治理中,乡村广播本身是否就是一个"中继者",同时为了保障乡村广播的社会组织力,哪些个人或群体扮演了利益代理人。

第四,调节组织的具体行动体系。"具体行动体系是指联结组织所有成员的关系总体,这些关系存在于正式组织及岗位职能的预期之外",其内部存在由诸多"游戏规则"构成的"局部秩序",即"通过相对稳定的活动机制来协调它的参与者中的行动者"。[②] 基于该推论要素,可以研究乡村广播通过什么非正式规则形成相对稳定的组织结构,以及催生了哪些非正式规则强化了信息的社会组织力。

以上四个基本推论要素并不是相互独立的,而是相互交织的。组织及其个体和群体的理性决策离不开权力关系的制约,通过"自由余地"占据"不确定性领域"形成对他者的权力,他们需要"中继者"作为内外沟通的桥梁,也需要"具体行动体系"化解组织矛盾。在由国家政权主导的乡村广播建设中,组织决策分析理论为建构、巩固、加强、延续乡村广播的社会治理功能提供了分析框架。

(二)多点田野调查的研究方法

笔者基于组织决策分析视角,进入媒介化程度较高、乡村类型多样的东南某省开展田野调查。该省整体地形西高东低、山海相连,村民依山而憩、枕海而居,农林牧副渔产业齐全,海外经济贸易与信息交流频繁,华人华侨众多,从古至今原住民文化、中原文化、海外文化在此相互交融,形成了独具特色的区域文化圈。虽然不同区域乡村经济发展水平有高有低,但近十年来该省GDP进入全国前十行列,信息基础设施建设逐步推进,乡村媒介化程度和村民媒介素养不断提升。该省乡村广播使用既有全国历史共性,又有自身实践个性,为田野调查提供了现实的、具体的社会资源。笔者于2022年至2024年走访了该省不同方位的乡村开展主题深度访谈,了解新中国成立以来乡村广播建设的历史与发展现状。本文每段访谈资料后的备注格式为:(行政村名

---

① 克罗齐耶,费埃德伯格.行动者与系统:集体行动的政治学[M].张月,等译.上海:格致出版社,上海人民出版社,2017:109.
② 李友梅.组织社会学与决策分析[M].北京:生活书店出版有限公司,2019:219-232.

拼音首字母＋受访人姓氏拼音首字母＋年龄段身份,访谈日期)。

表 1　本文访谈资料所涉及的乡村名录

县级行政区	行政村	地形	田野调查时间
LJ 县	XS 村	平原	2022 年 7 月 12 日,2023 年 1 月 26 日
YX 县	PT 村	山丘	2023 年 2 月 3 日—2023 年 2 月 4 日
QG 区	TZ 村	平原	2023 年 2 月 5 日,2024 年 1 月 28 日
CL 区	QL 村	平原	2023 年 2 月 7 日—2023 年 2 月 8 日
JY 区	YY 村	山丘	2023 年 2 月 11 日—2023 年 2 月 13 日
YX 县	DL 村	山丘	2023 年 7 月 19 日—2023 年 7 月 20 日
JJ 市	SJ 村	平原	2023 年 7 月 22 日—2023 年 7 月 23 日
FA 市	XYL 村	山丘	2023 年 8 月 14 日—2023 年 8 月 15 日
JO 区	SY 村	山丘	2023 年 8 月 24 日—2023 年 8 月 25 日
CL 区	ST 村	山丘	2024 年 2 月 14 日—2024 年 2 月 16 日

(注:县级行政区、行政村的名称采用拼音首字母匿名方式)

二、国家权力下沉:乡村有线广播网与社会组织化

新民主主义革命时期,中国共产党主要在乡村活动,党组织和红色政权的活动场域与其治理对象乡村社会在空间上是一致的。党组织对乡村社会实施治理的媒介主要是言语交流、会议文件、告示海报、墙体标语、横幅口号、黑板图画等。新中国成立后,党组织及其领导的政权一方面向基层延伸,另一方面组织村民走高度社会主义集体化道路,最终在 1962 年形成"三级所有,队为基础"的人民公社管理体制。为建构"国家在场"而下行到乡村的报刊、电影、广播,成为乡村治理的现代媒介。其中,乡村有线广播网在新中国成立初期高度组织化的村民生产生活中发挥着强大的动员作用。

(一)去地方化:组织行动的集体目标

"去地方化"是指新中国成立后近三十年里,乡村场域的传播关系生产超越了传统村落的组织边际,这与高度社会主义集体化道路密切相关。乡村广播的最初阶段是广播收音网,1950 年中央人民政府新闻总署发布《关于建立广播收音网的决定》,明确收音员任务为"介绍和预告广播节目,组织机关团体人员、工厂职工、学校师生收听重要节目,记录并张贴特别重要的新闻等",随后广播收音网开始向乡村深入,1951 年该省

乡村有收音员151人,收音设备189部。但广播收音网因为存在组织收听成本高、收听内容难以控制等问题,所以很快就被乡村有线广播网代替。新中国首座面向基层的县级有线广播站于1952年开播后,该省第一座定位乡村的县级有线广播站也于1953年建成。1973年全国有线广播网基本普及,1976年全国有线喇叭安装量达到历史高点,乡村有线广播网建设与乡村早期的高度社会主义集体化道路发展同步①。

乡村有线广播网建构了与集体化相适应的生产生活空间。在乡村场域内,从广播站(室)到众多大小喇叭的矩阵架构,使处于乡村有线广播网覆盖下的村民在同一时间听到同一内容。"这种集体性的听觉感受,消减了千百年来传统乡土社会基于地缘和血缘的联系,增进了村民之间的集体联系"②,而这正是现代社会治理所需要的。

> 村里几十年前就有大喇叭了,就是你说的广播吧!一开始有广播的时候还挺新鲜的,觉得这个筒还会自己出声,有时候跟厝边妇女坐在大喇叭底下边听边干活。播的东西有红歌也有人的讲话,如果它说普通话就听不懂了,我也是现在跟着孙女学的普通话。反正那时候大家顺便待一起聊聊天嘛,慢慢就成习惯了。大队有时候也会组织叫大家听,说上面有一些重要通知之类的,平常播的也是上面的一些正经事比较多。(XYL村G奶奶,2023年8月14日)

乡村有线广播网就如同国家共同体内部的"中继者"角色,将空间两端的国家政权与乡村民众强势连接。传统中国是中央集权和地方自治并行或曰"皇权不下县"的"双轨政治"③,现代中国不论在顶层设计层面还是在基层治理过程中,国家权力总是在场。在高度社会主义集体化道路阶段,中央借助广播这个现代媒介实现对基层的远距离组织,村民被有机整合进国家各类政治议程,甚至村民在特定空间聆听广播的行为本身,也象征着对国家共同体的想象、对国家政权的拥护、对国家政策的遵守。

乡村有线广播网还统一了与集体化相匹配的生产生活时间。在新中国成立后近三十年中,乡村走高度社会主义集体化道路和坚持人民公社管理体制,村民生产生活的高度组织化不仅包括生产资料(劳动者进行生产时所需要使用的资源或工具)的组织,还包括社会时间的组织。

---

① 赵玉明.中国广播电视通史[M].北京:中国广播影视出版社,2014:277-278.
② 李乐.沟通基层:媒介与中国乡村有效治理的基础建设[M].上海:复旦大学出版社,2023:69.
③ 费孝通.费孝通全集:第五卷(1947)[M].呼和浩特:内蒙古人民出版社,2009:1-141.

> 广播是村里广播室管的,村中心有个大喇叭,后来各家各户有小喇叭,记得最清楚的就是报时间,当时大家几乎没有钟表,广播从早上六点到晚上九点会在每个整点报时。(SY 村 W 爷爷,2023 年 8 月 24 日)

对乡村社会时间的组织体现出以下两个特征。第一,从自然时间到媒介时间。传统中国乡村的小农家庭生产生活节奏,是根据太阳、鸡鸣等自然界的视听提示来调节的。"这不是日出而作、日入而息的自然时间,而是媒介标定的时间"①,也就是说,"广播时间"是人为积极制造出来的时间。第二,从差异时间到统一时间。即使部分村民拥有挂钟、闹钟、手表等现代精确的时间提示装置,但以上是存在于私人领域的装置,生产生活节奏因人而异,这些属于组织中的"不确定性领域"。而在高度社会主义集体化道路阶段,要求对村民生产生活进行统一管理,这就不得不依靠一个无差别传播的媒介,乡村有线广播网则成为协调乡村社会时间的"具体行动体系",通过定时播报和议程设置,以超强的社会组织力统一起村民生产生活节奏。同时,国家政权与基层党组织也通过这个"自由余地",形成组织村民的权力优势。

乡村有线广播网绝不只是传递"三农"政策等信息的媒介通道,还促生新的社会脉动,实现村民生产生活步调一致,成为国家权力下沉与高度社会主义集体化道路的时空组织形式。也就是说,这一媒介网络"打破了传统乡村媒介空间'时空对称'的地域一致性,开启了'脱域'的历史进程"②,形成国家政权对乡村民众有效组织的权力关系,同时建构了村民的公共精神和集体意识。

(二)新地方化:组织过程的潜在异变

虽然乡村有线广播网建设是国家政权主导的有组织的集体行动,但实际上对乡村社会的组织过程出现了"新地方化"的潜在异变。首先,乡村有线广播网的扩张过程是新地方化的。改革开放前的乡村有线广播网建设是一个从上到下的发展过程,媒介技术上的开放性使基层党组织能以较低成本加入"网络"。村民为了足不出户就能听到乡村广播,有条件的就装起了家庭小喇叭,甚至还主动购买了半导体收音机。因此,从设立县广播站、人民公社广播站到设立生产大队广播室,从生产队装设有线室外高音喇叭到村户装设家庭小喇叭,乡村有线广播网的重心不断下移,组织边际越来越广,治理网络越编越密。

---

① 黄旦."千手观音":数字革命与中国场景[J].探索与争鸣,2016(11):20-27.
② 关琮严.当代乡村媒介空间转型[M].北京:清华大学出版社,2023:269.

乡村有线广播网的控制层次也是新地方化的。乡村有线广播网存在多个中心节点，即"中央电台—省电台—市电台—县广播站—人民公社广播站—生产大队广播室"，这些不同级别的中心节点存在控制力差异。相较于级别较高的中央、省、市电台，县广播站、人民公社广播站、生产大队广播室对村民播什么内容、什么时间播的控制力更为直接，媒介控制权赋予县、人民公社、生产大队党组织更为直接的技术力量，成为它们的"自由余地"。同时，它们也是这个传播系统中的"中继者"，对乡村场域内外的行动者形成权力优势，中央、省、市电台内容要进入乡村，需要县广播站、人民公社广播站和生产大队广播室的中转，上级政策信息要想被传达到乡村，也需要"中继者"的转译。

> 我们村大队会用广播直接通知一些事情，或者叫我们去开会，能用广播喊的说明都是比较重要的事。因为我们村主要是种柚子的，到季节了大队也会用广播组织我们去收柚子。（DL 村 H 大伯，2023 年 7 月 19 日）

乡村有线广播网的内容生产也是新地方化的。1962 年该省广播工作会议要求，办好以农民为对象的地方政治性节目和地方文艺节目。作为连接国家政权与乡村民众的媒介，乡村有线广播网需要转播中央人民广播电台与其他上级电台的新闻与文艺节目，但是作为乡村有线广播网的最直接控制者，县广播站、人民公社广播站、生产大队广播室还会生产带有浓厚地方色彩的内容。其包括各村农业生产情况经验、各互助组生产竞赛条件、各类批评表扬通知、领导干部报告指示等，内容材料都是本地供给的真人实事，对村民具有贴近性，很容易让村民形成对本地广播的依赖。1963 年，该省电台在《对农村广播》栏目中推出特别节目，连续宣传农业战线上的先进集体、劳动模范事迹。如果哪个村庄成就、村民事迹被广播正面报道，他们会觉得是件光荣的事情，反之，如果村里坏事、某人劣迹被广播点名批评，基于一损俱损的传统乡土社会心理机制，同一个村的村民会产生羞耻感，这种带有道德评价的乡村有线广播网就建构了一套乡村治理的非正式规则。

三、市场化浪潮中的乡村广播：协调组织内外信息不对称矛盾

进入改革开放时期后，"人民公社—生产大队—生产队"模式的基层组织体制，最终在 1984 年被"乡镇—行政村—自然村（村民小组）"模式替代。乡村改革在释放村民主体性与劳动力红利的同时，削弱了乡村基层组织的组织能力和经济能力，村民也不

必听从乡村广播指令生产生活。于是新中国成立后近三十年建立起来的乡村有线广播网开始解构,大小喇叭逐渐被拆卸,广播线路逐渐损坏,广播站室逐渐被撤并,广播人员逐渐转业。随着国家从计划经济往市场经济转型,村民也开始面对日益复杂的信息环境。在家庭电视、互联网大范围普及前,乡村广播的社会角色"从过去的国家权力隐喻转变为以利益为导向的市场力量"①。

(一)连接乡村与外部市场

由于传统乡土社会交往空间相对狭小,信息环境和客观环境基本处于重合状态。也就是说,村民感受信息环境就是在感受客观环境本身,村民对环境的认识和把握更多建立在现实人际传播的"一手资料"上,传统乡土社会稳定的组织结构和风俗习惯主要依赖村落群体的封闭性和社会发展的缓慢性而得以维持②。

从20世纪70年代末开始,我国政治经济体制改革逐渐结束村民过去"大锅饭"式的高度组织化生存形态,市场化浪潮也使村民逐渐告别自给自足的小农耕种模式。原本内聚的乡村场域发生了深刻变化,作为行动者的村民不仅是生产者还是消费者、经营者,"一手资料"已不能满足日常市场交易需要,他们急需与外界互动。信息是权力的主要来源之一,信息不对称成为不平等权力关系产生的重要原因。"信息不对称理论"属于信息经济学范畴③,同时也给包括乡村治理研究在内的其他领域带来启发。面对组织与环境信息不对称的处境,村民渴望具备超越时空的现代大众传播媒介与外部市场联系,以便及时了解市场制度、渠道、价格、技术等与切身利益相关的信息。因此,越来越多不同类型的现代媒介进入村民生产生活,建构着新的媒介环境,"信息环境与客观环境发生了分离,成为不同于环境本身的'二次环境',并且有了相对的独立性"④。

> 我们这儿做生意的比较多,改革开放后有在自己村里办厂的,或到附近做生意的,出去甚至到国外的也有。种田的会从广播里听听最近粮价物价涨跌情况,还有的会听听各类行情,投资什么挣钱,去哪儿混比较好。那个年代很少人家有电视。(TZ村C阿姨,2024年1月28日)

---

① 王华.农村"高音喇叭"的权力隐喻[J].南京农业大学学报(社会科学版),2013,13(4):31-38.
② 周忠元,付玲玲.媒介传播与中国民俗文化话语体系构建[M].北京:九州出版社,2021:35.
③ 忤志忠.信息不对称理论及其经济学意义[J].经济学动态,1997(1):66-69.
④ 孙信茹.互联网时代的民间艺术文化传播[J].民族艺术研究,2002(3):59-65.

20世纪末,虽然作为家庭媒介的电视逐渐进入乡村,小部分村民先行拥有了座机电话、寻呼机、"大哥大"手机等早期私人通信媒介,但有建设基础的公共大喇叭还发挥着将市场信息输入乡村的余温作用,而且是公共性的,同时普及的家用收音机也继承了过去乡村有线广播网的信息服务功能。广播类主流媒体为了吸引更多用户,策划推出"三农"政策解读、财经深度报道、百姓生活指南等题材的栏目,通过加强信息服务提升媒体影响力。如该省电台于1983年开办《商品信息》栏目,1988年开办60分钟综合性栏目《经济潮》,1989年在《对农村广播》栏目开辟新专题报道全省各地农村改革和形势政策。

> 家里(20世纪)90年代就用收音机了,一直到2008年(收音机)坏了才改用电视的。男人们听得懂新闻的就听新闻,老人们用来听戏。我们还经常听天气预报,特别是晒谷子的时候。(PT村X大妈,2023年2月4日)

组织决策分析理论认为,"决策人"的理性不可能基于全知全能,由于外生事件具有不确定性,行动者在决策过程中存在"有限理性机制"。行动者在寻求解决方案时,会考虑搜索的边际费用和边际收益,因而不必去寻求最优程序,而是寻求达到"最小满意度"的备选方案①。原本作为"不确定性领域"的外部市场信息,经由乡村广播得以被无差别地传入乡村,而且广播内容具有较高的权威性和可信度。村民可以通过乡村广播获取扶持政策、产业动态、物价变动、供需关系、商品性能、品牌价值等市场大环境信息,掌握越多的市场信息,就能占据越多的"不确定性领域",扩大自己的"自由余地",改善由于信息不对称导致的权力弱势处境,乡村内部各行动者就能据此进行理性决策,尽可能减少生产、消费、经营的风险。

在市场化浪潮的早期,即使村民的媒介自主权不断增强,乡村组织化的公共媒介活动逐渐萎缩,但村民在获取外部市场信息时,乡村广播仍是符合"最小满意度"的现代媒介之一,从社会组织力来看,乡村广播也在另一侧面继续牵动着村民的经济行为。

(二)连通乡村与城市世界

乡村广播首先缩小了城乡之间的信息鸿沟。在工业化与城市化进程中,城市地区信息网络基础设施建设较快,信息接收终端设备较为普及,信息沟通交流场合较为宽

---

① 西蒙.现代决策理论的基石[M].杨砾,徐立,译.北京:北京经济学院出版社,1989:81-83.

泛,信息流动管理制度较为完善,同时较为丰富的产业形态使得信息类型相对多元,较为充裕的教育资源使得媒介素养相对较高。而在乡村,尤其是偏远地区,以上这些就显得相对薄弱了,加上其他因素,就产生了城乡信息鸿沟。而许多政治、经济、文化等方面的社会治理问题就是由城乡信息不对称所导致的,比如村民无法知晓表达个人诉求的合法性制度渠道,村民无法获取新近科技发展成果来提高生产生活质量,村民无法接触现代教育资源和思维观念来自我完善等。最后,在信息社会中,乡村及其民众或将面临被边缘化的危险,这将严重阻碍社会和谐。乡村广播作为能够"飞入寻常百姓家"的低成本媒介形态,将城市信息送入乡村,也将乡村信息传到城市,实现城乡信息频繁互动,推动乡村社会新陈代谢,一定程度上协调城乡权力关系失衡问题,成为弥补城乡信息鸿沟的"具体行动体系",这也是后来1998年国家启动广播电视"村村通"工程的重要原因。

> 我还记得小时候语文老师强制让我们每晚收听一个节目,好像是讲科学的,类似"地球为什么是圆的"这种科普知识。(SJ村D男青年,2023年7月23日)

乡村广播还就地满足了村民对现代生活的想象。工业化与城市化引发的城乡流动影响着社会生活的方方面面。传统乡土社会较为封闭,新中国成立后初期出于社会稳定原因,国家实行严格的户籍管理制度,限制农民进入城市和城市间人口流动。改革开放以来,针对户籍管理制度上存在的滞后和阻碍,城乡流动壁垒逐渐松动和消融。人们在饱暖之余开始关心外面的世界,当村民从外来人(包括城里人、从城里返乡的人以及流动于不同城乡的商贩等)的口中,得知城市与异域的风土人情时,自然会对外面的世界展开想象。这也符合全球化、媒介化社会现代人对外界"不确定性领域"的信息需求,如果其无法得到满足,可能会引发由于信息困顿导致的文化治理问题。作为乡村场域"中继者"的乡村广播,以声情并茂的信息传播方式,让没有外出条件的村民足不出村就可以聆听城市的喧嚣和全球的声音,满足作为世界一分子的主体想象,如1987年该省电台就开播了《旅游天地》等栏目。同时,这种聆听方式因接收终端的广播类型不同,可以是开放性的、常态化的,也可以是私人化的、选择性的。

虽然由国家政权主导的乡村有线广播网日渐式微,但在新时期背景下,村民借助开放的广播媒介空间,对接超地域性的信息结构、交往体系和文化体验。乡村广播以一种符合当时乡村信息需求的定位,嵌入村民媒介实践,成为促进乡村社会与村民个体现代化的力量。因此,在市场化浪潮中,乡村广播仍是当时村民生产生活中不可分离的"工具性存在",甚至有时成为目的本身,即"人们逐渐形成的对媒介的某些非目的性的精神依赖"①。

四、乡村广播组织力再造:当代乡村治理中的信息枢纽

乡村政治经济改革在调动村民积极性的同时,也削弱了乡村基层组织过去那种高度集中的组织能力,降低了乡村基层组织对广播的媒介依赖。家庭电视的普及和互联网技术的崛起又带给乡村广播巨大的冲击,传统广播在新兴媒介面前犹如"小巫见大巫",积极收听型用户大量流失,人们一般只在乘车时收听车载广播打发时间。而且因扰民问题,村里的高音喇叭数量大幅减少,往日全场域浸润式传播生态已成为历史。也就是说,在当前乡村场域中,信息鸿沟与媒介素养所带来的"不确定性领域"逐渐缩小,作为"决策人"的村民拥有更大的"自由余地",在信息获取和媒介选择上具有更多的权力优势。然而从实际乡村治理实践来看,乡村广播在中国乡村场域并未完全退场,在宣传教育、应急处置、文体娱乐等公共事务中,又常常被用作临时"喊话"的公共媒介,逐渐成为当代乡村治理中的信息枢纽。

(一)日常性事务中的软组织力

进入 21 世纪以来,我国广播事业在国家政策扶持下快速"返乡"。2006 年在建设社会主义新农村的历史任务下,国家启动"村村响"乡村大喇叭互联网工程,赋能包含"三农"科技信息服务、卫生治安救灾政务在内的乡村治理工作。2016 年,为进一步构建现代公共文化服务体系,"村村通"升级为"户户通"。其中,应急广播凭借强抗灾害、抗干扰能力和随播随传、大范围强制性覆盖特性,引起国家各层、社会各界重视。2017 年,《新闻出版广播影视"十三五"发展规划》提出"建设覆盖到行政村的应急广播系统",同年,《全国应急广播体系建设总体规划》提出"到 2020 年,初步建成中央、省、市、县四级信息共享、分级负责、反应快捷、安全可靠的全国应急广播体系"。在突发公共危机时,作为现代媒介的乡村广播能实现人际传播无可比拟的瞬间组织力。

> 村里就几处设有广播,就在集市、主道电线杆上。平常响得少,之前防疫时候倒是响了,村里让大家做好防护,不要聚集,减少外出,现在串门就是害

---

① 赵瑞华.媒介化生存与人的异化[J].新闻记者,2010(2):29-32.

己害人。反正没什么非得出门的事,我们就乖乖待在家里了。(YY村H男青年,2023年2月11日)

全国应急广播体系的功能远不止于应急,它是乡村治理与社会组织的手段之一。2022年国家广电总局印发实施《全国应急广播体系建设"十四五"发展规划》,并强调承担"加强宣传引导及时传达党和政府声音"的主要任务。近年来,为建设乡村数字IP云广播体系,该省实施了"智慧广电乡村工程",将老化的大喇叭升级为音质清晰柔和、音量可调可控、状态实时监测的智能音柱,通过对接各级各类播控平台实现对特定区域的预警提醒、信息发布。

我们村里的广播偶尔会用,用本地话播,主要是通知事情,基本上都是关于老人家的事情,比如满70岁的老人带上身份证去村委会办第三代医保卡,反正就是民生信息居多。(XS村H男青年,2022年7月12日)

上述情况在该省许多乡村十分常见。一方面,受工业化、城市化、市场化影响,当前乡村大部分年轻人外流,村里基本剩下无法外出或无意外出的老年人,他们构成了乡村广播的主要受众。另一方面,老年人由于数字鸿沟问题,对智能手机等新媒体无法熟练使用,主要是用来联络亲友,比如打电话、发微信,而且发微信也基本以语音和视频通话为主,而非文字对话,因为文字编辑对于老年人来说具有一定门槛或者效率不高,小部分有一定文化水平的老年人会主动利用智能手机获取新闻资讯、查找科学知识。所以,针对受教育程度较低的村民来说,乡村广播作为一种传统、单一的听觉型大众传播媒介,具有语言亲和、覆盖广泛、传播快速等优势。

乡村广播"喊话"作为一种标志性的治理声音,其权力掌握在乡村少部分人的手中,这从新中国成立后至今没有发生太大变化。要不要广播、播什么内容、什么时候播,基本由乡村基层组织决定(具体体现在村书记、村主任等个体上)。乡镇广播站和村里广播室有广播站站长和广播员值守,普通村民没有权力进入广播间,更没有权力随意进行广播。而且相比于报刊、电视、互联网,乡村广播是唯一一个可以完全掌控在乡村基层组织手中的大众传播媒介。从组织决策分析理论来看,乡村广播使用权作为乡村场域中的一种稀缺的、特有的组织资源构成了乡村基层组织的优势地位,成了开展社会治理的基本媒介。乡村广播对于村民来说成为一种权威的象征,是国家权力和基层权力交织编码的符号。因此,即使现在已经脱离了过去高度组织化的生活情境,但每当乡村广播突然播起本地性、提示性、严肃性内容时,存有乡村广播记忆的村民很容易对标志性的治理声音形成油然而生的敬畏感。如果村里没有特殊活动,乡村广播更多作为政策信息的临时性大众传播渠道,和村两委干部"敲门行动"的人际传播相互配合,这就是媒介与行政合力塑造的非正式规则。

此外,还有一个有趣的现象,许多老年人在孩子教导或者同龄"先行者"传导下开始刷抖音等短视频 App,满足日常娱乐需求,这时出现了产品"变体"现象。再次调研 LJ 县 XS 村时,H 男青年大学生的奶奶说:

> 有时候就是忙完了想歇歇,或者觉得无聊想听个声响,就点个视频放那边听个小曲。(XS 村 L 奶奶,2023 年 1 月 26 日)

就如有的短视频 App 设计了"听视频"的选择,这就类似于早期家庭化广播——收音机的功能了。如今在大街小巷,还能看见老年人提着便携式收音机,边听节目边散步。老年人对声音信息的依赖背后是排解晚年的寂寞,还能够通过信息与世界另一方产生联系。天气好的时候,村里的大喇叭底下依旧聚集着一些闲来无事的老年人,他们边晒太阳、边听要闻,重复着他们过去高度组织化生活时期做过的事。

(二)仪式性事件中的硬组织力

而对于有大型活动的村落来说,乡村广播的社会组织力更为明显。如前文所言,由于自然地理与社会历史原因,该省民俗活动丰富,许多乡村保留着例行的节庆赛会仪式,这些仪式古韵十足,成为体现血缘、地缘的组织行为和共同记忆。本文作者在 CL 区 QL 村调研时发现,乡村广播除了偶尔会转播当地上级电台节目外,常常在举办民俗活动时被使用。QL 村广播室设在村大礼堂(原村部所在地),平日由村两委的一个工作人员负责运行,礼堂建筑高处装有有线室外高音喇叭。每至春节游神季,该村都要举办地方特色迎年迓神活动——摆夜,主要由老年协会牵头,许多平常不在村里住的村民也会赶回来参加"摆夜",村民们把自家塑的"塔骨神将"(一种竹制空心扎骨俑像)放进大礼堂里予人供奉。村里每年如何发布"摆夜"活动安排?在还没有建立一个覆盖全村村民的网络社群时,除了靠红纸告示这类传统媒介外,就是用乡村广播这个现代媒介了。游灯,是该村"摆夜"的一个环节,农历正月十八下午,QL 村大礼堂广播室用方言发出游灯预告广播,并重复三遍:

注意,合乡游灯将在今晚 5 点半开始,各位提前吃好饭,把东西准备好。(QL 村 L 爷爷,2023 年 2 月 8 日)

乡村广播"喊话"以一种无时差、无区别、无阻隔的大众传播形式,从一个点往外扩散。听到广播内容的村民又会通过口头或者微信群、朋友圈二次扩散信息,而一些自媒体用户又会将信息转发到抖音、快手、小红书等社交平台三次扩散信息,吸引村外游客来见识 QL 村游灯。后者就进入了人际传播范畴,形成大众传播与人际传播的两级传播系统。当天临近傍晚 5 点半时,QL 村大礼堂广播室再次用方言发出游灯启动广播,同样重复三遍:

游灯马上开始,大家可以把自家神将挺出来了!(QL 村 L 爷爷,2023 年 2 月 8 日)

乡村广播如同一位施令官,不同声音接收者开始根据信息提示进行个体行动。已经在村大礼堂里的村民就挺出自家塔骨神将,进入游灯队伍;还在家里的村民听到广播后,放下手上的事,匆匆赶到大礼堂挺出自家塔骨神将;没有挺塔骨神将的村民,则提上红灯、手持香线参与游灯。类似的情况也出现在 CL 区 TY 村,在农历正月初五早上准备去英烈庙迎神出宫时,村文化中心广播室就会用方言发出提示:

喂——迓神 8 点半开始,大家早点来集中。(ST 村 G 大伯,2024 年 2 月 14 日)

现代媒介的传播作用和传统媒介的传承作用,就在此过程中得以交合。虽然住得离大喇叭比较远的村民不一定听得十分清晰,但在此类仪式性事件中,乡村广播的声响形式比喊话内容本身更有传播力,如同一条心照不宣、默认遵守的非正式规则,组织起全村人参与凝结着组织记忆的传统活动。所以,乡村广播在临时性公共事务中,就成为及时、有力、权威的信息枢纽,在当代乡村治理过程中发挥着社会组织力。

五、研究结论

从组织决策分析视角认识乡村广播,可以发现它是现代乡村场域中的"中继者",

它以各种基层治理的非正式规则,建构了协调现代乡村结构性矛盾、维护社会秩序的"具体行动体系",在不同历史阶段重塑现代乡村场域权力关系,影响村民的理性决策,表现出不同的社会组织力和社会治理功能。

新中国成立后近三十年,作为现代大众传播媒介的广播在乡村普及,是以国家权力向基层下沉和高度社会主义集体化道路为基础的,正是国家政权支持为乡村有线广播网建设提供了制度保障,而高度社会主义集体化道路又为其提供了经济支持。反之,乡村有线广播网则配合了国家权力下沉和高度社会主义集体化道路,发挥着组织化、媒介化的社会治理功能。基层党组织是国家共同体的组成部分,县、人民公社、生产大队党组织都必须宣传贯彻上级党组织的政策方针,但上级信息要深入乡村,又必须依靠基层党组织及其附属广播站(室)直接控制的乡村有线广播网,因此,县广播站、人民公社广播站、生产大队广播室对基层党组织的赋权力量不可忽视。历史证明,在特定时期内,乡村有线广播网使乡村场域中的各治理力量得以相对平衡,使国家共同体形成稳定的权力关系与组织结构。

进入新时期后,国家政治经济体制的改革和新兴媒介技术终端的冲击使乡村有线广播网影响力大不如前,但是又在离乡返乡留乡的多元人口流动中,发挥着协调组织内外信息不对称矛盾的作用,形成当时乡村广播的重要社会治理功能。在市场化浪潮中,虽然城乡人口快速流动和网络社交平台普及让乡村社会关系从地域性关联中脱离出来,但隐喻着国家权力的乡村广播仍在一定程度上弥补了市场经济的局限性,同时维系着乡村社会的情感联结。

当前正在中国乡村运行并处于不断更新中的广播网,主要来自党委政府自上而下的推动和投入,属于国家向基层提供的公共服务范畴。由于技术进步,除乡村基层组织能够直接管理广播网之外,更高级别的党委政府也能够直接引领它,这也符合当前国家推动乡村广播网建设的初衷——应急。乡村基层组织应充分理解乡村广播的媒介特性,充分认识其所隐含的高度集体化历史记忆,充分发挥其在乡村治理中的作用,动员多元主体参与共治。乡村基层组织可围绕自身工作重心,生产地方化内容,只有使乡村广播真正融入村民生产生活,而不只是被当作应急装置,乡村广播才会成为新时代乡村基层组织的治理力量。

〔崔林,中国传媒大学电视学院教授、博士生导师;林嵩,中国传媒大学电视学院广播电视学博士研究生,福建技术师范学院艺术与传媒学院讲师〕

〔特约编辑:叶明睿〕

近年来主旋律纪录片的嬗变*
——基于德弗勒模式的问题发现与解决

The Evolution of Main Stream Documentaries in Recent Years
—Problem Discovery and Solutions Based on the DeFleur Model

◎ 韩 莹 郭泽阳

Han Ying　Guo Zeyang

摘要：德弗勒模式又称德弗勒互动过程模式，通过探讨"信源""大众媒介设施""信宿"三者的关系，展现了信息的传播过程。主旋律纪录片以记录党的历史、社会的发展变革和优秀的中华文化为命题，在弘扬正能量、记录和传承中华文化遗产、增强民族集体认同感等方面产生极大的作用。近几年，主旋律纪录片的制作传播发生了质的飞跃，本文应用经典德弗勒互动过程模式来研究主旋律纪录片的嬗变，尝试解决主旋律纪录片在发展中所面临的问题。

关键词：德弗勒互动过程模式；主旋律纪录片；情感传播

Abstract：The DeFleur Model, also known as The DeFleur Interactive Process Model, explores the relationships among "information sources," "mass media facilities," and "information recipients," showcasing the process of information dissemination. Main theme documentaries focus on recording the history of the Party, societal development and reform, and promoting outstanding Chinese culture. They play a significant role in promoting positive energy, recording, and inheriting Chinese cultural heritages, and enhancing national collective identity. In recent years, there has been a qualitative leap in the production and dissemination of main-theme documentaries. This paper applies the classic DeFleur Interactive Process Model to study the evolution of main-theme documentaries, aiming to address the challenges they face in the development.

---

* 本文系国家社会科学基金项目"我国国际传播人才培养的现状、问题与对策研究"（项目号：BGA220159）的阶段性研究成果。

Keywords：DeFleur Interactive Process Model，main theme documentaries，emotional communication

主旋律纪录片以构建国家主流意识形态、引领塑造主流价值观为己任，记录中华民族在奋进新征程中的重大历史事件，以多元化的视角展现人民力量，习近平总书记在文艺工作座谈会上提出"通过更多有筋骨、有道德、有温度的文艺作品，书写和记录人民的伟大实践、时代的进步要求，彰显信仰之美、崇高之美"①。依托新中国成立70周年、乡村振兴、建党百年、"一带一路"国际合作高峰论坛等大事件，涌现出一批凝练时代品格、传递人间真情的优秀主旋律纪录片。

2020年，互联网线上播出纪录片高达259部，相较于2019年线上播出的150部增长幅度超过70%；2021年，网络播出纪录片达到377部；2022年，全网上线纪录片318部，其中，平台独播176部；2023年，全网上线纪录片678部，其中，网络纪录片394部，网播电视纪录片284部，超过2022年纪录片全年上线总量。基于互联网播出的纪录片数量总体逐步增加，创作者不断探索适配互联网时代的主旋律纪录片传播路径与方式。

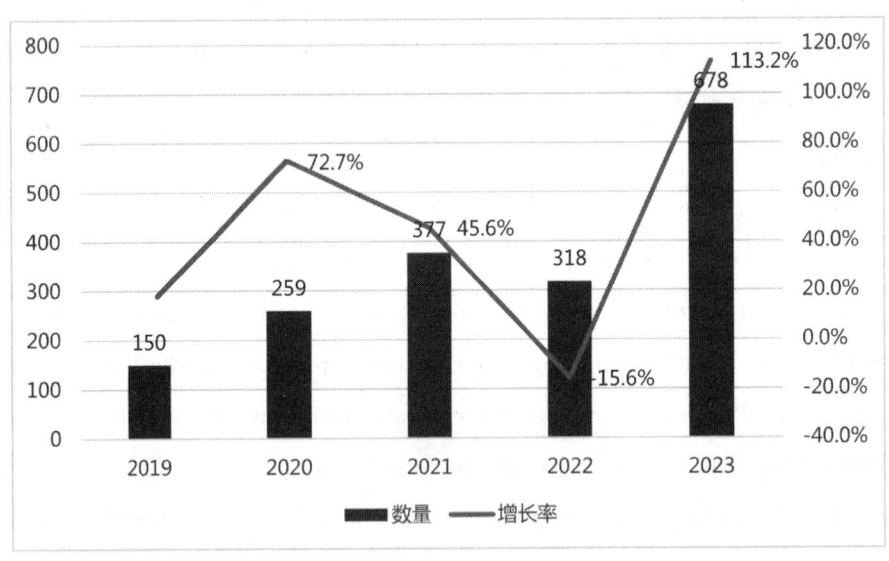

图1　2019—2023年纪录片互联网线上播放数量走势图(单位：部)

德弗勒互动过程模式由香农—韦弗模式发展而来，该模式首先克服了香农—韦弗模式中单向传播的弊端，改进了香农—韦弗模式中信息传播的单向度和无反馈性，肯定了信息传播过程的互动性。同时，该模式继承并发展了香农—韦弗模式中的"噪音"

---

① 中共中央宣传部.习近平总书记在文艺工作座谈会上的重要讲话学习读本[M].北京：学习出版社，2015.

概念,数学家香农认为信息的传播并不是在真空中进行,而在传播过程中,不同信号之间相互影响会产生干扰,从而导致发射和接收信息之间可能是完全不一样的。德弗勒进一步指出信息传递的衰减或变形遍布于传播的各个环节中。

本文通过德弗勒互动过程模式中的"信源""大众媒介设施(信道)""信宿"三方面来探讨与之对应的主旋律纪录片内容创作、文本传播及受众反馈几个维度的信息干扰与错位,思考未来如何提升主旋律纪录片的生产传播效果和满意度,从而更好地书写人民的伟大、时代的进步、信仰美和崇高美。

一、主旋律纪录片创作与信源

德弗勒互动过程模式中,信息传播的伊始是信源将信息通过发射器传播至大众媒介信道中。"信源"即信息的来源,也可以引申为信息的发布者,信源根据目标受众的特点通过选择编码的方式传播信息,在主旋律纪录片中,信源需要选择真实的人物、事件进行故事化叙事编码,在历史真实的基础上创作出小切口、高站位、深立意作品。

围绕国家、社会重大事件,主旋律纪录片选题的媒介机制有不同的侧重点(见表1)。2020年,主旋律纪录片围绕"抗击疫情""抗美援朝胜利70周年"等选题展开叙事;2021年,主旋律纪录片精选"建党百年"的革命故事共同书写非凡的历史记忆;2022年,主旋律纪录片围绕"冬奥盛宴"以影像志的方式共赴冬雪之约,为了迎接党的二十大的召开,以多元视角讲述充满活力的当代中国故事;2023年,主旋律纪录片聚焦于中华文明新气象,增强文化认同感、民族自豪感。

表1 2020—2023年主旋律纪录片题材代表

年份	作品
2023	《何以中国》
	《寻古中国》
	《共和国符号》
2022	《永远的行走:与中国相遇》
	《冰雪之约》
	《领航》
2021	《柴米油盐之上》
	《百炼成钢:中国共产党的100年》
	《百年巨匠·建筑篇》
2020	《抗美援朝保家卫国》
	《中国医生·战疫版》
	《2020我们的脱贫故事》

主旋律纪录片的信源分为两类,即官方传媒机构和独立影像创作者。早期的主旋律纪录片的信源通常是央视、省市电视台、电影制片厂为中心的国家机构与媒体。在单一信源编码下,有时会出现"叙事简单、人物片面、事件单一、情感失真"的问题,某种程度上制约了主旋律纪录片的发展。网络媒体的勃兴打破了电视时代的信源中心化,改变了主旋律纪录片自上而下的创作传播模式,多信源的良性竞争促使主旋律纪录片在美学观念、叙事手法、人物塑造、传播理念等方面都呈现出翻天覆地的变化。主旋律纪录片创作将时代记忆与个体命运紧密连接,将厚重的历史嵌入新的传播空间,进而提升了传统电视时代主旋律纪录片的传播效能。近年来,主旋律纪录片的创作呈现出如下变化特征。

(一)叙事与抒情:宏观大叙事和情感小切口

主旋律纪录片内容关乎国家大事、关注重大题材,创作者在信源编码阶段对情感的处理往往以小切口入手,通过记录、再现真情实感的普通人"小事件"刻画时代历史命题的"大全局",通过个人命运书写映射群体命运转变,通过个体精神刻画民族精神。

获得国家广播电视总局2022年度优秀网络视听作品奖、获评第28届上海电视节白玉兰奖"最佳系列纪录片"的《柴米油盐之上》,作为建党百年献礼片,由奥斯卡获奖英国导演柯文思执导,选择4位有时代精神、筑梦小康的基层人物作为主角,记录他们的真实生活。常开勇是云南彝良县小干溪村支书,万千扶贫干部中的一员,他的事迹也是奋斗在扶贫一线的基层工作者的日常,导演通过开勇的个人故事刻画了基层乡村干部如何带领群众实现脱贫攻坚、乡村振兴。第三集《怀甫》讲述了在奋进的大时代中,35岁的杂技演员王怀甫通过个人奋斗,实现人生价值的故事。导演柯文思以主人公的个体命运描绘了生于20世纪80年代的青年群像,他们在中国经济腾飞的时代背景中,通过自己的双手勤劳致富,怀甫浓缩了中国人"富起来、强起来"的全体命运。

2023年,由中央电视台综合频道、央视频播出的纪录片《寻古中国》以文物撬动大历史,用符合Z世代年轻人的话语方式——"实景主持+CG动画"的制作,生动介绍了中华文明五千年的璀璨瑰宝。导演组深入走访甘肃、河南、浙江、安徽、江西等多个省份,集中对20多所博物馆所藏100余件文物进行XR、3D拍摄,该纪录片将文物活化、以年轻化的语态普及文物考古知识和非物质文化的保护及发扬,带领观众探寻先祖的智慧,感知中华文化的精神内涵,增强文化认同、民族自信。

近年来,主旋律纪录片创作主体多元,主题多样,叙事编码共情驱动,传播目标圈层融合。创作者从个体的真实情感入手,让普通人的故事成为传递主流价值的文化载体,国家话语表达可以"利用小切入点、平民化视角使得纪录片的内容更为贴近群众,更易于让受众接受"①,创作者从聚力到多元,"四两拨千斤",巧妙地将宏伟征程蕴含在个体命运的书写中。

(二)突破与完善:题材多元和人物共情

不同信源的创作者在主旋律纪录片的选题、制作过程中逐步打破题材壁垒,突破曾经专题片中的扁平人物形象,塑造接地气、有生命质感的真实人物。

主旋律纪录片从话题单一的宏大主题到不同垂类的多元题材,创作者在新兴行业、特殊群体中发掘创作内容,寻找高能动性的受众偏好。例如,反腐倡廉是社会热点议题之一,中央纪委国家监委宣传部、中央广播电视总台联合摄制的五集电视纪录专题片《零容忍》,分别以"不负十四亿""打虎拍蝇""惩前毖后""系统施治""永远在路上"为题,讲述了中国共产党全面从严治党、推进反腐斗争的故事。该题材纪录片通过对典型人物的剖析刻画,还原腐败分子的堕落之路,展示了中国共产党依法严惩腐败分子、纯洁组织的决心。典型案例的播出,增强了社会共鸣,带动社会风气的正向发展。该片在哔哩哔哩平台成绩斐然,截至 2024 年 12 月底共获取了 6.2 万余次点赞、6 万次收藏、4.4 万次转发和 2700 余条主楼评论,观看量则达到 259 万次,在社会上获得广泛的关注。

共情力传播需要主旋律纪录片创作者感知、理解被拍摄主体的故事,在编码叙事中将主人公的处境、情绪转化为可以被受众解码的感受、体验,从而激发思考和行动。因此,主旋律纪录片在编码阶段注重对片中人物形象的刻画,创作者在社会角色关系及事件中去塑造人物,人物关系及场景空间的变化呈现主人公需要面对、解决的新问题,解决问题的过程将人物命运变化与社会变迁、时代主题紧密结合,主人公内在隐性的精神世界、真实情感才能在视听语言中被重塑、迁移,被体验、感知。

《柴米油盐之上》第二集《琳宝》讲述了出生在偏远山区的琳宝在不屈的奋斗中追求幸福人生的故事。该片通过琳宝个人的事业线、爱情线、原生家庭线等多元的人物关系及空间场景变化,为新时代独立女性画像。影片开篇是琳宝工作的场景,车身庞大的货车与瘦小灵动的琳宝产生强烈的视觉反差,视觉化、符号化地展现了琳宝小小的躯体中蕴含的无穷力量。第二层关系是琳宝与现任丈夫陈勋的爱情。琳宝与在快手上认识的同为卡车司机的陈勋从相识到结婚,镜头完整地记录她与陈勋的甜蜜生活

---

① 张婷婷.融媒体视域下主旋律题材纪录片的创新路径[J].新媒体研究,2021,7(24):98-100.

及对未来的美好憧憬。第三层关系是琳宝返乡后原生家庭及她坎坷苦难的第一段婚姻的回述。面对曾经的原生家庭的伤害,琳宝用善良和包容与之和解,琳宝在原生家庭中所受的委屈引发观众的共情;琳宝勇敢逃离被家暴的第一段婚姻,她有担当地抚养与前夫所生的儿子,散发着母爱的光辉,这层关系建构也成为她与现任丈夫产生分歧争执的导火索。面对生活的难题,她没有逃避,而是坚定、勇敢、乐观面对命运的再一次挑战。琳宝的形象在不断递进的不完美关系张力中变得丰满、真实而有力量。

主旋律纪录片的多元题材全景式地拓展主流价值传播,有质感、有温度的人物建构,生动而真诚地刻画与时代同行的"我们"。

(三)具身与沉浸:参与者身份与共同体构建

主旋律纪录片通过受众参与者身份达成文本内外人物情感之间的认同,以完成命运共同体的构建。玛丽-劳尔·瑞安曾通过虚拟现实、认知心理学构建出关于叙事体验的沉浸诗学。叙事沉浸是指观众在被述文本中的悬念体验,情感则指观众对于故事或人物的情感感受。① 主旋律纪录片在叙事的过程中,通过空间的具身性使观众与剧中人物实现共情,从而达成黑格尔所说的"达成共识"的人类学冲动。

瑞安对"地方"和"空间"两个概念进行了判定,她认为"空间"是一种抽象的概念,是能够自由运动的氛围;"地方"则是一种具象的、有情感的环境,两者拥有着有界限的对象关系。通过"地方"带领观众走近片中的人物,将情感与特定地方进行关联,感知体验文本中人物的情感流动。空间转向将物质空间衍生为"内部精神空间"的意涵。主旋律纪录片在地化为观众营造出真实的物质环境,同时亦超出"载物体容器"的限制,而实现空间具身感的意识栖居。

主旋律纪录片实现空间沉浸的关键是观众在生活认知的空间和纪录片中所呈现的空间是否一致。如果在主旋律纪录片中展现出片中人物真实生活的空间,符合观众基于现实认知的世界,则为观众实现情感沉浸打下坚实的基础。梅洛-庞蒂曾经对于具身性加以阐述:"他人的行为发生在我的感知范围内。我理解这种行为,理解他人的言语;我支持他的思想,因为这个在我的现象中诞生的他人,按照我自己经历过的典型行为来理解和处理这些现象。正如我的身体,作为我对世界的所有把握的系统,建立了我所感知的对象的统一性。"② 观众对于世界的感知是通过观众自己的身体这一媒介,观众在主旋律纪录片中通过对于文本环境的感知从而实现情感的共鸣,最终实现

---

① 张新军.数字时代的叙事学:玛丽-劳尔·瑞安叙事理论研究[M].成都:四川大学出版社,2017:148-149.
② EDIE J M, et al. The primacy of perception[M]. Evanston, Ill.: Northwestern, 1964:18.

人类意识的栖居,命运共同体的构建。

主旋律纪录片《人间世》中,创作者以医院作为讲述故事的物理空间,通过讲述医患关系、生死抉择的故事展现了世间百态。以医院作为叙事地点,围绕着手术室、病房、救护车等具有标志性的符号场景,急切的呼救声、仪器的检测声、家属的哭声和医生沉稳的指令,为观众营造出一个生死别离、恐惧与希望并存的感情空间。第三集《团圆》深刻地探讨了器官捐献的伦理和情感。本集以多个家庭为中心,围绕器官捐献展开了感人至深的故事线。片中营造的"团圆"意象,对于接受捐献而重获新生的家庭而言,是一种希望和救赎。然而,对于签署放弃治疗的捐献者家庭,"团圆"意象却蕴含着深重的哀痛与牺牲,从而唤起了观众深深的敬意。

特别是在描述移植手术前的告别场景时,影像文本巧妙地运用视觉元素来强化情感的表达。捐献者焦愈的父母在医护人员的陪同下,与儿子诀别。画面中,洁白的墙壁与周围密密麻麻的仪器软管形成了鲜明对比,父亲颤抖的手轻轻地抚摸着儿子的脸颊,这一幕无声地触动了观众内心最柔软的部分。

医院这一特定空间,既是新生命的起点,也可能成为生命旅程的终点。在这样的环境下,白发人送黑发人的悲剧被赋予更为沉重的氛围。镜头聚焦于父亲与儿子这一温情而又悲伤的互动时,为观众搭建了一个生与死对话的舞台。观众通过家庭角色的代入,深刻感受到了捐献者及其父母的伟大与无私。这一情节的设置,不仅激发了观众对于器官捐献这一社会议题的深刻思考,更强调了人类命运相互依存的社会逻辑。

二、主旋律纪录片传播与大众媒介

在德弗勒互动过程模式中,信息传播起始于信源,通过发射器传递,随后进入由多样化的大众媒介设施构成的信道中。互联网时代,其显著特征之一就是媒介设施的丰富性与多元性。

网络视频技术的发展,使得传统电视媒体因固定播出时间、无法自主回溯观看等局限被逐步突破。这一变革为主旋律纪录片在媒介传播上提供了新的契机,从而提升了信息的清晰度、传播的即时性和互动性。多媒体融合应用为主旋律纪录片的广泛传播奠定了坚实基础。

(一)渠道丰富:媒介与播放平台多样

主旋律纪录片的跨平台播出为不同偏好的观众自主收看提供便利。国家广播电视总局公布的优秀网络视听作品推选活动入选作品中,主旋律纪录片在近两年的优秀网络视听作品中占比极高。2023年共入选67部纪录片,其中,主旋律纪录片共有50部;2022年度优秀网络视听作品推选活动评审共37部网络纪录片,主旋律题材的纪录片占25部;2021年获奖的37部网络纪录片中,主旋律题材纪录片占24部。这些获奖作品在人民网、优酷、腾讯、哔哩哔哩、西瓜视频等多家视频平台及各省级卫视播出,呈现主旋律作品在台网联动多渠道传播的盛景。

互联网平台依托各自定位,纪录片从选题到文本风格有很大差异。2024年初,各网络平台陆续发布纪录片片单,深挖纪录片的真实性、艺术性、文化性并传承中华文化基因、传播中国价值观念,彰显出类型题材多元化、丰富化。腾讯视频垂直深耕文化探索,通过历史文化、人文美食等题材以实现更多主流价值、知识的传播。爱奇艺以"社会现实"为主赛道,延续历史人文、美食青春、自然探险、品质文化四大题材;优酷则以"AI技术""时代热点"为基点,衍生出"传承·复兴""苍穹·家园""烟火·味道""如果·AI""时代·人生"五大主题,尝试在纪录片的虚实制作中有新突破;哔哩哔哩引入医疗、趣味科普等纪录片题材,以促使泛知识用户向纪录片用户转化,同时细化用户兴趣圈层,通过实现兴趣社群的形成吸引更多观众。

主旋律纪录片多平台、多媒介地播出,一方面通过拓展受众群体范围,让更多人更加自由自主地观看主旋律纪录片,深化主流意识形态的话语构建;另一方面,多平台传播增加文本曝光度、提升知名度,获取受众群体的多元互动,包括说服潜在支持者与投资者。不同媒介平台逐渐形成了独特的主旋律纪录片传播优势,满足不同的观众群体需求,从而推进主旋律纪录片的有效传播。

(二)文本出海:主流价值的国际传播

中国主流纪录片担负着"讲好中国故事"的重要使命。主旋律纪录片通过商业发行、中外合拍、互播展播、IP跨媒介叙事等方式进行国际传播。纪录片的跨文化传播尝试完成话语方式的同频转化——故事化叙事语言、戏剧化冲突结构、普适性表征空间,话语图示的接近性容易引起西方观众的共鸣。

在文本创作上可以考虑符码接收者的文化维度,采取合作拍摄、委托拍摄,文本创作者的同源文化背景会减少编码—解码的信息衰减,同时与符码接受者建立共同的文化语境。

2017年,中外合拍片《我们诞生在中国》在美国上映,成为年度纪录片票房冠军;2021年,建党百年献礼片《百年大党——老外讲故事》,以个人视角讲述了各行各业的外国人与上海之间的故事,包括人文风情、科技创新、生活巨变等,通过国外友人的亲身感受以"他者"叙事视角有效地打破外国人对于中国固有的刻板印象、展现中国发展巨变。该片在哔哩哔哩平台累计播放超过 343.4 万次,在境外社交媒体观看量超过 9 千万次。

在传播渠道拓展上,纪录片积极布局海外,整合各渠道资源,《中国:变革故事》通过优酷网和美国探索频道在国内外同步首播,在央视及德国、法国的公共电视台等主流电视频道多轮播出,实现国内外的多渠道、跨平台播出。《中国:变革故事》通过化解刻板印象、提供全球性知识及挖掘共性价值观等策略来满足国际受众的期待,体现了主旋律纪录片在对外传播中的创新与积极探索[①]。2023 年末,五洲传播中心联合多家国际机构发布纪录片《绿色星球》,围绕绿色可持续发展主题,通过对全球新兴科技的介绍,唤起观众保护绿色地球的觉醒和意识。该纪录片在美国、欧洲、中东、亚洲持续传播,触达 30 多个国家和地区。环保绿色题材、关注人类命运共同体是纪录片出海的有效名片。

(三)时短意长:主旋律乘短视频之风

在 5G 网络和移动终端日益普及的背景下,短视频的兴起为主旋律纪录片的传播带来了新的机遇。借助短视频,主旋律纪录片得以更广泛、更高效地传播。理念的变化、题材的延展、形式边界的消弭为主旋律纪录片的大众传播提供可能。

《百炼成钢:中国共产党的 100 年》是 2021 年庆祝中国共产党成立 100 周年,由中共中央党史和文献研究院、国家广播电视总局、中共江苏省委共同出品,聚焦建党百年重大主题的微纪录片,所选的历史事件都是以《中国共产党的九十年》《中国共产党简史》等核心文献为依据,确保了内容的权威性和准确性[②]。其每集时长约为 8 分钟,在 8 分钟内讲述一段党的重大历史事件,用户可以在西瓜视频、哔哩哔哩等视频平台上观看,也可以在抖音等短视频平台高频刷到。时长短、体量大、主题严肃无疑是对于创作者的一次挑战,《百炼成钢:中国共产党的 100 年》微纪录片为重大题材的纪实影像传播提供了新范式。

主旋律纪录片《足迹·2022》以习近平总书记在全国调研的编年体顺序结构叙事,"道阻且长,行则将至"的本体是描述总书记的足迹踏过全国各地,而喻体则是描述习

---

① 赵艳明,魏铭辰.合拍纪录片对外传播叙事的积极实践:以《中国:变革故事》为例[J].中国电视,2020(6):62-67.
② 高巍.短视频时代主旋律微纪录片的创作实践[J].视听界,2023(4):95-98.

近平总书记心系人民、体察民情、关心民生,将一位有担当、有能力、负责任的大国领导人带领全国人民一步一个脚印共赴美好生活的主题展现出来。《足迹·2022》共8分钟,以极其简约的表现方式讲述"足迹",在短时间内传递大量信息,制造新的社会议题,引导主流价值。

短视频因拥有庞大的用户基础和流量优势,凭借大数据分析用户画像及使用偏好进行内容精准投放,适合用户在移动状态和休闲时间观看,是近年来极具用户黏性的年轻化媒介形式。通过年轻化视角重构主旋律纪录片叙事,以年轻化语态适应Z世代用户特征,才能在主流题材与年轻化叙事之间寻求平衡。抖音视频平台在2023年11月独播的《了不起的中国颜色》凭借情景再现、角色扮演的表现手法,深挖中国传统的色彩美学,通过演绎中国式浪漫而讲述颜色背后的中国历史故事。该片一经播出便在抖音平台掀起了现象级热潮,上线当日便位居抖音热搜榜榜首,首播不到一个月的时间里便达到惊人的2.8亿次播放量。

主旋律纪录片在新媒体时代,突破传播壁垒,乘短视频之风,合理运用受众注意力和碎片化观看习惯,有些经典长纪录片经过"二创",在短视频平台发布,其权威专业、制作精良、人性化视角、反差式表达都会在内容多元的短视频平台"引关圈粉",形成主旋律纪实作品短视频传播新模式。

三、主旋律纪录片与信宿

在德弗勒互动过程模式中,信息的传递最终通过接收器抵达信息接收者,即信宿。观众利用手机、电脑、电视等接收设备,结合各类视频软件,进行内容的接收与消费。随着互联网科技的演进,观众的观看习惯及参与方式发生了显著变化,由原本独立观看,发展为逐渐通过技术手段形成观影社群,实时参与互动,表达意见。

在互联网平台上,主旋律纪录片所涉及的社会议题已成为公众社交分享的重要内容。这种社群构建和议题分享,极大地优化了主旋律纪录片及其传播环境,有效地减少了因观众身份背景、知识储备差异而导致的对主旋律情感的误解或曲解。

社交媒体和视频平台中弹幕、评论区等功能的出现,令一个由观众集体智慧构成的观看社群逐渐兴起。观众通过分享对纪录片的历史背景、内容解读、情感表达等方面的见解,实现了文本补充,互动表达已成为主旋律纪录片文本建构与传播的重要组成部分。

以《柴米油盐之上》的《琳宝》这集为例,观众对琳宝与第二任丈夫离婚情节的热烈讨论,展示了社区形成的动态过程。在讨论中,观众对"绝情"一词的理解各不相同,但最终在集体智慧的碰撞与交融中,大家共同认识到琳宝是自我力量的觉醒者、女性自立自强的代表,值得过上更美好的生活。这一过程不仅体现了观看社群的形成,更彰显了主旋律纪录片在情感认同与文本解读方面的独特价值。弹幕、评论区等互动区域,已成为观众在观看主旋律纪录片时获取情感共鸣、文本引发议题深入探讨的重要场所。

四、主旋律纪录片发展趋势

在主旋律纪录片传播中,德弗勒互动过程模式的"噪音"包括阻碍或影响主旋律主题表达、错误建构主旋律文本、文本解构的意涵偏差等。近年来,我国主旋律纪录片的制作精良度与传播力度均逐年提高,呈现出以下发展趋势。

(一)多模态文本语言:从声画独立到共情沉浸

传统主旋律纪录片创作中,会用"空镜+旁白"展现宏大主题和主旋律精神,声画分离及旁白赘述剥夺了画面话语权,声音和画面之间无法形成强有力的联系。多模态话语集成使用声音、图像、文字,在解码阶段,受众可以获得时间、空间、人物情感、意义建构等纪录片的完整信息,提升主旋律纪录片的语篇功能和情感传递。

共情传播通过沉浸式从他人视角、叙事情境中感知、理解他人的故事,完成客观世界与自我认知的迁移互动。这就需要主旋律纪录片创作者根据客观事实,从选题策划、视角选择、情境空间、故事讲述、议题延展等多个维度去营造沉浸感、临场感,激发观众的情感共鸣,挖掘受众深层次的心理体验,契合主流价值观塑造。

(二)双向互动传播:从单向度传播到交互文本生产

德弗勒互动过程模式在探讨信息传播中,着重强调了信宿和信源的一体性,观众既是"信宿"又是"信源",观众将收看主旋律纪录片的观点感受、意见建议反馈至创作者,从而形成了创作者和观众之间的正反馈闭环。Web 2.0时代的到来不仅打破了原有的只读模式,基于互联网技术的提升如互动、评论、点赞、意见反馈等都标志着传统媒体时代的"文本盗猎"转化为新媒体时代的"公民参与"。

德弗勒互动过程模式强调观众作为信息接收者的重要性,创作者可以通过观众的反馈进行创作方面的内容调整,提高作品质量与传播效果。现阶段,主旋律纪录片创作者基于观众反馈意见进行调整的闭环并未建构完全。创作者通过线上、线下多种方式探索主旋律纪录片的受众满意度。线上部分,依靠数量庞大、元素杂糅的网络用户内容(UGC)提供创作内容焦点,再由纪录片专业团队、人员进行内容加工创作(PGC)生产成片,比如,主旋律议题下的留言与评论、观点和建议,可以为后续创作提供素材和方向;另外,主旋律纪录片通过线下展映、观影分享会以及与相关专业高校师生观影等形式,与观众通过面对面的形式交流,在宣传的过程中,同时汲取建议和反馈,并体现于后续的作品中,这是对观众角色重新定义和赋权,让观众成为参与者,赋予观众话语权,塑造多元交互故事,建立新型媒介与受众关系,探索主旋律纪录片的文本新样态。

(三)新技术赋能:深耕主旋律纪录片精品IP

主旋律题材垂类深耕,通过主旋律纪录片垂类创作打造出精品主旋律纪录片系列IP,比如中国系列——《中国》《航拍中国》《大运河之歌》《一路百年》,故宫系列——《如果国宝会说话》《我在故宫修文物》,弘扬中国美食文化的"舌尖"系列、"风味"系列,品牌化、系列化深耕已有的主旋律纪录片IP,通过大数据预判受众需求,在选题上和叙事手法上契合受众画像,多平台矩阵传播打造爆款主旋律纪录片,扩大主旋律纪录片外延,实现主旋律纪录片跨界合作,破圈传播,激发主旋律纪录片的认同感和影响力。

五、结语

基于主旋律纪录片以德弗勒互动过程模式的传播,本文分析了主旋律纪录片在传播场域与观众的连接,同时结合德弗勒互动过程模式探索在未来主旋律纪录片如何提高受众满意度,夯实本土传播,提升主旋律纪录片的国际影响力。

随着人工智能生成内容的不断发展,其对影视业的发展产生了跨时代的影响。在信源阶段,人工智能生成内容区别于传统计算机图形技术生成内容的底层逻辑,通过大数据算力生产出主旋律纪录片新表达。

在信道传播阶段,视频平台通过人工智能匹配视频受众,增加观众的黏性和收看量。主旋律纪录片也可以根据平台算法来调整传播形式、传播时间,丰富视听创作手段,让受众体验沉浸式情感交互。

2018年,央视纪录片频道推出世界上第一部由AI语音配音的纪录片《创新中国》,该片运用科大讯飞的AI技术,让已逝的李易先生的声音再现荧屏,在当时引起了比较大的轰动。之后，AI在纪录片创作中不断承担声音补足、画面降噪、AI数字人、创意辅助等功能。2024年3月12日，总台央视以人工智能赋能译制的英文版中国龙主题系列微纪录片《来龙去脉》正式播出，将中国"龙"的历史渊源、文化意象、情感寄托幽默而自信地表达传播。

在数智时代下，主旋律纪录片确保本体真实的前提下，探索更多的创新表达，规避传播中的干扰，拓展传播链，发挥主旋律纪录片的传播价值和传播效能，实现文明交流互鉴。

〔韩莹，中国传媒大学戏剧影视学院副教授；郭泽阳，中国传媒大学戏剧影视学院2022级广播电视艺术学硕士研究生〕

〔特约编辑：叶明睿〕

老年人群的短视频使用与主观幸福感关系研究*
——基于网络社会支持的中介效应分析

Research on the Relationship Between Short Video Use and Subjective Well-Being in the Elderly Population
—The Mediating Effect Analysis Based on Network Social Support

◎ 张　媛　张盛颖

Zhang Yuan　Zhang Shengying

摘要：近年来，随着社交媒体的发展以及数字适老政策的推行，短视频逐渐走入老年群体的生活，大幅提升了老年群体的触网率。本研究基于积极老龄化、数字适老和提升老年群体幸福感的三重背景，对G市老年群体的短视频使用与主观幸福感之间的关系进行探索。研究发现，人口学特征、短视频使用模式、内容选择及使用意愿中的部分变量对老年群体的幸福感提升具有显著影响，而短视频认知程度与使用程度对老年群体的幸福感没有显著影响。就使用动机而言，利用短视频进行娱乐消遣、关注社会近况、学习生活知识是提升老年群体主观幸福感最显著的关联因素。

关键词：短视频使用；老年群体；主观幸福感；社会支持

Abstract: In recent years, with the development of social media and the implementation of digital aging policy, short video has gradually entered the life of the elderly group, greatly increasing the rate of the elderly online. Based on the background of active aging, digital aging and improving the well-being of the elderly, this study explores the relationship between short video use and subjective well-being of the elderly in G City. The study found that demographic characteristics, short video use patterns, content selection and use intention of some of the variables have a significant impact on the elderly group's well-being, however, the cognition and usage of short video had no significant effect

---

* 本文系贵州省2021年度哲学社会科学规划一般课题"短视频对贵州老年人虚拟社会价值观的影响及教育引导研究"（课题编号：21GZYB40）的研究成果。

on the happiness of the elderly. In terms of use motivation, using short video for entertainment, paying attention to social status, learning life knowledge are the most significant factors to improve the elderly group's subjective well-being.

Keywords: short video use, elderly group, subjective well-being, social support

人口老龄化日益成为世界各国面临的重要问题。国家统计局发布的2021年国民经济数据显示,截至2021年年末,我国65岁及以上的老年群体多达2亿人,占总人口的14.2%,这也意味着按照联合国的划分标准,中国正式进入了"老龄社会"①。为了使老年群体在数字社会中拥有获得感、幸福感和安全感,国务院办公厅印发了《关于切实解决老年群体运用智能技术困难的实施方案》,帮助老年群体适应并融入数字社会。

中国互联网络信息中心发布的第50次《中国互联网络发展状况统计报告》显示,截至2022年6月,我国网民规模为10.51亿,其中60岁及以上的网民占11.3%②。老年人积极融入数字化社会最重要的途径之一就是利用互联网技术和新媒体平台参与社会互动,以抖音为代表的短视频平台在对传播生态产生重要影响的同时,也为我国积极老龄化的推进贡献了力量。由中国人民大学人口与发展研究中心和抖音联合发布的《中老年群体短视频使用情况调查报告》显示,截至2021年4月,在抖音平台中,60岁以上创作者累计创作超过6亿条视频,内容包括风采展示、创意特效、美食美景、动植物养护等,累计获赞超过400亿次,抖音已成为老年群体使用最多的短视频平台。在这样的背景下,本研究通过分析G市老年群体的短视频使用的相关情况及其与老年群体主观幸福感之间的关系,以期探寻老年群体幸福感的影响因素,为积极老龄化的发展建言献策。

一、文献综述与理论假设

主观幸福感是衡量个体心理健康水平的重要指标之一,主观幸福感主要包括个人认知评价和情绪体验两个方面,个人认知评价即为生活满意度,情绪体验包含积极情

---

① 国家统计局.中华人民共和国2021年国民经济和社会发展统计公报[R/OL].(2022-02-28)[2023-02-27]. http://www.stats.gov.cn/tjsj/zxfb/202202/t20220227_1827960.html.
② 中国互联网络信息中心.第50次中国互联网络发展状况统计报告[R/OL].(2022-09-14)[2023-02-27]. https://www.cnnic.net.cn/n4/2022/0914/c88-10226.html.

绪和消极情绪①。对于主观幸福感的研究，自20世纪中叶以来就受到了医学、社会学、心理学等学科的广泛关注。近十年来，随着互联网对人们的生活以及身心健康产生了颠覆式的影响，国内外学者对互联网的使用与各群体身心感知间的关系进行了一系列研究。

(一)互联网使用与主观幸福感

在国外研究方面，该议题的研究成果已较为丰富，研究对象涉及青少年、大学生、儿童在内的弱势群体。具体来说，特温奇等使用奥克罗项目(2016—2019)对3957名12—13岁的青少年进行调查，结果显示互联网的使用只与女孩的幸福感有关②；杜宣等对新西兰华人的社交媒体使用进行调查，结果表明社交媒体使用与幸福感之间存在正相关③。张洁文等人的研究则发现，社交媒体使用与青少年群体幸福感关联取决于青少年不同的心理情绪感知。④

国内主要的研究对象集中于青少年群体、城市新移民、大学生群体，韦路等基于杭州个案的研究发现城市新移民的社交媒体使用能够影响其主观幸福感⑤，杨颖兮等人的研究则得出不同的结论：微信使用与幸福感之间并不存在显著相关关系⑥。曲苒等人的研究则认为网络社交媒体使用对青少年心理发展呈现双重作用，既能通过加强成就型自我同一性状态提高生活满意度，也可以通过增强弥散型自我同一性状态进而削弱青少年生活满意度⑦。具体到短视频而言，抖音短视频与青年学生幸福感的影响呈现差异结论，张燕的研究结果显示抖音使用对青年学生主观幸福感具有显著的正向影

---

① SHIN S H, SOK S R. A comparison of the factors influencing life satisfaction between Korean older people living with family and living alone[J]. International nursing review,2012,59(2):252-258.
② TWENGE J M, COOPER A B. The expanding class divide in happiness in the United States, 1972-2016[J]. Emotion,2022,22(4):701-713.
③ DU X, LIN S. Social media usage, acculturation and psychological well-being: a study with Chinese in new zealand[J].International communication of chinese culture,2019,6:231-245.
④ ZHANG J W, MARINO C, CANALE N, et al. The effect of problematic social media use on happiness among adolescents: the mediating role of lifestyle habits[J]. International journal of environmental research and public health,2022,19(5).DOI:10.3390/ijerph19052576.
⑤ 韦路,陈稳.城市新移民社交媒体使用与主观幸福感研究[J].国际新闻界,2015,37(1):114-130.
⑥ 杨颖兮,喻国明.微信使用影响幸福感:主观社会支持与控制点的作用:基于2019年全国居民媒介接触与使用的实证调查[J].现代视听,2020(3):38-44.
⑦ 曲苒,倪晓莉.网络社交媒体使用对青少年生活满意度的影响:自我同一性状态的中介作用[J].心理与行为研究,2020,18(2):214-219.

响[1]，冯俊雄的研究则表明大学生对抖音的满意度与主观幸福感之间没有显著关联[2]。由此可见，针对不同群体和社交媒体平台的研究存在差异较大的结论，基于此，本研究提出研究假设H1：

H1：人口统计学变量对老年群体的主观幸福感具有影响。

(二)互联网使用与老年群体主观幸福感

在数字化发展的背景下，媒介技术塑造着不同群体的社会行为，老年人受到技术接受能力较弱等影响，往往被视作技术的迟钝接受者，而短视频的出现成为缓解老年人数字鸿沟问题的可能性路径。基于这样的社会背景，学界对于互联网使用与幸福感议题的研究对象逐渐拓展至老年群体。由于欧美等发达国家受到老龄化的影响较早，其介入该议题的研究也相对较早，成果较为丰富。

特玛拉等发现尽管老年群体使用互联网的频率比年轻一代少，但可能收获会更多[3]，社交媒体平台通过支持和维护用户的关系来提升老年用户的幸福感[4]。国内学者邓香莲[5]、贺建平[6]、姜照君[7]等亦从类似的社会关系的角度分析了社交媒体如何提升老年群体的幸福感。综合现有研究，互联网使用可能会影响老年人的抑郁程度和生活质量，具体取决于媒体的种类和使用量[8]。基于此，本研究提出研究假设H2：

H2：短视频的使用程度对老年群体的主观幸福感具有影响。

在使用模式方面，韦路等指出乐于在社交媒介上展示自我日常的人幸福感更强[9]。通过使用互联网，老年人可以接触不同的软件与应用，能够根据自己的个性化

---

[1] 张燕.抖音使用对青年学生主观幸福感及价值观的影响[J].科学咨询(科技·管理),2021(6):135-136.
[2] 冯俊雄.抖音短视频大学生用户的持续使用行为及主观幸福感：基于期望确认模型的理论视角[J].科技传播,2022,14(17):112-115.
[3] SIMS T, REED A E, CARR D C. Information and communication technology use is related to higher well-being among the oldest-old[J].The journals of gerontology: series b-psychological sciences and social sciences,2017,72(5):761-770.
[4] YACHIN M, NIMROD G. Innovation in later life: a study of grandmothers and facebook [J]. The international journal of aging and human development,2021,92(4):521-540.
[5] 邓香莲.社交媒体使用会提升老年人的主观幸福感吗？：一项基于积极老龄化背景的调查研究[J].图书情报知识,2021,38(5):77-94.
[6] 贺建平,黄肖肖.城市老年人的微信使用与主观幸福感：以社会资本为中介[J].新闻界,2022(8):57-66.
[7] 姜照君.社会网络、媒介依赖与老年人主观幸福感：基于新冠肺炎疫情的实证研究[J].现代传播(中国传媒大学学报),2022,44(7):161-168.
[8] WANG K T, FU S H, HSIEH P L,et al. Investigating the relationship between media usage, depression, and quality of life among older adults[J]. Healthcare (basel),2021,9(9):1154.
[9] 韦路,陈稳.城市新移民社交媒体使用与主观幸福感研究[J].国际新闻界,2015,37(1):114-130.

需求(如学习、娱乐、社交等)获取相应的服务[①]。使用互联网进行社交和娱乐活动对老年人具有显著的幸福激励效应[②],基于此,本研究提出研究假设 H3:

H3:短视频的使用模式及内容选择对老年群体的主观幸福感具有影响。

最后,在使用意愿方面,研究发现老年人通过互联网的使用可以实现新的参与、获得新的角色,这帮助老年人重新认识自我,从而提升老年人的生活满意度[③],社交网站可以减少老年人的孤立感,提高社会参与度,增加其自主性[④]。互联网使用对老年人的社会交往具有重要意义,能够为其与朋友交流沟通提供便利的渠道,加强情感联结,从而提高生活满意度。具体到短视频而言,短视频 App 的信息传播、娱乐、社交等功能都可能影响中老年人的生活方式、代际关系、社会网络和社会参与等,进而影响其身心健康[⑤]。本文结合以往研究和老年群体及其短视频使用的相关特点,将使用意愿总结为信息连接、社会参与、社会交往、娱乐消遣及自我表达五个维度,并提出研究假设 H4:

H4:短视频的使用意愿对老年群体的主观幸福感具有影响。

二、研究设计与数据收集

(一)样本选择与调查过程

本研究采取线下一对一发放调查问卷的形式,在老年群体相对集中的区域随机选取符合条件的老年群体填写问卷。调研地点选择西南地区省会城市 G 市,根据第七次全国人口普查结果,截至 2020 年 11 月 1 日零时,G 市常住人口中,60 岁及以上人口为近 80 万人,占比达 13.30%,G 市已入列全国"积极应对人口老龄化重点联系城市"[⑥]。本次问卷调查于 2022 年 3 月正式开始,持续到 2022 年 7 月结束,共回收 487

[①] 陈鑫,杨红燕.互联网对农村居民主观幸福感的影响及作用机制分析[J].农林经济管理学报,2021,20(2):267-276.
[②] 杜鹏,汪斌.互联网使用如何影响中国老年人生活满意度?[J].人口研究,2020,44(4):3-17.
[③] 杜鹏,汪斌.互联网使用如何影响中国老年人生活满意度?[J].人口研究,2020,44(4):3-17.
[④] RONDÁN-CATALUÑA F J, RAMÍREZ-CORREA P E, ARENAS-GAITáN J, et al. Social network communications in chilean older adults[J].International journal of environmental research and public health,2020,17(17):60-78.
[⑤] 靳永爱,刘雯莉,赵梦晗,等.短视频应用平台的使用与中老年人生活:基于专项调查的探索性研究[J].人口研究,2021,45(3):31-45.
[⑥] 国家发展改革委,民政部,国家卫生健康委.关于做好积极应对人口老龄化重点联系城市有关工作的通知[EB/OL].(2022-07-13)[2023-02-27].https://www.ndrc.gov.cn/fzggw/jgsj/shs/sjdt/202207/t20220713_1330437.html?code=&state=123.

份有效问卷。在问卷发放的过程中,研究者挑选表达意愿较强、配合程度较高的被访者进行深度访谈,共访谈 12 位老年人,访谈内容主要围绕短视频使用及其生活情况展开,包含对短视频的使用动机、依赖程度、观看内容、家庭情况、生活满意度及情绪状态、生活期望等在内。

(二)问卷设计与测量

本研究主要采用刘仁刚和龚耀先修订的幸福度量表(MUNSH)并根据实际情况进行了相关调整。本量表共设 24 个题目,其中 5 个题目反映正性情感(PA),5 个题目反映负性情感(NA),另有 7 个题目反映正性体验(PE),7 个题目反映负性体验(NE),每道题目选择"是"计 2 分,"不知道"计 1 分,"否"计 0 分,计算公式为:总的幸福度＝PA－NA＋PE－NE。为方便计算,将得分结果加上常数 24,总分为 0—48 分,分数越高则表明老年群体的主观幸福感越高。

为保证研究的有效性,研究者采用 SPSS26 软件对幸福度量表重新进行信效度检测。在信度检验方面,本次主观幸福度量表的克朗巴赫系数为 0.720,证明该量表的总体信度达标。在效度检验方面,本次主观幸福度量表的 KMO 值为 0.822,且巴特利特球形度检验显著性水平为 0.000,小于 0.05,符合统计学标准。

三、数据分析结果

本次问卷调查共收集到有效样本 487 份,其中,男性 182 人,女性 305 人。在年龄分布上,60—70 岁的被访者占比最高。

表 1 人口学变量基本情况

人口学变量	类别	频率	百分比
性别	男	182	37.4%
	女	305	62.6%
年龄	60—70 岁	382	78.4%
	71—80 岁	82	16.8%
	81—90 岁	15	3.1%
	90 岁以上	8	1.6%
户籍	本地户籍	389	79.9%
	非本地户籍	98	20.1%

续表

人口学变量	类别	频率	百分比
文化程度	不识字	54	11.1%
	小学及以下	144	29.6%
	中专及高中	202	41.5%
	大专	38	7.8%
	本科及以上	49	4.1%
离退休之前的职业	党政机关公务员	48	9.9%
	个体、私营业主	102	20.9%
	工人、商业、服务人员	143	29.4%
	其他	194	39.8%
婚姻状况	已婚	435	89.3%
	未婚	22	4.5%
	离异	30	6.2%
	分居	17	3.5%
	丧偶	53	10.9%
居住情况	老年夫妇同住	186	38.2%
	独居	91	18.7%
	与子女同住	124	25.5%
	分居	60	12.3%
	与子女和孙辈同住	26	5.3%
主要生活来源（多选）	离退休养老金	244	50.1%
	积蓄投资收入	93	19.1%
	劳务工作收入	150	30.8%
	配偶供给	48	9.9%
	子女供养	111	22.8%
	最低生活保障补助	51	10.5%

(一)老年群体短视频使用情况与主观幸福感描述性统计

在老年群体的短视频使用情况方面,经常观看和每天观看的人数达276人(56.7%),大多数人每天的使用时长在2小时以内,占比为76.8%。在软件的使用上,抖音和快手是老年群体使用的主要软件,占比分别达到90.3%、43.1%,其余是腾讯微视

(22.4%)、美拍(11.5%)、秒拍(4.7%)、小咖秀(4.1%)、梨视频(3.1%);老年群体的短视频使用意愿主要集中于休闲娱乐,放松自己(57.5%),获得知识、拓宽视野(52.8%),跟上社会潮流,与他人有共同话题(38.2%),便于参加社会事务和监督公共权力(24.4%),以及抒发自己(21.8%);在短视频使用模式上,老年群体只观看视频但不拍摄上传的人数占比为39.8%,既观看又拍摄上传视频的人数占比为47%,大多数老人在观看短视频的同时,会发布一些自己的生活、旅行、娱乐视频来抒发情感;在内容选择上,老年群体打开短视频的时间大多不固定(50.7%),另有较多老年群体更喜欢在休息时间打开短视频(44.4%);在观看内容上,老年群体大多喜欢关注生活知识类(50.5%)、社会新闻类(52.2%)、时事政治类(41.7%),此外,对歌舞表演类(40.7%)和学习教育类(21.6%)视频也表现出了一定的兴趣,总体而言,其观看兴趣集中于信息获取及休闲娱乐。

在所获数据中,老年群体幸福度得分的最小值为4分,最大值为48分,平均值为34.83分,这表明G市老年群体的总体幸福度处于中等偏上的水平。

表2 样本数据主观幸福度指数表

统计项目	样本量	极小值	极大值	平均值	标准差	方差
幸福度指数	487	4	48	34.83	6.718	54.136

(二)人口统计学变量与主观幸福感的关系

将所获数据导入SPSS26中进行相关性分析,结果显示老年群体的主观幸福感与性别、文化程度以及居住情况显著相关,主观幸福感随着年龄的增加而下降,女性、文化程度较高、老年夫妇同住的老年群体幸福度更高。

表3 人口统计学变量与老年群体主观幸福感的相关性分析

	性别	年龄	户籍	文化程度	退休前的职业	婚姻状况	居住情况	主观幸福感
性别	1							
年龄	-0.173**	1						
户籍	-0.046	-0.088	1					
文化程度	-0.029	-0.157**	-0.021	1				
退休前的职业	0.014	-0.056	0.108*	-0.023	1			
婚姻状况	-0.009	0.156**	0.090*	-0.062	0.028	1		
居住情况	-0.057	-0.019	-0.034	0.009	0.113*	-0.093*	1	
主观幸福感	0.103*	-0.016	-0.083	0.147**	0.023	-0.084	-0.110*	1

注:**.在0.01级别(双尾),相关性显著。*.在0.05级别(双尾),相关性显著。

(三) 老年群体短视频使用与主观幸福感回归分析

本次研究将老年群体的短视频使用情况分为三个维度与幸福感进行相关性分析，分别为使用程度及了解程度与幸福感的关系、使用模式及内容选择与幸福感的关系、使用意愿与幸福感的关系。

1.老年群体短视频使用程度及认知程度与幸福感相关性分析

在使用程度方面共分为两个维度进行测量，分别为使用短视频App的频率以及每天花费在短视频上的时间，了解程度共分为三级：非常了解、比较了解、只是听说过；使用时间共分为四级：1小时以内、1—2小时、2—4小时、4小时以上。将三个自变量与幸福感（因变量）进行相关性分析，分析结果如表4所示。

表4 老年群体短视频使用程度及了解程度与主观幸福感的相关性分析

	是否了解移动短视频	使用移动短视频App的频率	每天花费在移动短视频上的时间	主观幸福感
是否了解移动短视频	1	−0.123**	−0.327**	−0.040
使用移动短视频App的频率	−0.123**	1	0.147**	0.045
每天花费在移动短视频上的时间	−0.327**	0.147**	1	0.063
主观幸福感	−0.040	0.045	0.063	1

注：**.在0.01级别（双尾），相关性显著。

据此可知，无论是短视频的认知程度还是短视频的使用频率，与老年群体幸福度的相关性均不显著。

2.老年群体短视频使用模式及内容选择与幸福感相关性分析

在老年群体的短视频使用模式方面，本次研究的测量维度为是否观看或上传移动短视频，将3个选项赋值为1—3，分别代表既观看也拍摄上传、只观看不拍摄上传、既不观看也不拍摄上传。

表5 老年群体短视频使用模式及内容选择与主观幸福感的相关性分析

		使用模式	内容选择									
		观看或上传移动短视频	时事政治	社会新闻	歌舞表演	游戏解说	体育竞技	明星互动	学习教育	生活知识	主观幸福感
使用模式	观看或上传移动短视频	1	-0.104*	-0.129**	-0.215**	0.031	-0.107*	-0.071	-0.092*	-0.170**	-0.094
内容选择	时事政治	-0.104*	1	0.468**	0.038	0.119**	0.164**	0.052	0.225**	0.195**	0.131**
	社会新闻	-0.129**	0.468**	1	0.123**	0.047	0.101*	0.058	0.122**	0.261**	0.177**
	歌舞表演	-0.215**	0.038	0.123**	1	0.112*	0.113*	0.140**	0.084	0.184**	0.085
	游戏解说	0.031	0.119**	0.047	0.112*	1	0.417**	0.300**	0.206**	0.031	-0.156**
	体育竞技	-0.107*	0.164**	0.101*	0.113*	0.417**	1	0.278**	0.250**	0.067	-0.058
	明星互动	-0.071	0.052	0.058	0.140**	0.300**	0.278**	1	0.314**	0.082	-0.067
	学习教育	-0.092*	0.225**	0.122**	0.084	0.206**	0.250**	0.314**	1	0.209**	-0.025
	生活知识	-0.170**	0.195**	0.261**	0.184**	0.031	0.067	0.082	0.209**	1	0.194**
	主观幸福感	-0.094*	0.131**	0.177**	0.085	-0.156**	-0.058	-0.067	-0.025	0.194**	1

注:**.在0.01级别(双尾),相关性显著。
*.在0.05级别(双尾),相关性显著。

由上表可知,在短视频的使用模式维度上,呈现出显著的负相关(r=-0.094,Sig.=0.039<0.05),这代表着既观看也拍摄上传短视频的老年群体比只观看不拍摄上传以及既不观看也不拍摄上传的老年群体幸福度要高。

在短视频的内容选择方面,喜欢观看时事政治类(r=0.131**,p=0.004<0.05)、社会新闻类(r=0.177**,p=0.000<0.05)、生活知识类(r=0.194**,p=0.000<0.05)的老年群体的幸福感要显著高于不看此类型短视频的老年群体。另外,研究还发现喜欢观看游戏解说类(r=-0.156**,p=0.001<0.05)的老年群体幸福度更低。

3.老年群体短视频使用意愿与幸福感相关性分析

在老年群体短视频使用意愿方面,本次研究将其分为信息连接、社会参与、社会交往、娱乐消遣及自我表达五个维度,其所对应的问卷选项分别为可以获得知识,拓宽视野(信息连接)、便于参加社会事务,监督公共权力(社会参与)、跟上社会潮流,与他人有共同话题(社会交往)、娱乐性强,让自己放松(娱乐消遣)、抒发自己(自我表达)。

表6 老年群体短视频使用意愿与主观幸福感的相关性分析

	获得知识,拓宽视野(信息连接)	参加社会事务,监督公共权力(社会参与)	跟上社会潮流,与他人有共同话题(社会交往)	娱乐性强,让自己放松(娱乐消遣)	抒发自己(自我表达)	主观幸福感
获得知识,拓宽视野(信息连接)	1	0.126**	0.168**	0.019	0.140**	0.095*
参加社会事务,监督公共权力(社会参与)	0.126**	1	0.222**	−0.043	0.233**	−0.035
跟上社会潮流,与他人有共同话题(社会交往)	0.126**	0.222*	1	0.197**	0.261**	0.118**
娱乐性强,让自己放松(娱乐消遣)	0.019	−0.043	0.197**	1	0.141**	0.211**
抒发自己(自我表达)	0.140**	0.233**	0.261**	0.141**	1	0.020
主观幸福感	0.095*	−0.035	0.118**	0.211**	0.020	1

注:**.在0.01级别(双尾),相关性显著。*.在0.05级别(双尾),相关性显著。

由表6可知,在短视频的使用意愿方面,信息连接($r=0.095$,$p=0.036<0.05$)、社会交往($r=0.118$,$p=0.009<0.05$)、娱乐消遣($r=0.211$,$p=0.000<0.05$)与老年群体的幸福感呈显著正相关,而社会参与及自我表达与老年群体幸福感之间无显著关系。

(四)自变量与主观幸福感(因变量)回归分析

为进一步探索影响老年群体主观幸福感的因素及其影响程度,研究者将各人口学变量(包含性别、年龄、文化程度、婚姻状况、居住状况等)以及短视频使用的相关变量(包含使用程度、了解程度、使用模式、内容选择及使用意愿)全部作为自变量,将老年群体的主观幸福感作为因变量纳入回归分析中,以此探究各自变量影响老年群体幸福感的程度大小,回归分析结果见表7。

表 7　自变量与主观幸福感(因变量)的多元回归分析

模型			非标准化系数		标准系数	t	Sig.	共线性统计量	
			B	标准误差				容差	VIF
（常量）			31.440	2.609		12.052	0.000		
人口统计学特征	X1	性别	0.810	0.621	0.058	1.305	0.193	0.835	1.198
	X2	年龄	0.791	0.504	0.071	1.569	0.117	0.818	1.222
	X3	文化程度	0.063	0.293	0.010	0.214	0.830	0.751	1.332
	X4	婚姻状况	−0.241	0.217	−0.049	−1.112	0.267	0.868	1.152
	X5	居住情况	−0.681	0.271	−0.111	−2.509	0.012	0.858	1.165
了解程度与使用程度	X6	了解程度	−0.041	0.409	−0.004	−0.100	0.920	0.838	1.194
	X7	使用频率	0.443	0.295	0.067	1.502	0.134	0.840	1.190
	X8	使用时长	0.205	0.292	0.034	0.701	0.484	0.711	1.406
使用模式与内容选择	X9	使用模式	−0.041	0.409	−0.004	−0.100	0.920	0.838	1.194
	X10	时事政治类	1.569	0.697	0.115	2.249	0.025	0.636	1.572
	X11	社会新闻类	0.499	0.684	0.037	0.729	0.466	0.645	1.550
	X12	歌舞表演类	0.452	0.634	0.033	0.713	0.476	0.775	1.291
	X13	游戏解说类	−2.627	1.102	−0.118	−2.384	0.018	0.684	1.461
	X14	体育竞技类	−0.431	0.934	−0.022	−0.461	0.645	0.717	1.394
	X5	明星互动类	−0.361	1.014	−0.017	−0.356	0.722	0.754	1.327
	X16	学习教育类	−0.468	0.780	−0.029	−0.600	0.549	0.732	1.366
	X17	生活知识类	1.365	0.654	0.102	2.087	0.037	0.704	1.402
使用意愿	X18	信息连接	−0.141	0.676	−0.011	−0.209	0.834	0.660	1.514
	X19	社会参与	0.133	0.716	0.008	0.185	0.853	0.795	1.258
	X20	社会交往	0.796	0.648	0.058	1.230	0.219	0.760	1.316
	X21	娱乐消遣	1.866	0.687	0.137	2.717	0.007	0.652	1.533
	X22	自我表达	−0.111	0.771	−0.007	−0.144	0.885	0.743	1.345
a. 因变量：主观幸福感									
整体模型			$R^2 = 0.241$, adj $R^2 = 0.187$, F 更改 $= 6.052$ （Sig. F 更改 $= 0.000$）						

由表 7 可知，对老年群体的幸福感具有显著影响的在人口学特征方面有居住情况，在使用模式与内容选择方面有时事政治类、游戏解说类、生活知识类，在使用意愿

方面有娱乐消遣。在这些影响因素中,影响程度排名前三的分别是使用意愿的娱乐消遣($B=1.866$,Sig.$=0.007$),内容选择的时事政治类($B=1.569$,Sig.$=0.025$)以及生活知识类($B=1.365$,Sig.$=0.037$),这意味着将短视频用作娱乐消遣,喜欢看时事政治类、生活知识类的老年群体幸福指数更高,而喜欢看游戏解说类($B=-2.627$,Sig.$=0.018$)的老年群体幸福指数更低。此外,居住情况($B=-0.681$,Sig.$=0.012$)对老年群体的幸福感具有一定的辅助作用。

综上所述,假设H1、H3、H4中的部分变量通过验证,假设H2未通过验证。

四、短视频使用提升老年群体主观幸福感:积极老龄化的应对机制

当下,短视频的使用已经融入老年群体的生活,本研究探讨了老年群体的人口学特征,短视频使用程度、模式、内容选择、意愿及其与自身主观幸福感的关系,研究发现老年群体的短视频使用模式对其主观幸福感具有显著影响。

(一)短视频使用模式有效提升老年群体主观幸福感

本次研究的结果显示,既观看也拍摄上传短视频的老年群体,其主观幸福感显著高于不观看也不拍摄短视频、观看但不拍摄短视频的老年群体,证实了韦路等学者的结论[1]。如今,"傻瓜式"的短视频制作技术为老年群体的自我呈现搭起了桥梁,银发网红成为新的互联网现象。以往的实证研究发现,社交媒体的自我呈现与主观幸福感之间具有显著相关的关系[2],通过媒介使用来满足情感、社交和自我实现是当下老年群体的普遍性需求。

首先,观看和拍摄短视频满足了老年群体的情感需求。一方面,短视频的出现为老年群体与亲友等提供了互动的新形式,一定程度上弥合了代际差异,满足老年群体精神上的陪伴需求。受到算法推送机制的影响,用户发布短视频时,平台会根据手机通讯录进行推送,因此,老年群体通过发布短视频能够连接自己的亲朋好友和粉丝群体,通过相互点赞、评论进行沟通交流,这缓解了孤独感,在满足情感需求的基础上增强其幸福感。另一方面,短视频的出现为老年群体提供了一个发现、展示、传播兴趣的新窗口,这能疏解其压力,从而使老年人得到情感抚慰。

其次,观看和拍摄短视频满足了老年群体的社交需求。老年群体在退休之后社

---

[1] 韦路,陈稳.城市新移民社交媒体使用与主观幸福感研究[J].国际新闻界,2015,37(1):114-130.
[2] 陈必忠.社交网站积极自我呈现与主观幸福感:多重中介模型[J].心理技术与应用,2018,6(9):528-536.

交往属性被削减,容易产生社会角色断联的孤独感,而以抖音为代表的短视频平台受到算法技术"标签化"的影响,通过对老年群体个人特征及兴趣爱好的收集,更容易将同一兴趣或同一年龄圈层的人连接起来,使得老年群体之间有共同话题可聊,满足其社交需求。在这方面短视频发挥了议程设置功能,通过分享和互动使得短视频创作内容形成多个互联网场域,通过共同兴趣话题维系群体归属感,从而提升老年群体的幸福感。

最后,根据马斯洛需求层次理论,自我实现是需求层次中的最高境界,通过在社交媒体中"晒"出生活来展示自我,人们在与他人进行社会互动以维护人际关系的同时,也能够从"晒"的内容中建构起个人记忆与身份认知[①]。对于老年群体而言,其物质需求已经得到了满足,此时更需要的是自我价值的实现,渴望被需要、被理解、被尊重和被认可。在各大短视频平台,有许多老年创作者成为"银发网红",受到了来自社会各界的关注,通过短视频使得自己重新被看见,弥补了其因退休后社会角色中断而产生的价值失落。因此,短视频重新赋予老年群体新的社会角色,使其创造新的社会价值,实现社会认同和自我认同,从而显著提升了主观幸福感。

(二)短视频内容选择及使用意愿对老年群体幸福感具有正向影响

在本次研究中,过往研究的部分结论得到了验证,喜欢观看时事政治、社会新闻、生活知识类短视频,采用短视频进行信息连接、社会交往、娱乐消遣的老年群体拥有更高的幸福感。同时,通过回归分析可知,利用短视频来进行娱乐消遣、关注社会近况、学习生活知识是影响老年群体幸福感最显著的因素,居住情况对老年群体主观幸福感具有一定的辅助作用。

对于60岁以上的老年群体而言,他们的学历大多较低,年轻的时候未能接受良好的教育,而短视频一定程度上满足了老年群体对于知识的渴望。"我不识字,小的时候没有读过书,我现在看抖音学习写字,弥补我小时候的遗憾。"(访谈对象3,女,70岁)通过短视频学习写字、唱歌跳舞等线上课程陶冶了老年群体的情操,使其身心状态得到改善。此外,老年群体通过短视频获得更多的健康信息及服务,有助于提高老年群体的健康知识储备以及疾病预防认知,从而提高生活满意度。短视频的出现助力了老年群体活到老学到老的积极心态,增强了其获取外界信息的能力,帮助老年群体拓展知识、增长见闻,改善其认知能力,从而使其不断获得更高的幸福感。

---

① 靖鸣,方芳,袁志红.微信"晒客"行为及其自我认知研究[J].武汉大学学报(人文科学版),2016,69(6):115-124.

在"网络增益效应论"中,互联网被认为是维持现有社会关系或建立新关系的一种方便和有效的手段[①],短视频增强了老年群体的信息获取能力及与社区的联系,使得老年人之间相互交流活动信息,从而扩大社交网络。短视频以其独有的算法推荐机制,根据年龄、兴趣爱好、好友关系等推送热门视频,以这样的方式使得同一年龄段、同一兴趣圈层以及具有好友关系的老年群体产生更加紧密的连接,沟通线上及线下的交流,其中的许多短视频内容成为老年群体在亲朋好友之间的谈资,有利于老年群体进行社会资本的积累,从而提高幸福感。随着时代的变迁,受到家庭结构的影响,当代子女较少与父母同住,而父母发布的短视频为子女们了解其真实生活情况以及交流沟通提供了平台。"我家有两个孩子,现在都成家了,平时工作也忙,她们就给我下载了抖音,平常我出去玩就会发点小视频,女儿看到以后就给我点赞、评论,感觉交流比以前多了。"(访谈对象11,男,69岁)这样的交流有助于子女为父母提供情感支持,促进代际沟通,从而提升老年人的主观幸福感。

短视频的娱乐性较强,对于从"数字遗民"过渡到"数字移民"的老年群体而言,短视频操作简便,可接触性较强,其娱乐功能具有强大的吸引力,因而也成了老年群体使用短视频的首要需求。同时,短视频具有海量休闲娱乐信息,老年群体可以根据自身的爱好进行选择,短视频将通过算法机制"记住"这些选择,再次进行娱乐信息的推送,带给老年群体愉悦的情感体验,提升了老年群体缺失的幸福感。

(三)短视频使用时长及使用频率对老年群体幸福感的影响不显著

在本次问卷调查中,22.4%的老年群体表示自己会沉迷于短视频,14.4%的老年群体认为自己变得不和别人交流,越来越孤僻,可见频繁使用社交媒体可能会导致老年群体产生孤独感。本次研究的结果显示,对于老年群体而言,其媒介使用受到媒介功能以及自身生理和心理三方面的影响。在媒介功能上,老年群体使用社交软件的实际使用需求不明确、对其他功能的掌握较少、需求的优质内容缺失、使用方法未能很好掌握而导致其使用的体验感欠佳。在生理因素上,老年群体容易产生认知能力障碍以及生理机能衰退,如行动能力、听觉和视觉的下降限制了老年群体的互联网使用。

多数老年人表示其在日常生活中使用短视频大多是作为休息时间的娱乐消遣,其余大部分时间仍会通过线下的社交和娱乐来充实自己的生活。"我还是喜欢出去玩,

---

① MORRELL R W, MAYHORN C B, ECHT K V. Why older adults use or do not use the internet[M]// BURDICK D C, KWON S. Gerotechnology: research and practice in technology and aging. New York: Springer, 2004: 71-85.

短视频每天就睡觉之前看一看,看多了头晕,眼睛也受不了。"(访谈对象 6,女,67 岁)由于使用时间过长所导致的生理不适会降低老年群体的使用体验感,因而多数老年人会适当控制使用短视频的时长和频率。本次调查就显示,76.8%的老年群体每天使用短视频的时间在 2 小时以下,仅有 9.4%的老年群体每天的短视频使用时长达到 4 小时以上。在心理因素方面,老年群体记忆功能的衰减以及自身注意力的下降也对其短视频的使用产生了一系列影响。由此可见,在媒介功能以及老年群体生理和心理的影响下,短视频的使用时长及频率对其主观幸福感的影响并不显著。

五、理论探讨:网络社会支持与老年群体主观幸福感的提升

在人口老龄化和社交媒体普及的时代背景下,包含短视频在内的社交媒体使用对于老年群体主观幸福感的影响成为重要课题。本研究通过回归分析与深度访谈发现,社交媒体类短视频的使用为老年群体的自我实现提供了重要的社会支持,在对其社会交往进行补偿的前提下帮助构建了老年群体的身份认同。

(一)社会支持:老年群体主观幸福感提升的关键

社会支持在 20 世纪 70 年代作为一种学术概念被正式提出,泛指"由家庭成员、朋友、邻居以及其他人提供的各种形式的援助和协助"。从内容和功能上来看,社会支持包括情感支持、尊重支持、物质支持、信息支持等,是个体从社会关系网络中所获得的精神和物质上的支持和帮助。以往的研究指出,社会支持成为老龄化成功的关键影响因素,无论是情感支持、物质支持还是社会支持,都有助于提升老年群体的主观幸福感。社交媒体的使用可以增强和扩大老年群体的社交网络,有效地解决了老年群体的社会隔离并且促进他们与家人之间的代际互动,提高其与家人的情感凝聚力,达成情感上的自我实现[①]。"我喜欢看抖音上面的新闻和养生知识,平常和邻居们一起也有点话聊,等儿女、孙孙们周末回家吃饭的时候,我就和他们聊这些新闻,有些他们年轻人的话题我也插得上嘴。"(访谈对象 4,女,64 岁)

短视频有助于老年群体了解家庭成员和朋友的现状,通过分享他们的生活促进彼此间的联系和亲密感的产生,从而增强社会资本的凝聚力。短视频可以使老年群体与熟人和社区成员进行非正式互动,以此增加社会资本,这两种形式的社会资本都能为

---

① WU H Y, CHIOU A F. Social media usage, social support, intergenerational relationships, and depressive symptoms among older adults[J]. Geriatric nursing, 2020, 41(5):615-621.

他们提供宝贵的支持,进而提高其生活满意度。"我喜欢养蜜蜂,抖音上面有好多人分享养蜂窍门,我就跟他们学养蜂,有些方法确实有效果,看到有用的视频我就转发给其他养蜂的朋友,大家一起学习。"(访谈对象 9,男,84 岁)

在政府积极推进数字适老政策、平台推出长辈模式以及优质内容、家庭的数字反哺三方共同发力下,老年群体得以获取知识信息并与家庭成员和外界社交网络保持活跃的互动,这样的社会支持在老年群体短视频使用与幸福感之间产生了显著的中介效应,促使老年群体实现新的自我价值。"我们的文化程度不高,以前什么都不懂,现在儿女又忙,我在抖音上学习一些小学的知识,可以辅导我家孙孙做作业,觉得自己还是有点用的。"(访谈对象 7,男,65 岁)

综上分析,老年群体通过短视频平台获取的社会支持补充乃至转化为老年群体的社会资本,在实现老年群体自我价值的同时为其创造了新的代际互动平台,使其获得更强的情感支持从而提高了主观幸福感。

(二)短视频使用补偿了老年群体的社会交往:基于情绪支持的幸福感提升

过往的研究发现,社会支持能够通过提供物质与情感的帮助来提升老年群体的主观幸福感[1]。社交媒体平台不仅为老年群体提供了增加其社会交往的机会,也通过老年群体的社交媒体使用产生了积极正面的情绪,创造了一个具有意义的角色以及有活力的老年亚文化,以帮助老年群体在社会结构中获取正向的情绪支持。"我们这群姐妹都喜欢跳舞,我喜欢在抖音上学跳舞,然后就教她们一起跳(交际舞),有些时候还带大家出去参加点比赛,她们都叫我'广场舞一姐',我觉得现在的生活比年轻的时候幸福。"(访谈对象 10,女,71 岁)

积极参与社交活动以及良好的身体和认知功能,是成功老龄化的一个组成部分,社交媒体拓展了老年群体的社会活动范围,从而使其获得了情绪支持的新渠道。通过积极参与短视频互动,老年群体可以在虚拟世界中获得社会知名度,从而获得正向的情绪支持。"退休以后待在家久了我觉得心里面很空,后来朋友们喊我出去玩,教我发抖音,发的次数多了,我们就约定每次出去玩都要穿好看的衣服,拍得美美的发到网上。这是我们出去玩的动力。"(访谈对象 12,女,63 岁)

社交媒体可以作为一种有效的工具,以社会补偿的方式解决老年群体的情绪支持问题,在老年群体的短视频使用中,算法推荐技术将具有同一兴趣的老年群体进行了

---

[1] 宫宇轩.社会支持与健康的关系研究概述[J].心理学动态,1994(2):34-39.

连接,使线上与线下的活动参与得以交互。"我们这一群朋友都是喜欢唱布依山歌的,我们有一个抖音群,大家看到喜欢的山歌都会发上来,一来二去的,大家就熟悉了。现在,每个星期天下午,我们都会去公园里跟到抖音唱山歌。学会唱之后,我们也会把自己的视频传上去。"(访谈对象1,男,73岁)

通过短视频的形式将老年群体连接到网上,会产生相对更加舒适的氛围,弥补了现实生活中社会交往的不足。本次研究的结果显示,采用短视频进行社会交往的老年群体拥有更高的幸福感,在短视频平台的加持下,同一兴趣圈层老年群体的社会交往得到了补偿。以往的研究发现,老年群体的社会参与层面与精神及生活满意度呈正相关[1],而短视频作为一种交互性、可见性、参与性较强的新兴媒介,能够帮助老年群体追逐潮流、拓展人际交往以获取更高的社会包容和社会认可,成为数字时代下老年群体的新型社交名片,使其获得了情绪和情感上的支持与满足,从而显著提升了老年群体的主观幸福感。

(三)来自所属群体的积极评价:短视频使用构建了老年群体的身份认同

社会认同理论认为人的部分自我价值感源自其群体资格以及对自我群体的积极评价,对于老年群体而言,使用短视频是一种管理其可识别形象的方式,认同、包容和情感是老年群体通过短视频寻求到的满足。"我自己学了剪辑,每次大家一起在公园唱山歌拍的视频,我都会剪辑好上传到抖音,好多歌友都给我点赞、评论,说我们唱得好,我看到就很开心。"(访谈对象1,男性,73岁,布依族)

老年群体在社交媒体上找到了包括社会认同、包容和关爱在内的满足感。具体到短视频而言,老年群体正在通过一个相对流行的平台与他人交流,展示他们的能力,在一定程度上消除了人们对他们陈旧形象的刻板印象,通过短视频传播所展现的时尚形象,可以让老年群体获取社会认同与支持。"我前年退休以后时间就多了,喜欢和朋友们一起自驾游,走到风景好看的地方就摆各种姿势拍视频发抖音,儿女都会给我评论,说我们比他们还潮。得到年轻人的认可,我非常高兴。"(访谈对象2,男,62岁)

以抖音为代表的短视频不仅给老年群体的自我呈现带来了巨大的流量,同时,老年群体的自我呈现也给短视频平台带去了无数作品,这满足了他们自我表达的需要,为其提供了抒发情感的渠道,在更加偏向"后台"的短视频情境中,老年群体的自我呈现更多的是记录真实生活,并且通过理想化的印象管理向大众展示其积极的正面形

---

[1] HAVIGHURST R J, ALBRECHT R. Older people[M]. New York:Longmans,Green,1953.

象。在短视频平台中,老年群体通过内容创作、点赞、评论、关注、分享等日常互动行为进行自我呈现并不断构建身份认同。"平时看着抖音上别人拍的好看的东西(指跳交际舞的短视频),我就给我的姐妹们发过去,我们出去玩的时候,我就组织大家照着拍,好多人给我点赞,我觉得很有成就感。"(访谈对象10,女,71岁)

通过短视频的自我呈现促进了老年个体对自我身份的认知和接纳,即确认自身作为"意见领袖"的身份以及对所属老年群体的认知,这样的身份认同伴随着一系列情感体验和对短视频使用的行为模式进行整合的实践历程。老年群体在短视频的自我创作过程中,通过拍摄、剪辑、上传、分享等行为体验到最终的自我呈现,这一全过程链路给他们带来了成就感和满足感,同时,在短视频平台上的交流和互动给其带来了认同感、归属感以及存在感。在短视频这一虚拟平台上,自我认同和社会认同给老年群体带来了超越利益的另一种满足感,这种身份上的肯定和认同为他们提供了行为上的动力。这种通过短视频进行自我呈现所获得的成就感和群体归属感使得老年群体对自己的身份产生了一种"意见领袖"式的认同,使其主观幸福感得到了极大的满足,同时,这样的心态也促使着老年群体不断投入短视频的主动创作和分享中,以此获得更加积极的情感体验和社会认同。

近年来,关于老年群体短视频使用的研究呈现出由边缘走向中心的趋势,但多集中于使用与满足、使用行为及内容选择、形象的自我呈现等方面的研究,关于老年群体短视频使用与幸福感之间的研究仍然较少。未来的研究可对人口学变量进行更加细致的分类,也可通过不同内容选择、观看与发布的类别等进行更加细致的分类研究。目前学界对于老年群体短视频使用与幸福感的研究仅停留于较为表层的现象分析,尽管数据较为丰富但学理性的探讨相对欠缺,基于本次研究的发现,自我呈现、社会支持以及活动理论均可用于该议题的研究,今后的研究可在数据分析的基础上结合老年社会学相关理论进行深入探讨。

〔张媛,西安交通大学新闻与新媒体学院教授,博导;张盛颖,贵州大学传媒学院硕士研究生〕

〔特约编辑:叶明睿〕

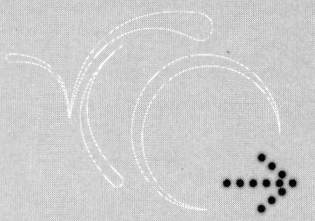

文化传播

仪式建构与文化认同：文化类节目"讲好"中国故事的阐释路径　　　　冯　诚　王　飞

建构主义视角下中国文化软实力的塑造研究
　　——基于"一带一路"文化贸易数据的实证研究　　　　　　　方　英　张　杉

价值生成与意义表达：文化批评视角下的自媒体短视频批评文本　　　庞　亮　刘立洋

仪式建构与文化认同：文化类节目"讲好"中国故事的阐释路径

The Interpretive Path of "Telling Chinese Stories Well" in Cultural Program

◎冯 诚 王 飞

Feng Cheng Wang Fei

摘要：作为时代的重要命题，"讲好中国故事"既关涉"中国故事"的创新性表达，又肩负向国际社会传播中国声音的责任。文化类节目以"讲好"中国故事为己任，涌现出一批以《经典咏流传》《典籍里的中国》《中国书法大会》等为代表的优秀文化节目，它们以电视媒介责任、提升电视美学意蕴、契合电视受众心理为阐释理念；以仪式空间、仪式召唤、仪式互动等仪式建构为阐释表征；以审美认同、身份认同、价值认同为阐释价值，将当代中国优秀传统文化融入"讲好"中国故事的话语体系，切实提高民族文化的自信力与自豪感，增进了中国与世界之间的文化交流与沟通。

关键词：仪式建构；文化认同；文化类节目；讲好中国故事；阐释路径

Abstract: As an important proposition of the times, "telling Chinese stories well" not only concerns the innovative expression of the "Chinese Story", but also shoulders the responsibility of spreading the Chinese voice to the international community. Cultural programs take "telling good" Chinese stories as their duty, and a number of excellent cultural programs have emerged, represented by *Everslating Classics*, *China in the Classics*, *Chinese Calligraphy Conferences*, and others. They take the responsibility of TV media, the promotion of TV aesthetic implication and the psychology of TV audience as their interpretation ideas, and they are represented by the ritual construction such as ceremony space, ceremony call, ceremony interaction and so on. Taking aesthetic identity, identity identity and value identity as the interpretation value, the excellent contemporary Chinese traditional culture is integrated into the discourse system of "telling" Chinese stories, so as to effectively improve the self-confidence and pride of national culture. it has enhanced the cultural exchange and communication between China and the world.

Keywords：ritual construction, cultural identity, cultural programs, telling Chinese stories well, interpretation path

随着全球化进程深入推进,国家之间的文化交流愈加频繁,而"讲好中国故事"已经成为中国提升文化软实力的重要战略部署,因为它是建构中国话语和中国叙事体系,展现中国形象与精神力量的重要方式[①]。正是在"讲好中国故事"的方针指引下,《典籍里的中国》《朗读者》《中国诗词大会》等一批文化类节目强劲发力,借由文化故事的生动讲述,不仅赢得了社会大众的青睐,而且增强了国民的文化自信与自豪感。

在"讲好中国故事"的传播体系中,"讲好"与"中国故事"是两个不同面向,因为前者更侧重实现中华文化的生产、分享和参与。而文化类节目作为"中华文化的明信片",以中华优秀文化为载体,以文化自信为脉络,以阐释中华文化为旨归,既承担着国际传播的重要职责,又凝聚了中华民族的向心力。因此,文化类节目为中华文化诠释提供了展演舞台,通过仪式建构与文化认同实现"讲好"中国故事。

一、"讲好"中国故事：文化类节目的阐释理念

在"讲好"中国故事的实践版图中,文化类节目是重要的宣传阵地,它既包括从书法、诗词、医药、绘画等中华优秀文化中汲取精华,又兼顾科技、美学、情感等艺术表现手法,实现民族的"向心"凝聚力。在"讲好"中国故事的阐释理念引导下,文化类节目附着于中国民族精神与文化自信的内在价值,深刻践行电视媒体的责任、提升电视审美的底蕴、契合电视受众心理,为国际认识中华优秀文化提供了原材料。

(一)"讲好"中国故事践行电视媒介责任

在媒介技术的日新月异下,电视媒体的初衷与责任始终未变,它既承担起优秀文

---

① 加强和改进国际传播工作 展示真实立体全面的中国[N/OL].人民日报,2021-06-02(1)[2024-06-02]. http://paper.people.com.cn/rmrb/html/2021-06/02/nw.D110000renmrb_20210602_1-01.htm.

化宣传、社会核心价值引导的义务和责任,又表征了国家力量来践行宣传教育的功能,因为电视媒体的社会责任便是"塑造人、武装人、鼓舞人、教育人"[①]。而"讲好"中国故事所主导的话语框架中,电视媒体一直处于显要位置,其文化类节目的生产不仅显示出电视媒体"武装人"的社会责任,还夯实了国际宣传工作,构筑了"讲好"中国故事的"穹顶"。比如,中央广播电视总台播出的《百家讲坛》《朗读者》《经典咏流传》《中国书法大会》等文化类节目,不仅是电视媒体践行社会责任的重要阵地,而且激活了中华文化的当代价值,向国际社会全面展示出中国的精神风貌,实现了"讲好"中国故事与电视媒体责任之间的统一。

然而,随着《超级女声》《非诚勿扰》《变形计》等现象级电视节目引爆大众市场,搞怪、无厘头、偶像等元素融入节目的创作,使大众陷入"娱乐至死"的境地。而《朗读者》《经典咏流传》《中国书法大会》等文化类节目成为摆脱"娱乐至死"与"讲好"中国故事的"钥匙"。一方面,文化类节目肩负了"塑造人、武装人、鼓舞人、教育人"的责任理念,让文学、书法、诵读等优秀中华文化重新唤醒大众早已疲惫不堪的大脑,实现电视节目生态的健康循环;另一方面,文化类节目不再一味地"教化"大众,而是从大众化、竞争化和益智化三个方面践行电视媒体的责任,兼顾"讲好"中国故事的阐释理念。例如,在《中国书法大会》中,电视媒体从书法艺术中汲取养分,借由经典书法作品讲述中国故事。一件件书法作品,一个个经典故事,节目的娓娓道来与选手们之间的竞争不仅增添了故事性和趣味性,而且充盈了观众的知识,不断吸引海外观众纷纷参与和观看,打造了融通中外的宣传中华文化的新渠道。因此,"讲好"中国故事既是电视媒体的责任,又是涤荡大众心灵、宣传教育的重要方式。

(二)"讲好"中国故事提升电视美学意蕴

在现象学的意义范畴中,审美既关乎大众的知觉体验,又是"讲好"中国故事的核心要素,因为在"讲好"中国故事的"阐释理念"中,电视审美既观照了技术、经济和精神层面的艺术表现,还在审美的动态属性中把握中国故事内核,是"讲好"中国故事的重要"支柱"。而文化类节目作为电视媒体的主要体裁之一,它借由中华优秀文化所铺陈的审美通道获得大众认可之时,还展现出当代中国社会的风采,成为描摹当代中华形象的拓本。当然,文化类节目在审美性的形塑过程中,并未滞留在"中国故事"本身的影像呈现上,而是探寻文本所内蕴的精神和思想价值,这让文化类节目的审美更上一

---

① 马克燕.观众选择时代下的电视媒体责任[J].中国广播电视学刊,2008(5):18-20.

层楼,为国际社会了解中华文化打开一扇"窗"。

例如,《经典咏流传》节目不仅凭依"和诗以歌"的形式创新了经典诗词的传播样式,而且因孙杨、谭维维、王源等众多明星的云集迅速获得大众的关注,构建了一场丰盛的文化宴会。尤其在《经典咏流传·关雎》的艺术表现中,节目一方面以民族舞蹈与全息技术增强节目的审美属性,展现生动活泼的中华文化形象;另一方面,歌曲还融入了印尼语,以中外汇通的文化形式强化国际传播力。因此,在"讲好"中国故事的阐释理念中,审美底蕴为文化类节目的创新表达提供了不竭动力,其跨文化的传播与融合更要立足于民族文化之上,糅合戏曲、竞赛、闯关、互动等多元艺术表达形式,实现创意与审美之间的平衡,进而向国际社会进行意义投射。

(三)"讲好"中国故事契合电视受众心理

在英国文化研究学者雷蒙·威廉斯看来,"文化"是一个历史丰富的词汇,它意味着栽种、居住、保护和朝拜,与"心灵的陶冶"密切相关①。可以说,"文化"并非抽象的概念,而是深植于人民群众的生活实践之中,关系到精神和价值的共享、沟通和交互,以期实现"陶冶心灵"的目的。而以"文化"为内核的文化类节目,不仅关系到人民群众的时代形象与劳动实践,而且通过展示深厚的历史底蕴与积极的精神风貌,强化了观众对中华民族优秀文化的认同感与自豪感,契合电视受众的心理需求,如《国家宝藏》《上新了·故宫》《非凡匠心》等文化类节目,它们借由文物和人物之间的故事交织,勾勒出中华民族崛起的壮丽画卷。

尤其作为主流文化和社会核心价值的重要载体,文化类节目凭借其"寓教于乐"的特色塑造了直观、立体、生动的中国形象。一方面,文化类节目的叙事理路篆刻了中国人民群众的劳动智慧,反映了中国人民的意愿——追求民族复兴和人民幸福。另一方面,文化类节目的创作方针与"讲好"中国的阐释理念不谋而合,因为两者都要厘清中国独特的文化传统、历史命运和基本国情,让国际社会更为全面、客观、理性地认识中国。例如,大型文化类节目《典籍里的中国》耙梳了中国古代典籍,无论是《尚书》《论语》《史记》等文史作品,还是《孙子兵法》《天工开物》等军事与科技作品,都闪烁着古代人民群众的智慧与汗水,节目的深度诠释与故事演绎更向大众传递出中华优秀文化所内蕴的新思想和新观点。可以说,"讲好"中国故事是文化类节目的重要责任,深刻反映了中国人民群众的心理诉求——追求民族复兴和幸福生活。

---

① 威廉斯.关键词:文化与社会的词汇[M].刘建基,译.北京:生活·读书·新知三联书店,2016:147-148.

二、仪式建构:文化类节目"讲好"中国故事的阐释表征

在美国传播学者詹姆斯·凯瑞看来,"仪式"是引导大众参与一场弥撒,而并不是信息的传递,它包含了"形式"所蕴含共享信仰的表征[①]。而文化类节目以"仪式建构"为表征的阐释路径则为理解中华文化提供了相契合的传播范式——媒介仪式,并借由仪式空间、仪式召唤、仪式互动等形式,为国际社会"讲好"中国故事。

(一)仪式空间:沉浸体验的文化场景

在文化类节目的仪式建构中,大众率先感知的是各种仪式所填充的舞台空间——仪式空间,舞蹈、竞赛、歌唱、专家解读等节目仪式流程纷纷登上节目舞台,精准切入中华文化的意义阐述,为观众营设沉浸式的文化体验。丹尼尔·戴扬和伊莱休·卡茨认为,无论是划时代的政治和体育竞赛,还是大人物们所经历的过渡性仪式,它们都需要附着于空间进行展演,并在仪式的感召下凿通大众之间的情感隔膜。例如,在《中国书法大会》《中国成语大会》《汉字英雄》《中国汉字听写大会》等大型文化类节目中,不仅"技术+竞赛+故事"的仪式空间集互动性、审美性与现场性于一体,为观众带来精神的鼓舞与振奋,而且仪式空间对文化的诠释冲破了情感阈限,强化了对文化的沉浸体验。

特别对于"讲好"中国故事而言,文化类节目所建构的"仪式空间"在带来沉浸体验时,也让国际大众获取了理解中华文化的渠道,因为"仪式空间"汇合了中外文化的共通之处,把民族文化和西方文明进行紧密结合,使其获得超地域性的文化体验。例如,在文化类节目《邻家诗话·第一季》中,不仅仪式空间包括了服饰设计、场景布置和音乐渲染,而且王劲松、张晞临等明星登上舞台朗诵、歌唱中华传统诗词,让大众更为深入理解诗词文化的美感。此外,节目还邀请了法国嘉宾白露娜,组成了跨越民族文化的仪式空间。当白露娜朗诵法文和中文的诗词作品时,观众以西方视角感受古典诗词之美,实现文化边界的"内爆"。由此可见,文化类节目的仪式空间并非停留在文本仪式上,还体现在跨文化的互动、交流与共享上,通过音乐、舞蹈和雕塑等艺术形式不断填充节目舞台,它不仅让中华文化更容易被全球消费者理解、欣赏,而且使他们获得了有关"中国梦""中国好声音"的跨文化体验。

---

① 凯瑞.作为文化的传播:"媒介与社会"论文集[M].丁未,译.北京:华夏出版社,2005:7.

(二)仪式召唤:激活情感共鸣的支点

仪式对于文化类节目而言,既是程序和形式的环节,也是节目向观众发出的一种邀请或召唤,因此,文化类节目相继采用充满科技和情感张力的戏剧表演,以期组织一场"文化朝圣"。在"电视仪式"中,"召唤"是组织朝圣的重要前提,一方面"仪式召唤"借由"竞赛""征服""加冕"三个脚本赋予其神圣性,另一方面也为大众"提供故事情节和评论以限定对它的解读"①。当大众收看文化类节目时,它已经不再是传递、发布或强调中华文化的内容信息,而是以"媒介朝圣""神话塑造"环节让大众介入一次盛大的文化弥撒。换言之,文化不是信息,不是戏剧,不是知识,而是一个仪式,通过与电视媒体的耦合"召唤"大众参与其中,进而激活烙印在人们情感深处的记忆。

一方面,文化类节目组织盛大的"神话塑造"。在《中国书法大会》《汉字英雄》《中国汉字听写大会》《中国诗词大会》等文化类节目中,"竞赛"元素的融入不仅增添了节目氛围的紧张刺激感,也让观众充分了解夺冠的艰辛,使"加冕"更具有"神话"意味,即赋予冠军诞生以神圣感。可以说,文化类节目所呈现的舞台无疑是"神话塑造"的现场,每一次戏剧冲突总会引起受众的关注与讨论,节目不但把中华文化的内核传递给受众,更重要的是让观众忘我地参与进来。另一方面,仪式召唤的"朝圣"激活情感共鸣。在文化类节目的各种仪式符号支配下,潮水般的新闻、评论、视频等迅速构建了一个规模宏大的"召唤"现场,为受众提供了进入节目仪式的契机。例如,在《中国诗词大会·第二季》中,16岁的高中选手武亦姝战胜彭敏获得决赛总冠军,她的夺冠将节目的情绪推向高潮,而有关她的网络话题也冲顶微博热搜,成为大众茶余饭后的谈资。当时数以万计的观众宛如信徒般,在节目播出后津津有味地分析武亦姝的教育、家庭、学识,甚至她的服饰都成为一种时尚。正是在一次"朝圣"中,仪式的"召唤"已经不再拘于内容文本,而是享受仪式所带来的情感交汇。

(三)仪式互动:维系文化共享的桥梁

如果说,文化类节目的"仪式空间"和"仪式召唤"只是邀请观众参与文化筵席,那么,"仪式互动"则是价值和观念的共享。在人类学的话语脉络中,仪式互动是指人们在共同的行动中邂逅、相知并相互融合,克服社会存在的差异,建构社会秩序和共同感的归属②。特别是对于文化类节目而言,它立足于中华优秀传统文本,本身具有一定

---

① 戴扬,卡茨.媒介事件:历史的现场直播[M].麻争旗,译.北京:北京广播学院出版社,2000:43.
② 辛格霍夫.我们为什么需要仪式[M].刘永强,译.北京:中国人民大学出版社,2009:5.

的民族性,但是它所面对的受众既包括民族内部人员,又包括海外全球观众。因此,在"讲好"中国故事的阐释路径中,文化类节目要以更为开放、包容的姿态拥抱全球观众,既要通过"仪式"凿通民族之间的文化隔膜,又要通过互动行为实现文化共享,乃至走向融合。

尤其在《朗读者》《中国诗词大会》《国家宝藏》等文化类节目中,有相当一批观众是被浓厚的仪式互动所吸引的。例如,在《朗读者》中,不仅"图书馆+剧场"的舞台布景预设了读书的仪式空间,而且嘉宾在舞台上朗读时,现场观众的鼓掌、颔首、哭泣等仪式互动打破了观众与荧屏之间的"第四堵墙",使其电视观众能够全身心享受朗读带来的精神慰藉。另外,《朗读者》节目还开通了微博超话、"央视综艺朗读者"公众号、短视频等多元线上互动渠道,大众既可以评论、点赞、转发等形式创造出维系共同文化身份的机会与通道,又能够在文化共享的过程中重塑共同体的伦理价值观。同时,由于总台央视举办的文化类节目成功赢得大众追捧,一些地方电视台也相继推出地方文化类节目,如湖南卫视的《中华文明之美》、河南卫视的《舞千年》、湖北卫视的《家住长江边》等。地方卫视播出的文化类节目都试图将地域性文化推广至全国,乃至全球。因此,文化类节目的仪式互动可以搭建多元交流通道,实现"讲好"中国故事的阐释布局,化解价值冲突危机,在国家形象宣传中起到积极作用。

三、文化认同:文化类节目"讲好"中国故事的阐释价值

在民族学研究的范畴中,"文化认同"既观照本民族的思想引领,又涵盖外族人对中华文化的认知、理解与接受,是一种"他者"的认同[1]。在"讲好"中国故事的时代命题下,文化类节目不仅要高举民族特色的艺术旗帜、阐释中华民族的价值追求,而且要以"文化认同"为思想脉络,构筑开放、包容、合作的中华文化姿态。由此,在文化类节目塑造和呈现"中国故事"的荧屏形象时,文化认同以艺术审美、民族身份、精神价值为表征,在持续深化节目的价值向导功能之际,充分彰显"美美与共"的传播路径。

(一)审美认同:文化的情境体认

文化类节目的"收视"不只是符号学层面上的"看"或"读",更是一种"审美"实践,深刻关系到审美创造和审美接受之间的互动,即审美认同。审美认同是主客体之间对

---

[1] 罗辑,梁勤超.族群节庆:仪式互动与文化认同:以黎平·中国侗族鼓楼文化艺术节为例[J].贵州社会科学,2016(9):49-54.

特定审美对象的认同,或者说"审美中认可、表同于对象、他人的心理活动"[1]。例如,在《典籍里的中国》《中国书法大会》《国家宝藏》等文化类节目中,一件件文物、一篇篇诗歌、一支支舞蹈……诉诸电视荧屏,好似拓扑出一幅中华民族的风情画卷,构筑出文化的交流情境。

因为"审美认同"的主体包含了自身与"他者"双重性质,所以在美学的意义上,审美认同实际上有两个过程——审美的日常化和陌生化。前者强调基于日常经验的趋同性审美心理,以此产生心理归属感与认同感;后者遵循求异思维,从审美的落差与异构实现审美认同[2]。由此可见,在"讲好"中国故事的阐释路径上,文化类节目的审美认同自然包括了上述两个层面,它既通过审美日常化聚合民族的凝聚力,又以审美陌生化吸引受众视觉注意力,以实现审美认同的功能。例如,大型文化类节目《典籍里的中国》以"文化节目+戏剧+影视化"的方式实现跨时空对话,如《尚书》的晁错拜学、伏生传经、大禹治水、牧野盟誓等大众熟知的故事中,撒贝宁与"伏生""晁错"等古今学者齐上场,携手讲述《尚书》的文化渊源。日常化的知识体验与陌生化的情节演绎之间的交汇在打造可感知、可共情的审美文化情境之时,也通过标准化、科技感与历史感的审美经验强化了大众的审美期待,激活审美认同。另外,《典籍里的中国》的陌生化审美通过历史还原、古今交错、科技与戏剧的同步打造了独特的审美体验,完全脱离于"生活真实感"的情境更吸引了海外媒体关注,甚至掀起一场"典籍热",实现中外互通的审美认同。

(二)身份认同:文化主体的间性对话

在文化类节目的认同理路中,身份认同是又一重要环节,因为身份不仅是主体对特定群体的认知,而且能够揭示出特定文化语境下主体与社会的联系。从早期的《百家讲坛》到后来的《朗读者》《典籍里的中国》《中国诗词大会》,文化类节目一直主张更多人投身学习、宣传中华优秀文化,实现对中华民族的身份认同。当然,身份认同不单是个体对特定身份或一系列身份的占有和承诺,更是强调对话中的"他者"认可。在"讲好"中国故事的叙事架构中,文化类节目通过艺术审美强化文化的号召力,既着力展示出中国特色社会主义文化和价值观念,又通过戏剧化、科技化、场景化的多维度媒介形象展演,把成千上万的观众编织进中华文化的对话网络之中,实现对中华民族身

---

[1] 朱立元.美学大辞典[M].上海:上海辞书出版社,2010:69.
[2] 胡智锋,杨乘虎.电视受众审美研究[M].北京:北京师范大学出版社,2010:12.

份的认可。

一方面,文化类节目提供了对话的象征主体。身份认同不是一种存在的状态,而是主体之间对话的过程,而文化类节目为身份认同提供了对话的象征主体。在《典籍里的中国》《故事里的中国》《国家宝藏》等文化类节目中,故事演绎的方式不仅为大众标识出文化象征主体,而且搭建起对话的桥梁。例如,在《国家宝藏·越王勾践剑》中,为讲述"勾践剑"的前世今生,段奕宏化身"宝剑"以独白的形式提供了一个文化象征主体,在演绎中与荧屏外的观众实现对话,使他们在对话情境中确立自己的身份坐标。另一方面,文化类节目提供了独立平等的对话地位。在文化类节目的对话网络中,平等与独立是节目所颂扬的理念,各民族文化以平等的荧屏形象呈现在大众视野之内,在对话中消弭各民族文化之间的隔阂。例如,《国家宝藏》从全国9个省份博物馆遴选出27件镇馆之宝,它们相继登上节目舞台,展示出不同地域之间的文化特色,如湖北省的"勾践剑"、河南省的"贾湖骨笛"、陕西省的"杜虎符"……各个民族与地区的文物"争芳斗艳",一齐被纳入中华民族的"大熔炉"。同样,在《经典咏流传》节目中,不仅苗族水腔、藏族哭腔、陕西秦腔等地方民族特色艺术形式精彩纷呈,印尼语、法语、意大利语等各国语言对中国诗词的传唱更是令人瞩目,它使不同文化保持自主性的同时,也让文化展开彼此之间的连接与交流,产生文化共识或身份共识。

(三)价值认同:文化观念的内在肌理

在文化类节目"讲好"中国故事的纹理中,价值认同无疑是一个重要核心。作为人们对自身在生活中的价值定位与定向[①],价值认同绝不是抽象的概念,而是经由人类的实践与交往建构起来的,集中表现为对某类价值的肯定或共享。在文化类节目中,这种价值肯定与共享由"价值话语图像化""价值观念交融"交织构成。如,《典籍里的中国》聚焦中华优秀文化典籍,讲述典籍蕴含的中国智慧、精神与价值;《国家宝藏》通过影像让"国宝活起来",让观众感悟传统文化的价值理念;《经典咏流传》用"和诗以歌"的形式传递时代精神价值,为现代文明追本溯源……可以说,文化类节目所构建的"价值认同",不仅仅是针对本民族的价值观宣传,还指向人类价值意义的共享体系。

正如斯图亚特·霍尔所言,"电视所生产的信息产品是由话语的组合关系链内的代码操作而形成的"[②],而文化类节目的价值观念也需要通过符号话语来完成表达,如文字符号、音乐符号、肢体动作、语言符号等,它们组建出具有感官冲击的节目舞台之

---

① 陈联俊.网络空间中主流价值认同的分化与重塑[J].中国特色社会主义研究,2017(6):72-78.
② 霍尔,肖爽.电视话语中的编码与解码[J].上海文化,2018(2):33-45,106,125-126.

时,也借助图像符号实现价值话语的表达,让不同主体融入文化场景之中。例如,在《国家宝藏》中,以文物"活起来"的形式,从物品、历史、思想等不同侧面进行影像化呈现,让价值话语与影像融为一体,使其成为实现价值认同的重要利器。另外,随着文化类节目的种类越来越多,主体之间的价值话语在交互中也趋于融合。一方面,《中国诗词大会》《中国中医药大会》《国家宝藏》等文化类节目不断扩大中华思想价值的范畴,如医药、诗词、文物、绘画等,它们不但丰富了受众的艺术审美体验,而且多民族文化的糅合也促进了不同价值话语之间的兼容。另一方面,价值话语的图像化也带来价值观念的交叉渗透,《典籍里的中国》《经典咏流传》《国家宝藏》等文化类节目以"我"为主,实现价值观念的交融,呈现"美美与共"的价值特征。例如,《典籍里的中国》虽然以中华优秀典籍为核心,但是"匠心精神""自强不息"等价值理念增强了各个国家、民族的共情,它已经不再属于私人价值话语,而是转变为人类社会的公共价值取向,借由文化类节目的图像构建价值认同。

四、结语

面对海量的数字信息,"讲好"中国故事必然面临信息泛化、立场弱化、情感淡化等一系列问题,而文化类节目的"仪式阐释路径"为其提供了有效的解决方式。一方面,"讲好"中国故事是文化类节目的顶层设计,它关乎电视媒体的责任、电视审美的提升、人民群众的迫切愿望;另一方面,文化类节目不仅从"仪式建构"出发,以仪式空间、仪式召唤、仪式互动拓扑出"讲好"中国故事的传播蓝图,而且倚重审美认同、身份认同、价值认同三个方面谱系"讲好"中国故事的思想脉络,让受众以无差别、有秩序的形式分享、参与、共享中华文化,竭力呈现中国文化的时代特征。可以说,文化类节目践行"讲好"中国故事的话语之时,既能令大众深刻了解世界,又为世界了解中国提供了有效途径。

〔冯诚,兰州大学新闻与传播学院名誉院长、教授、博士生导师;王飞,兰州大学新闻与传播学院新闻学博士研究生〕

〔特约编辑:崔林〕

建构主义视角下中国文化软实力的塑造研究*
——基于"一带一路"文化贸易数据的实证研究

Research on the Shaping of China's Cultural Soft Power from the Perspective of Constructivism: An Empirical Study Based on the Cultural Trade Data of the "the Belt and Road"

◎方 英 张 杉
Fang Ying Zhang Shan

摘要:在大国博弈日益加剧的背景下,软实力逐渐成为国际话语权竞争的重要领域。在建构主义视角下,主体间互动建构社会事实,中国与其他国家的文化互动建构了中国文化软实力,这种建构主要通过中国形象的"自我"塑造和中国故事的"他方"讲述两种途径完成。文化认同在中国文化软实力的建构过程中发挥了中介作用,文化互动形成文化认同,文化认同建构国家利益和权力,从而实现中国文化软实力的塑造。基于"一带一路"文化贸易数据的实证检验结果显示,"我方"和"他方"视角的文化互动对文化软实力建构具有显著促进效果,且存在文化认同的中介效应。上述研究结论揭示了文化互动对中国文化软实力建构的重要影响,为提升国际传播效能、建设社会主义文化强国提供了理论依据和经验参考。

关键词:中国文化软实力;建构主义;文化互动;文化认同

Abstract: Against the backdrop of increasingly fierce competition among major powers, soft power has gradually become an important area of international discourse power competition. In the perspective of constructivism, the interaction between subjects constructs social facts, and the cultural interaction between China and other countries constructs China's cultural soft power. This construction is mainly achieved through two channels: the self shaping of China's image and the narration of China's stories from the other side. Cultural identity plays a mediating role in the construction of China's cultural soft power.

---

* 本文系国家社科基金艺术学重大项目"建成社会主义文化强国的标准和实现路径研究"(项目编号:22ZD01)的阶段性研究成果。

Cultural interaction forms cultural identity, which constructs national interests and power, thereby achieving the shaping of China's cultural soft power. The empirical test results based on the "the Belt and Road" cultural trade data show that the cultural interaction from the perspective of "our side" and "others" has a significant effect on the construction of cultural soft power, and there is a mediating effect of cultural identity. The above research conclusions reveal the important impact of cultural interaction on the construction of China's cultural soft power, providing theoretical basis and empirical reference for improving international communication efficiency and building athriving socialist culture in China.

Keywords：Chinese cultural soft power, constructivism, cultural interaction, cultural identity

一、引言

在全球化日益深入的今天，软实力已经成为国家间竞争的重要领域。20世纪90年代，约瑟夫·奈（Joseph Nye）在《美国注定领导世界？——美国权力性质的变迁》(*Bound to Lead: the Changing Nature of American Power*)中提出"软实力"的概念，他重视文化、价值观和对外政策等无形资源的力量，认为这种无形资源产生的吸引力能够塑造其他国家的偏好和需求[①]。奈强调软实力的目的性和实际功用性，即控制国际政治环境从而让其他国家做出有利于美国的行为，其思想旨在服务于美国在冷战时期反苏、反社会主义的政治需要[②]。"软实力"的概念传到中国后，中国学者跳出了奈的西方语境和政治目的，提出具有中国特色的文化软实力概念和理论体系。在"软实力"前添加"文化"二字，突出了"文化"在软实力中的核心地位。西方学者认为文化只是软实力的要素之一，实际上"文化"渗透软实力的各个环节和要素并发挥了根本性和引领性的作用。因此，在具有中国特色的"文化软实力"理论中，"文化"扮演了软实力的灵魂和经纬。文化软实力理论创新与我国文化发展战略息息相关，党的十七大报告提出文化软实力是综合国力的重要组成部分，党的十八大报告进一步将"增强文化

---

① 奈.美国注定领导世界？:美国权力性质的变迁[M].刘华,译.北京:中国人民大学出版社,2012：25-28.
② 张国祚.中国文化软实力理论创新:兼析约瑟夫·奈的"软实力"思想[J].中国社会科学,2023(5):188-203.

软实力"明确为全面建设小康社会的五大目标之一,党的二十大报告在二〇三五年远景目标中提到"国家文化软实力显著增强"。习近平总书记关于"文化软实力"的系列讲话和国家文化发展战略的规划,推动了"文化软实力"理论自主知识体系的创新发展。在中国特色的理论架构中,文化软实力的内涵包括对内、对外两个维度:对内,指形成以中国文化为核心的民族凝聚力和价值引领力;对外,指产生对其他国家的文化影响力和吸引力,在文化交流互动中实现文化认同与价值传播,提高中国国际话语权。对外的维度涉及国际关系和国际传播的研究,也是本文关注的核心问题。

建构主义的国际关系理论发展于20世纪80年代,其代表人物是亚历山大·温特(Alexander Wendt)。温特将语言哲学的理论引入国际政治和国际关系问题中,他认为权力和利益是以观念为先决条件的,国家之间的互动建构了国家的身份和利益。综合来看,文化软实力强调文化的力量,建构主义强调观念的作用,两者都是以精神价值层面的因素研究国际关系的理论,在研究内容上具有交叉融合的可能性。此外,从世界格局和全球化时代背景来看,文化已经成为国际竞争的重要领域,拥有国际社会普遍认同的价值理念是国家自立于世界舞台的重要保障;从国家自身发展建设来看,建立文化自信的社会共识,建设社会主义文化强国,是实现中国式现代化和中华民族伟大复兴的必由之路。在文化软实力建设中,"一带一路"倡议是互学互鉴的文化交流之路,打开了文化传播渠道,创造了文化传播机遇,在增进世界各国、各民族人民之间的相互理解中扮演着重要的角色,对人类命运共同体观念的传播至关重要。因此,本文基于"一带一路"文化贸易数据,借由建构主义的思想研究中国文化软实力的建设机理,为推进社会主义文化强国建设、扩大中华文化影响力提供一定的学理价值。

二、理论分析

(一)从互动到权力:中国文化软实力的建构

文化软实力的对外维度表现为吸引其他国家的能力,即在国际文化体系中占据多大的话语权(权力)。在建构主义视角下,国家权力是内生的,是可以变化的因素,一国的利益和权力是在国家间的"互动"中得以建构的,"互动"是国际结构存在的条件。温特认为,"没有实践活动的支撑,社会结构就不会存在"[①]。主权、无政府状态等国际制

---

① 温特.国际政治的社会理论[M].秦亚青,译.上海:上海人民出版社,2000:353.

度都是施动者在互动实践中建构起来的事实①。在建构主义理论的观照下,文化软实力是可以被建构的,这种建构是国家间文化互动的结果。

"互动"(interaction)是相互作用的意思,"互动"表现为信息交流、沟通与共享的过程,且这个过程不是单向的,信息的发出者和接收者存在相互影响、相互作用和相互制约的关系,接收者会受到外部信息的吸引和影响,发出者也会根据接收者本身的状态和对信息的反应来调整和改变互动的内容。"互动"本身蕴含着"主体间性"的思想,如果没有"主体间性",就不存在"相互作用",而是从一方到另一方的单向影响。从文化间性的思想看,中华文明的包容性及其对世界文明的开放胸怀为加强文明交流互鉴提供土壤,从而有助于提高中国文化的国际传播力、吸引力和影响力,进一步塑造了我国在全球文化中的软实力。

文化软实力的文化互动可以划分为两方面:一种是"我方"视角,我国主动以本国文化为传播内容对外宣传,实现自我形象的塑造;一种是"他方"视角,他国民众亲身感受中国文化,作为"他方"讲述者,传播中国故事。

1.中国形象的"自我"塑造

自塑的互动是指"我方"作为施动方进行主动的行为实践来建构文化软实力的互动。"我方"互动的意义在于我国掌握了文化软实力构建的话语权。② 我国国际话语权目前仍处于"结构性弱势"地位③,自塑的价值就在于主动,主动有为,主动输出"中国价值",主动成为国际文化交流互动的参与者、建设者和贡献者,主动塑造一个真实、立体、全面的中国形象。中国形象的塑造既包括官方文化互动,也包括民间文化互动。从官方互动的维度看,我国积极建设多元文化交流体系。一是发挥政策的引领作用。党的二十大明确提出"展现可信、可爱、可敬的中国形象",为新时代中国形象的塑造指明了方向。"一带一路"文化发展行动计划、双边文化与教育交流执行计划、多边部长级文化会议等举措也不断建构中外文化合作网络。二是搭建文化交流平台,我国积极与其他国家建立友好城市关系,设立海外中国文化中心,在全球160多个国家和地区建立孔子学院和孔子课堂。三是举办大型文化活动和体育赛事。文化年、艺术节、影视桥、智库对话等人文合作项目异彩纷呈,以北京冬奥会、冬残奥会为代表的一批大型国际体育赛事彰显了负责任的大国形象。从民间文化互动的维度看,数字化的文化互

---

① 秦亚青.建构主义:思想渊源、理论流派与学术理念[J].国际政治研究,2006(3):1-23.
② 赵泓."他塑"与"自塑":论中国形象的构建[J].电影文学,2019(2):18-20.
③ 严文斌.中国国际形象的"自塑"与"他塑"[J].对外传播,2016(6):17-18.

动成为文化塑造和传播的中坚力量,网络游戏《王者荣耀》将吕布、貂蝉、牛魔王、孙悟空等代表中国传统文化的形象加入游戏角色设计,获日本动漫 TBS 大奖赛的冠军作品《中国唱诗班》融入《元日》《相思》《游子吟》等中国古代诗词,社交媒体中以李子柒为代表的意见领袖激发了外国友人对中国文化的好奇心。

2.中国故事的"他方"讲述

文化软实力的塑造途径除了"我方"主动进行文化互动,还可以由"他方"传播中国故事,借声说话,借筒传音,通过"他方"讲述消除偏见,塑造一个真实的中国形象。在建构中国文化软实力的过程中,语言障碍、文化差异、地理距离等现实条件,容易造成人们对中国文化的误解和偏见,国家主体之间难以形成文化层面的共有知识。从"他方"的视角上,"我方"主动的文化互动始终是建立在自我思想、价值、观念上的,无法从根本上消弭文化鸿沟。但借由"他方"讲述者的互动具有天然的传播优势,为我国寻求文化沟通空间与国际认同提供了可能,尤其是,当这种讲述来自他国民众亲身经历的时候。"他方"讲述是建立在他国自有思想观念和文化体系上,形成"他方"体验图景和中国故事的内容与素材。这种"体验传播"使得中国故事更加完整、真实,有助于消除媒介刻板印象,破除文化鸿沟,是塑造我国文化软实力的重要渠道。具体到文化互动实践层面,亲历中国的"他方"客人,比如中国入境游客、来华留学生、来华工作人员,都是借声说话、借筒传音的重要主体。以好莱坞电影中的中国形象"他塑"为例,《碟中谍3》里的西塘风景、《功夫熊猫》中的熊猫阿宝以及《地心引力》中的中国空间站,都是中国文化的符号体现[①]。YouTube 平台讲述中国生活或中国文化的"洋网红",粉丝量达到百万级别,作为跨文化的体验者和调适者帮助海外受众消除认知偏差和误解,为中国故事的国际传播提供新的可能性[②]。《中国入境旅游发展报告》显示,2019 年,我国入境游客达 14531 万人次,且有 42% 的外国游客表示将再次来华旅游,说明中国在"他方"体验中形成了良好正向的国家形象。"他方"讲述的文化互动实践是我国文化软实力塑造不可忽视的渠道。

假设 1:中国与其他国家的文化互动建构了中国文化软实力,这种建构主要通过中国形象的"自我"塑造和中国故事的"他方"讲述这两种途径完成。

---

① 赵泓."他塑"与"自塑":论中国形象的构建[J].电影文学,2019(2):18-20.
② 赵永华,廖婧,窦书棋.中国形象的"他塑":"洋网红"对海外受众认知、情感和行为的影响——基于 YouTube 视频受众评论的分析[J].新闻与传播评论,2024,77(2):93-105.

(二)作为共有知识的文化认同:中国文化软实力建构的中介机制

在温特的建构主义理论中,知识分为自有知识和共有知识。作为国家而言,自有知识是指国家行为体独有的文化或意识形态,是一个国家判断国际形势、界定国家利益以及研究对外政策的主要依据和决定性因素。而共有知识是国家之间共同的、相互关联的知识和文化。温特的建构主义理论认为"共有知识是互动的现象","没有施动者和进程就没有集体文化结构"。通过互动实践,自有知识可以转化为共有知识。作为施动者的一国的自有知识在互动实践的过程中逐渐知识扩散,形成群体或国家间的共有知识,也即达成了共识的部分,比如生活方式、行为习惯、体制机制、政策偏好等,这种共有知识也可以被称为文化认同。

在英文中,"认同"(identity)的本义来自"身份"(identity),其词根是拉丁文中的idem,表示"同一""相同""同样"。"认同"来自社会学的概念,是指行为体的同一性和个性,是对行为体之所以为"我"而非"他"的界定①。温特认为,身份是通过自然选择和文化选择这两种途径进化的②。在自然选择层面,认同建立在以血缘为基础的生物性资源基础上,承认与其他个体(群体)具有共同起源、共同历史和共享特征。在文化选择方面,认同并不局限于遗传意义和地理空间的同一性,而是对现代生活方式、行为习惯和体制机制的理解和认可;承认一种文化的合理性、合法性,愿意与其达成相互依存、休戚与共的共同体。在社会进程中,自然选择的作用被削弱,以模仿和社会习得为主的文化选择的作用越发重要。在互动论中,作为互动的习得是身份和利益的来源。互动本身是一个认同的过程,文化认同也是一种持续的和尚未完成的话语构建过程。可以说,文化认同不是一种自然选择的既定状态,不仅仅是对"我们是谁""我们来自哪里"的历史追问,更是在探索"我们将要成为什么,走向何方"的持续性建构③。文化认同跨越国家自有知识的"边界",从自我延伸到"他者",从而建立更为广泛的身份共同体、利益同心圆④。

积极的交往互动促进国家间形成共有知识,共有知识决定了身份的界定(文化认同)。建构主义视角下,观念的力量是巨大的,观念是相对于物质的概念。温特虽然承认物质性因素在国际体系中的客观性,但他认为观念的分配才是国际体系结构产生作

---

① 孙溯源.集体认同与国际政治:一种文化视角[J].现代国际关系,2003(1):38-44.
② 温特.国际政治的社会理论[M].秦亚青,译.上海:上海人民出版社,2000:314.
③ 赵永华,刘娟.文化认同视角下"一带一路"跨文化传播路径选择[J].国际新闻界,2018,40(12):67-82.
④ 孙溯源.集体认同与国际政治:一种文化视角[J].现代国际关系,2003(1):38-44.

用的关键性因素。观念具有建构功能,可以建构行为体的利益,从而确定行为体的权力。温特指出,"国际政治中权力分配的意义在很大程度上是由利益分配建构的,利益的内容在很大程度上又是由观念建构的;权力和利益理论是以观念为先决条件的"①。共有观念可以改变社会事实、创造社会事实②。国家间的共有观念能够建构国家利益,影响国际权力结构。文化认同可以被视为国家间的共有观念,在这个意义上,一国的文化被其他国家接受并形成文化认同后,本国的利益、权力都得到了重新界定,拥有国际社会普遍认同的价值理念是获得其他文化尊重、提升国际话语权和国际影响力的重要因素。

对应中国文化软实力的建构,其形成机制可以简单概括为:文化互动→文化认同→中国文化软实力的建构,即文化互动形成共有知识,文化认同(作为共有知识)建构国家利益和权力,从而实现中国文化软实力的塑造。

假设2:文化认同在文化互动建构中国文化软实力的过程中发挥了中介机制作用。

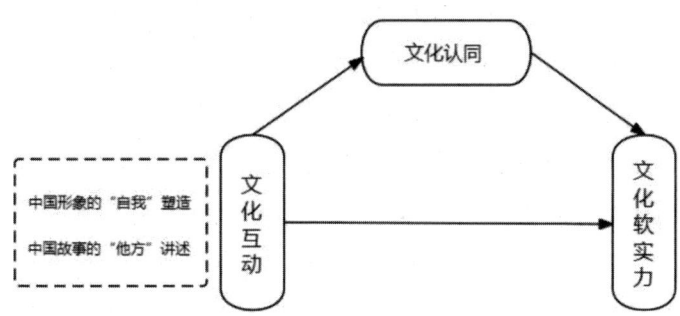

图1 中国文化软实力塑造的研究机制图

三、研究设计

(一)模型构建

本文以"一带一路"沿线48个国家为研究样本,选取2013—2018年中国文化产品出口数据,采用双向固定效应模型,在建构主义视角下考察中国文化软实力的塑造机

---

① 温特.国际政治的社会理论[M].秦亚青,译.上海:上海人民出版社,2000:176.
② 秦亚青.建构主义:思想渊源、理论流派与学术理念[J].国际政治研究,2006,(3):1-23.

理。基于理论分析及现有文献研究,参考周莉和范天汝[①]、程盈莹等[②]以及晏艳阳和汤会登[③]的观点,本文构建文化互动对中国文化软实力影响的计量模型:

$$Softpower_{it} = \alpha_0 + \alpha_1 CT_{it} + \alpha_2 X_{it} + u_i + \lambda_t + \varepsilon_{it} \tag{1}$$

其中,$Softpower_{it}$表示我国在"一带一路"i国的文化软实力。核心解释变量CT_{it}表示中国与"一带一路"i国在t年文化互动。X_{it}为控制变量,包括两国间文化距离、地理距离、我国经济发展水平(GDP)、外贸依存度、是否与我国接壤、是否加入WTO等变量。u_i表示国家固定效应,λ_t表示时间固定效应,ε_{it}为随机扰动项。

(二)变量选取与数据来源

1.被解释变量:中国文化软实力

在中国特色的文化软实力研究中,现有文献多从对内、对外两个维度进行分析[④]。对内的文化软实力指形成以中国文化为核心的民族凝聚力和价值引领力;对外的文化软实力指产生对其他国家的文化吸引力,提升中华文化影响力。文化贸易是国家软实力和国际影响力的重要体现[⑤],因此本文选取文化贸易数据,将"一带一路"沿线国家从中国进口文化产品占其文化产品进口总额的百分比(贸易占比)作为中国文化软实力的代理变量。相比于贸易流量,贸易占比更能反映我国在"一带一路"的文化地位和重要性。中国文化产品能否成为"一带一路"沿线国家进口的重要来源,是中国文化的吸引力和影响力的关键体现。

文化贸易是中国文化"走出去"的价值体现,是中华民族优秀传统文化的创造性转化和创新性发展。一方面,文化软实力重视"文化"的根本性作用,文化贸易是将蕴含了我国文化内涵和价值取向的产品与别国进行交易交换活动[⑥],是人类精神文明的物质体现,与文化软实力的内涵较为契合;另一方面,文化贸易占比反映了一国在国际文化体系中的话语权,体现了中国文化的吸引力和影响力[⑦]。此外,文化贸易是建立在我国文化产业发展基础上的,体现了我国文化的资源力和创新力,所以文化贸易也能

---

① 周莉,范天汝.中国经济形象的全球塑造及其现实影响:基于70个中国主要贸易国的实证研究[J].现代传播(中国传媒大学学报),2023,45(3):74-83.
② 程盈莹,成东申,李佳鸿.国际舆论对我国入境旅游贸易的影响:基于Gdelt新闻大数据库的实证研究[J].社会科学研究,2022(2):113-125.
③ 晏艳阳,汤会登.东道国媒体情绪对中国企业跨境并购的影响研究[J].国际贸易问题,2023(1):158-174.
④ 胡宇喆.新时代国家文化软实力的三重向度[J].湖南社会科学,2024(2):153-159.
⑤ 张玲.中国文化贸易出口的高质量发展研究:基于语言情景视角[J].中国软科学,2024(4):37-45.
⑥ 李小牧,李嘉珊.国际文化贸易:关于概念的综述和辨析[J].国际贸易,2007(2):41-44.
⑦ 汪颖.文化自信与文化产品贸易可持续发展[J].当代财经,2023(5):106-118.

部分反映出文化软实力的对内维度。因此,本文选取文化贸易作为文化软实力的代理变量。

具体来说,本文选取 2013—2018 年①"一带一路"沿线国家 i 从中国进口文化产品占其从全球进口文化产品的百分比作为中国文化软实力的代理变量。数据来自联合国商品贸易数据库(UN Comtrade),报告方为"一带一路"沿线国家,中国为贸易伙伴方,以联合国教科文组织发布的《2009 年文化统计框架》为依据②,共选取 6 类 85 种文化产品,调用所有文化产品六位数 HS2007 编码并加总整理。

2.解释变量:文化互动

在建构主义视角下,国家的身份和利益不是预先给定的因素,而是在国家之间的互动中得以建构的。中国与其他国家的互动实践决定了中国文化软实力如何塑造。阮静指出孔子学院是中国文化符号实现文化互动的重要平台,是中国文化"走出去"的重要窗口③。漆亚林把孔子学院作为中国国家形象自我塑造的重要载体,认为孔子学院有助于促进文化认同,提升中国文化软实力④。因此,本文选取"一带一路"沿线国家孔子学院数量作为中国形象"自我"塑造的代理变量,数据来自《孔子学院年度发展报告》。对于文化互动的"他方"视角,来华留学生是国际化表达的重要对象,作为亲历中国的"他方"友人,留学生能够修正对中国形象的虚拟认知⑤,形成较为真实、全面、积极的中国形象观。牟蕾等通过问卷调查发现"一带一路"沿线国家来华留学生不仅能够认识和理解中国文化,还具有传播中国文化的强烈意愿。因此,本文选取来自"一带一路"沿线国家的留学生数量作为中国文化"他方"讲述的代理变量,数据来自教育部国际合作与教育司发布的《来华留学生简明统计》。

3.控制变量

控制变量包括文化距离、地理距离、我国经济发展水平(GDP)、贸易占比、是否与我国接壤、是否加入 WTO。文化距离根据霍夫斯泰德(Hofstede)提出的文化维度计

---

① 出于对现实情况和数据可得性的考虑,实证研究数据截至 2018 年,主要原因包括:一是 2020 年后受新冠疫情"黑天鹅"事件的影响,文化贸易数据难以真实反映文化软实力;二是教育部发布的《来华留学生简明统计》只统计到 2018 年。
② 本文以联合国教科文组织发布的《2009 年文化统计框架》为依据收集并整理文化贸易数据,详见:https://uis.unesco.org/sites/default/files/documents/unesco-framework-for-cultural-statistics-2009-ch.pdf。
③ 阮静.中华文化符号与中国文化传播[J].中南民族大学学报(人文社会科学版),2023,43(1):82-90,184.
④ 漆亚林.中国国家形象建构的历史进路与路径选择[J].人民论坛·学术前沿,2023(24):5-14.
⑤ 宋海燕.中国国家形象的"他者"传播:来华留学生的中介机制[J].新闻爱好者,2021(8):27-30.

算而得[①],包括权力距离、不确定性规避、个人主义或集体主义、男性化或女性化、长期或短期倾向、自身放纵或约束六个维度[②]。地理距离选取沿线国家首都与中国首都的距离并作对数处理。外贸依存度为进出口总额与GDP的比值。控制变量的数据来自霍夫斯泰德文化维度数据库、CEPII数据库、世界银行数据库等数据库。

(三)特征事实分析:文化软实力和文化互动的发展趋势

图2展示了2013—2018年中国文化软实力和文化互动的时间趋势。作为中国文化软实力的代理变量,"一带一路"国家进口中国文化产品的比例由2013年的7.2%增长到2017年的9.1%,2018年虽有所回落(占比8.7%),但总体来说文化软实力仍呈增长趋势。从文化互动来看,中国与"一带一路"沿线国家的互动交流逐渐紧密,2018年"一带一路"来华留学生达214427人次,孔子学院达135个,从"我方"和"他方"视角建立文化沟通空间与国际认同渠道。此外,从图2可以发现,文化互动与文化软实力之间可能存在正相关关系,假设1具有合理性。

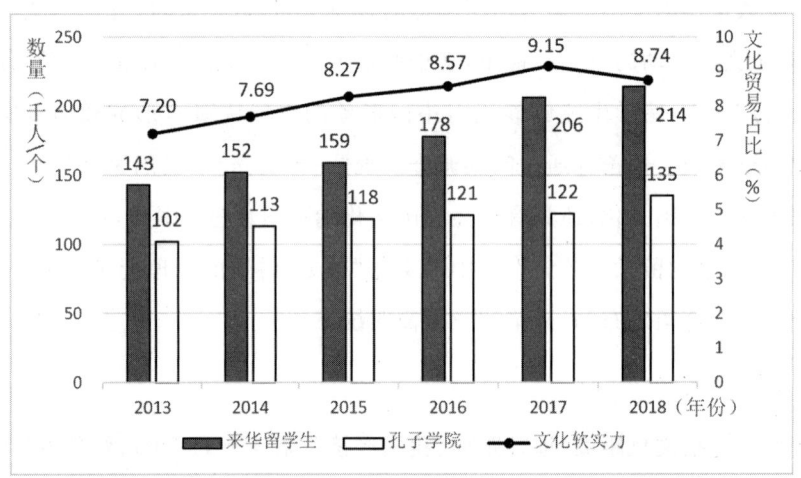

图2 2013—2018年中国文化软实力和文化互动的时间趋势

---

① 文化距离的计算模型详见:KOGUT B,SINGH H. The effect of national culture on the choice of entry mode [J]. Journal of international business studies,1988,19:411-432.
② 霍夫斯泰德文化维度数据详见 https://www.hofstede-insights.com/country-comparison-legacy。

四、实证结果分析

(一)文化互动对中国文化软实力的建构

表1报告了我国与"一带一路"沿线国家的文化互动对中国文化软实力建构的影响。(1)(2)(3)列报告了孔子学院对中国文化软实力的影响,验证了"我方"视角的文化互动对中国文化软实力的建构作用。(4)(5)(6)列报告了来华留学生对中国文化软实力的影响,验证了"他方"视角的文化互动对中国文化软实力的建构作用。其中第(1)(4)列报告了未加入控制变量的回归结果,第(2)(5)列在加入控制变量的同时控制了国家层面固定效应,第(3)(6)列同时加入国家固定效应和时间固定效应。从表1的回归结果可知,孔子学院和来华留学生的系数都大于0,且加入双向固定效应后都在5%水平上显著,说明我国与"一带一路"沿线国家的文化互动对中国文化软实力建构具有显著促进效果,加入控制变量、双向固定效应后,不影响这种效应的显著性,说明假设1成立。我国与"一带一路"沿线国家的文化交流越密切,文化贸易规模越大,中国文化影响力越大,中国文化软实力进一步提升。

表1 文化互动对中国文化软实力的建构作用

	(1)	(2)	(3)	(4)	(5)	(6)
孔子学院	0.019*	0.020**	0.023**			
	(1.91)	(1.98)	(2.31)			
来华留学生				0.008**	0.007*	0.008**
				(2.11)	(1.83)	(2.05)
样本数	240	136	136	270	136	136
R^2	0.855	0.836	0.841	0.874	0.865	0.870
控制变量	否	是	是	否	是	是
国家固定效应	是	是	是	是	是	是
时间固定效应	是	否	是	是	否	是

注:*、**和***分别表示在10%、5%和1%水平下的显著性,括号中为t值,根据聚类的稳健标准误计算。下同。

(二)文化认同:中国文化软实力建构的中介机制

由前文分析可知,文化认同在文化互动建构中国文化软实力的过程中发挥了中介机制作用。文化互动形成文化认同,文化认同建构国家利益和权力,从而实现中国文化软实力的塑造。本文使用的文化认同数据来自"全球事件、语言和语调"数据库(The Global Database of Event, Language, and Tone,简称 GDELT)。GDELT 收集了全球超过 100 种语言的各大主流媒体的新闻报道,并依托于自然语言处理技术,对新闻中的参与方、时间、事件、语调等指标进行提取。语调(Tone)是 GDELT 中表示新闻报道语调的数据,通过新闻语气词中正面词汇和负面词汇的数量关系来计算(式2)[①],语调取值范围是 -100 至 +100,通常在 -10 至 +10 之间,0 表示既不积极也不消极[②]。Schlesinger 认为媒体是文化认同的反映者和塑造者,通过报道新闻、提供信息和娱乐内容,媒体有助于形成和强化文化认同和归属感。[③] 李红涛从纪念报道的角度入手,发现媒体报道能够强化集体身份认同的建构。[④] 在建构主义思想下,文化认同是国际互动者间"敌对"(enmity)或"友善"(amity)的情感态度[⑤],而 Tone 体现了媒体报道中的情感偏向(sentiment index)。当一国媒体对中国的报道语调是积极的,这意味着其对中国文化持"友善"态度,表现为对我国现代生活方式、行为习惯甚至体制机制的理解和认可。相反,如果媒体报道语调是消极的,则表示对这种文化持否定态度,甚至产生文化疏离感。因此,本文采用"一带一路"沿线国家媒体的涉华报道语调作为文化认同的代理变量。在操作层面,使用 Google 的 Big Query 平台,通过 SQL 语句从 GDELT 的事件数据库(Events Database)中筛选出事件参与国为中国的新闻报道,将其称为涉华新闻报道。由于 GDELT 并未提供新闻报道的国家来源,因此,本文根据新闻来源字段识别出域名并对域名和所属国家进行匹配,从而识别每一篇报道来自哪个国家的媒体。GDELT 对 Tone 的评估方法在 2015 年前后有所改变[⑥],出于

---

① AN N, ZHENG Z, CHEN C, et al. Mapping a country image from global news reports about COVID-19 pandemic[J]. Applied spatial analysis and policy, 2023, 16(2): 751-770.
② 程盈莹,成东申,李佳鸿.国际舆论对我国入境旅游贸易的影响:基于 Gdelt 新闻大数据库的实证研究[J].社会科学研究,2022(2):113-125.
③ SCHLESINGER P. Media, the political order and national identity[J]. Media, culture & society, 1991, 13(3): 297-308.
④ 李红涛.昨天的历史 今天的新闻:媒体记忆、集体认同与文化权威[J].当代传播,2013(5):18-21,25.
⑤ 周庆安,李涵沁.集体共识、知识生产与分众对话:全球话语竞争背景下的中国对外传播话语体系建构新思路[J].中国新闻传播研究,2023(3):3-13.
⑥ 柳建坤,张柏杨,张云亮.多维"国家距离"视野下的涉华舆情运作机制:基于 GDELT 新闻大数据的实证分析[J].情报杂志,2022,41(9):79-87.

数据可得性和一致性的考虑,本文选取 2016—2018 年的数据,对每年所有事件的 Tone 取平均值作为本文文化认同的代理变量。

$$Tone = 100 \times \frac{\sum positive\_words - \sum negative\_words}{\sum total\_words} \qquad (2)$$

图 3 展示了 2015—2019 年,"一带一路"沿线国家媒体涉华报道语调的趋势[①],图 4 展示了不同国家媒体涉华报道语调的分布情况。"一带一路"沿线国家对中国的总体情感趋向消极(见图 3),2019 年,Tone 仅为 0.35,相比于 2015 年下降了 55.8%。欧洲国家媒体报道中国的语调比亚洲国家的更积极,比如摩尔多瓦、北马其顿和拉脱维亚等国家,平均语调都大于 2(见图 4),分别为 2.48、2.19 和 2.15。而亚洲国家,尤其是邻近国家对中国的负面报道更多,其中 2016 年、2017 年、2019 年的语调为负值;菲律宾、印度、越南、马来西亚等亚洲国家是负面情感较突出的国家,菲律宾媒体的平均语调仅为 -0.39,这些国家大多是与中国处于同一地缘政治格局的国家,政治利益冲突可能是这些国家对中国报道语调较为负面的主要原因[②]。

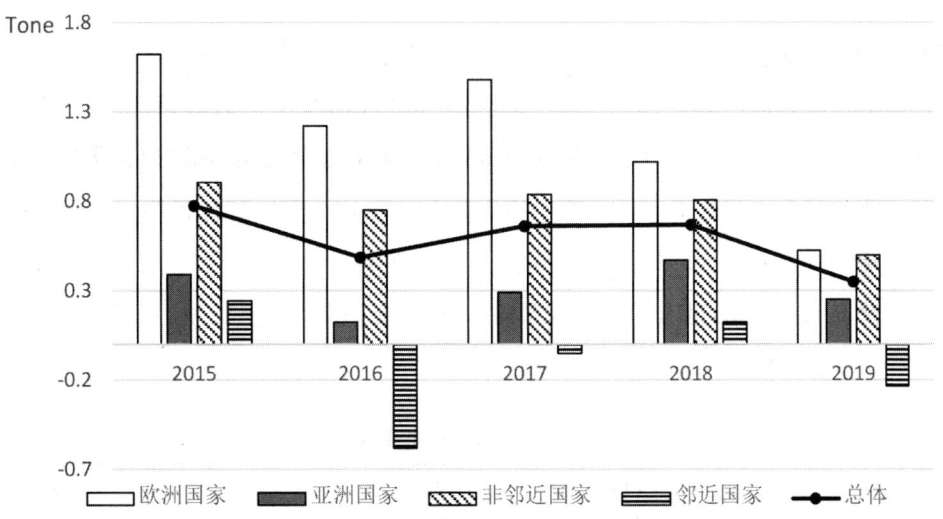

图 3　2015—2019 年"一带一路"沿线国家媒体涉华报道语调的时间趋势[③]

根据温忠麟等[④]、温忠麟和叶宝娟[⑤]提出的中介效应检验程序,表 2 报告了文化认

---

① 受疫情影响,2020 年以来新闻媒体语调浮动较大,且各组别变动不规律,难以凸显语调的特征,在此不做展示,如有需求可联系作者索要。
② 柳建坤,张柏杨,张云亮.多维"国家距离"视野下的涉华舆情运作机制:基于 GDELT 新闻大数据的实证分析[J].情报杂志,2022,41(9):79-87.
③ 邻近和非邻近国家表示是否与中国接壤,数据来自 CEPII 数据库。
④ 温忠麟,张雷,侯杰泰,等.中介效应检验程序及其应用[J].心理学报,2004(5):614-620.
⑤ 温忠麟,叶宝娟.中介效应分析:方法和模型发展[J].心理科学进展,2014,22(5):731-745.

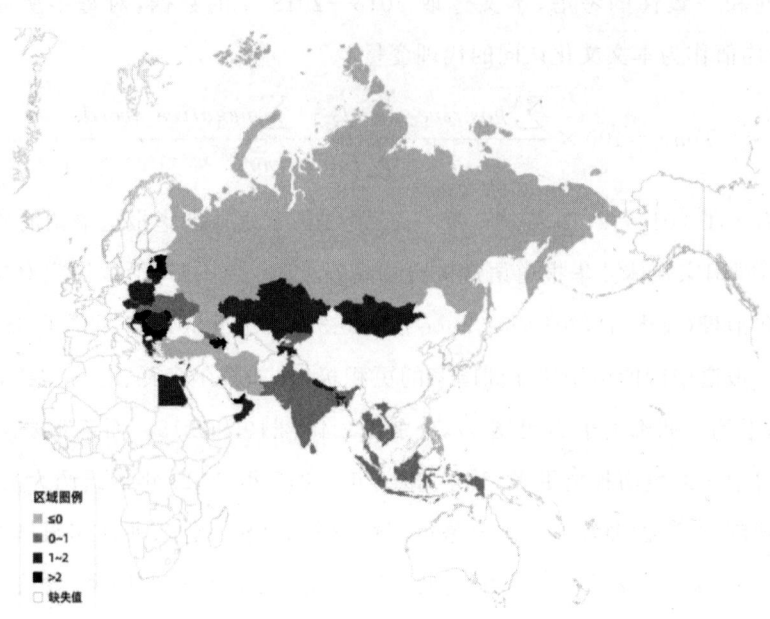

图 4　"一带一路"沿线国家媒体涉华报道平均语调分布图

同在文化互动建构文化软实力过程中的中介机制检验结果。第(1)(3)列先检验了文化互动对文化认同的影响,结果显示自塑和他塑的互动都在5%的水平下显著促进了文化认同。第(2)(4)列检验了文化互动和文化认同对文化软实力的影响,作为中介变量的文化认同与文化软实力呈显著正相关关系(p值均小于0.05),说明文化认同在文化互动建构文化软实力的过程中发挥了主要中介作用[①]。我国与"一带一路"沿线国家的文化互动越密切,越有利于形成共同知识,促进身份界定的交融,从而建立文化认同,提升中国的文化软实力,假设2成立。

表 2　文化认同的中介效应

	(1) 文化认同	(2) 文化软实力	(3) 文化认同	(4) 文化软实力
孔子学院	0.428**	−0.006		
	(2.08)	(−0.38)		
来华留学生			0.113**	0.005
			(2.16)	(0.58)

---

① 在中介效应的检验程序中,第(1)(3)列解释变量系数显著和第(2)(4)列中介变量的系数显著即说明中介效应存在。关于完全中介和部分中介的说法,Preacher和Hayes(2008)建议将所有中介都看作部分中介,而不再区分完全中介和部分中介。

续表

	(1) 文化认同	(2) 文化软实力	(3) 文化认同	(4) 文化软实力
文化认同		0.024**		0.024**
		(2.06)		(2.63)
样本数	60	56	60	56
R^2	0.872	0.937	0.879	0.958
控制变量	是	是	是	是
国家固定效应	是	是	是	是
时间固定效应	是	是	是	是

五、结论与讨论

本文从文化强国建设战略下"一带一路"人文交流合作对提升中华文化影响力的作用效果以及这种作用产生背后的内在机制这一现实问题出发,重点关注"一带一路"人文交流合作对中国文化软实力的影响。理论机制表明,中国与其他国家的文化互动建构了中国文化软实力,这种建构主要通过中国形象的"自我"塑造和中国故事的"他方"讲述这两种途径。同时,"一带一路"倡议下的人文交流合作通过促进文化认同来建构国家利益和权力,从而提升中国文化软实力。实证研究上,以"一带一路"沿线国家从中国进口文化产品占其文化产品进口总额的比例作为中国文化软实力的代理变量,以"一带一路"沿线国家媒体对中国事件报道的语调作为文化认同的代理变量,以中国在"一带一路"沿线国家设立的孔子学院数量和沿线国家来华留学生数量衡量文化互动的双向路径,检验了中国文化软实力的塑造机制,从而为实施文化强国战略,提升中国文化软实力奠定了事实基础。

中国文化软实力的塑造可以从以下几个方面考虑:

第一,加强文化传播与交流,积极建设旅游、教育、艺术等多元渠道,积极举办文化节、艺术展览、电影节等活动,加强与世界各地的文化交流,探索数字化互动途径,搭建中华文化的线上"朋友圈"。从互动对文化软实力的建构来看,文明交流互鉴是软实力建构的力量源泉。随着全球数字化的不断深入,信息传播的范式逐渐从"大教堂"转为"大集市"[①],除了进一步推进线下的互动渠道外,更要重视数字化和平台化动能。以

---

① 方兴东,严峰,钟祥铭.大众传播的终结与数字传播的崛起:从大教堂到大集市的传播范式转变历程考察[J].现代传播(中国传媒大学学报),2020,42(7):132-146.

网络游戏、网络文学、短视频等为代表的数字文化互动新力量丰富了文化的出海形式,"造船出海"的文化出海平台挖掘并满足目标市场的海外受众,从《王者荣耀》中的孙悟空到YouTube平台上李子柒的中式田园视频,中国文化的线上线下全景式互动体系正逐渐成形。

第二,主动塑造客观、真实、完整的中国形象,以间性对话的方式增进对中国文化的价值了解和情感共鸣。通过前文的研究,中国形象的"自塑"是建构文化软实力的互动路径,增强自塑意识,掌握文化互动的主动权,才能突破西方语境的桎梏和枷锁,而不仅仅以"西方"为叙述的起点和中心。哈贝马斯的交往行为理论认为,交往的有效性是通过真实性、真诚性和正当性实现的[1]。因此,在主动建立中国式现代化的文化形象的过程中,要全面、客观、真实地反映中国社会发展现状和丰富多彩的现实场景,同时要警惕"独白式自话"的陷阱,以主体性和主体间性的对话方式构建中国文化软实力。

第三,积极寻找文化间的"共通点",从日常生活的物质需求和符号意义出发,建立具有共同利益、共同情感联结、共同价值观念的命运共同体。习近平主席多次在关于国际传播的讲话中强调,以构建人类命运共同体为国际传播的理念。从文化认同的维度来看,共同体理念是对国家身份的界定和归属,是对"世界向何处去"的共有知识。作为共有知识的文化认同是提升文化软实力和影响力的桥梁和机制。在历史的维度上,以"共通点"建立文化纽带,比如"一带一路"就是在古丝绸之路的共同历史记忆上构建文化认同;在社会进程的维度上,从日常生活的路径出发,使抽象的文化认同在日常实践中具体化、落地化,从而形成规模性的群体情感联结。

第四,鼓励"他方"讲述的互动路径,重视来华国际友人的体验实践和文化感知,壮大唱响中国故事的"合唱团"。"他方"讲述因其特殊的文化身份和居间地位扮演中国文化传播的新意见领袖,从而影响海外受众的认知、情感乃至行为意向。娱乐性、轻量级、日常化的软性内容更容易激发受众的积极情感,友情、爱情、亲情以及人类的共有情感使不同文化背景的主体对内容进行"同向解码",随着情感的涟漪逐渐扩散,文化认同的圈层进一步扩大。

〔方英,博士,中国传媒大学经济与管理学院教授、博士生导师;张杉,中国传媒大学经济与管理学院传媒经济学专业在读博士生〕

〔特约编辑:崔林〕

---

[1] 周庆安,李涵沁.集体共识、知识生产与分众对话:全球话语竞争背景下的中国对外传播话语体系建构新思路[J].中国新闻传播研究,2023(3):3-13.

价值生成与意义表达：文化批评视角下的自媒体短视频批评文本

Value Creation and Meaning Expression: Criticism of Self-media Short Videos From a Cultural Criticism Perspective

◎庞 亮 刘立洋

Pang Liang　Liu Liyang

摘要：自媒体短视频所呈现的影视剧剪辑短片及其评论给大众提供了娱乐，其传播和接受的价值大部分在于自身的幽默、讽刺、搞笑。从文化批评视角来看，将自媒体短视频批评文本作为研究对象，我们不难发现这些短视频有其形式的规律性和内在的审美性，进一步探讨则会发现其潜在的文化权利与学术意义。

关键词：文化批评；短视频批评文本；审美价值；权利关系；学术意义

Abstract: The short video clips and comments on film and television dramas presented by self-media offer entertainment to the public, and their value in dissemination and reception largely lies in their inherent humor, satire, and comedy. From the perspective of cultural criticism, when we take self-media short video criticism texts as the research object, it is not difficult to find that these short videos have their formal regularity and inherent aesthetic value. Further exploration will reveal their potential cultural power and academic significance.

Keywords: cultural criticism, short video criticism texts, aesthetic value, power relations, academic significance

20世纪60年代，伯明翰学派在世界范围内掀起一场文化研究的学术热潮，主张文化是"人类生活的全部方式"，将电视、广播、流行音乐、报刊等大众文化纳入文化研究的领域，具有强烈的跨学科特点，打破学科限制形成了一个多学科研究的领域。随着媒介技术的相继诞生，自媒体短视频通过丰富的视觉符号生产出一系列具有冲击力的文本奇观,并将受众带入这些符号营造的镜像当中,加之虚拟现实、人工智能等技术的参与,让受众沉浸于这些流动的符号之中,达到一种身体和心灵的狂欢。自媒体短视频鲜明的时代特征文本,形成了独特的自媒体短视频文化。[①] 对自媒体短视频进行的文化批评进入了全新的研究阶段或者说时代语境。

自媒体短视频中颇受网民关注的娱乐类型——评论影视剧的短视频(本文称为短视频批评文本),将已经播出的影视剧作为素材进行二次创作:将部分情节片段重新剪辑、配乐、配音、配画面特效,用幽默、戏仿、"无厘头"、讽刺、批判、揭示等手法对影视剧表达评价的态度和批评的立场。它对受众的影视剧审美接受与短视频的审美创作无形中产生着影响。除了显在的娱乐性,它还有其可读解的审美特性,其隐含的权利关系对影视剧进行批评的学术探讨颇具启发意义。

一、感性批评:短视频批评文本的审美属性

作为一种新型的视听文本,短视频影视剧批评有其较独特的审美自性。首先,短视频对影视剧批评时可以构成一个较完整的叙事弧线。它用短短几分钟,对影视剧作品中的人物、角色、演技、真实性进行评价,或是以剧中人物视角分析剧情,包含着自身的起点、发展、高潮、落点。短视频批评文本的起点大多介绍剧中人物或影视剧背景,然后逐渐向前推,高潮是作者评论角度的立足点,落点是重新回应短视频的标题(穿帮、漏洞、演技等),几乎已经形成了一定的叙事模式,每个短视频都围绕一个新的主题展开评价、探讨。虽然短视频中运用的都是原作品的画面,但它跳出原有框架,重新构造一个完整的、新的批判性叙事,观看者能从中体会到其完整性的叙事审美过程。如针对2019年热播电视剧《都挺好》所做的短视频批评,虽然只批评其中的一集电视剧,但是这段短视频本身就构造成了一个较完整的微小叙事文本。

抖音账号"开心嘴炮"的创作者发布6分51秒的短视频《专业解析〈都挺好〉的法律漏洞:苏明成你亏大了!》[②],针对影视剧《都挺好》第24集苏明玉在看守所会见苏明成片段中导演的法律无知进行批评。我们可以根据起点、高潮与落点分析该视频。

00:00—00:58 作为短视频的起点,交代了《都挺好》人物形象立体化、接近现实等优点,引出影视剧中相关的"法律情节"。

00:59—06:00 这一部分内容中,创作者条理分明地指出影视剧中"被害人无权利

---

① 刘大正.自媒体文化价值观研究[D].曲阜:曲阜师范大学,2022.
② 详见:https://www.bilibili.com/video/av48158773.

会见刑事拘留中的犯罪嫌疑人""双方会见地点错误""会见时警察在旁监视""会见时携带手机""上诉与起诉概念混淆""公诉案件与自诉案件概念混淆"等多处漏洞,批评该剧中某些情节不符合当今社会的法律程序,并暗喻某些影视剧细节不严谨,经常会灌输给大众错误的印象,造成观众对法律常识认识不正确的现象,进而对电视剧制作者提出新的要求。这是该短视频批评的高潮部分。

06:00—06:51是短视频的落点,也可作为短视频的第二个小高潮,因为创作者话锋转为剧中演技评论,单独将苏明成念忏悔书这一段中的情绪分为由愤慨无奈—愤怒升级—羞耻感—哽咽委屈—如释重负—回归悲凉等部分进行分析,最后结束。

其次,短视频影视剧批评作为一种独立的文本,其画面的剪辑逻辑具有专业张力。在短视频批评文本中,剪辑有意打破作品原有的轴线关系,形成跳跃感和混乱感,并且加入大量的复制、拼贴元素来表达创作者的主观感受。大量的短视频通过快速地剪辑,剔除多余累赘的情节,集中提炼剧情,渲染特殊气氛。常见的剪辑类型是"拼贴式"剪辑:运用大量的"第三方作品"——当下流行的表情包、动图、视频片段、特殊文字符号等,以此突出创作者的想法。此外,还有一种叫作"鬼畜"的常见剪辑手段:通过对严肃正经话题进行解剖后经过重复、再创作等形式达到颠覆、解构、讽刺社会的一种艺术形式。创作者会将想要突出的片段在几秒或十几秒内,配合自行插入的背景音乐的节奏重复多次。这种对空间和时间的艺术性处理,都是为了将短视频创作者的思想和价值观念灌注到观众的意识中,从而影响观众的情绪,使观众接受创作者的思想观念与价值判断。

再次,短视频批评文本的解说与配乐具有感性的表现力。短视频批评文本中常见的解说语言分为普通话与方言土语两种。普通话解说的特点大多是语速快、调侃性强、流行用语多。专题片、纪录片的解说词通常是每分钟200—220字,速度稍快的能达到每分钟240字;而部分短视频批评文本中的解说速度远远高于这个标准,甚至能够达到每分钟350—400字。这种快速、不间断、搞笑的"机枪式"解说方式逐渐成为一种趋势,存在于短视频中。方言土语解说的短视频批评文本比普通话更简洁、生动、形象,且富于节奏感,受到众多网友追捧。方言土语作为有声语言中极富特色的一种,与视频结合后加入的不只是各种音律、腔调的语言,还为视频注入更多的幽默元素。譬如,川渝方言"瓜皮鬼子""遭不住""你各自看嘛",等等。这些方言引起的新奇感与喜乐感是网友都可以直接体会到的,它对原剧作品的颠覆性和消解意义能起到普通话无法达到的效果,有很强的地域文化张力。一些经典语句广泛传播并成为网友评论的习惯用语,足以表明网友在看完短视频后能感受到方言土语带来的快感,短视频结束并不代表快感终结,这样的快感仍以一种隐性的形式在网络中弥漫。

并且,短视频批评文本的背景音乐作为感性延伸,能够让观众拥有身临其境的感受。它在短视频批评文本中是不可或缺的重要组成元素,不仅需要配合画面的情节发展,更要有自身独特的风格,是短视频批评文本的润滑剂与推进器。譬如,在展现男女主人公感情线时匹配爱情类歌曲,用歌声表达男女爱慕之情;在讽刺古装剧中的舞蹈类型、服装、编排不符合当时朝代的风格和特点时,匹配现代摇滚音乐,甚至将视频舞蹈动作与歌曲的节奏调至完全吻合,极其富有讽刺意味;在解说抗日神剧时,匹配快节奏、活泼的重金属音乐,用来渲染躁动的气氛,快速的鼓点、节奏感强烈的音乐,配合奇侠与日军厮杀搏斗、腾空而起的镜头,音乐风格轻松活泼,丝毫没有紧张的气氛。这种声画对立的效果极具张力和戏剧性,不但没有让观众体会到枪战片的刺激感,反而带给观众莫名搞笑、荒诞不经的感觉,可以说是"润物细无声"般的讽刺。

讽刺审美也常见于短视频批评文本中。在这类文本中,创作者从剧情设置、打斗动作、化妆服饰、穿帮镜头等方面进行揭示与解说,用饱含讽刺、戏谑、揶揄、夸张的手法来表达对影视剧的否定性批评,从而使得网友发出辛辣、犀利的笑,呈现出短视频批评解说词中的讽刺审美。讽刺审美不仅体现在解说话语上,还能体现在画面语言上。譬如,将原剧中不合理、不符合实际情况的镜头叠加升格、鬼畜等效果。慢动作镜头在战争片中有凸显细节、营造紧张气氛的作用,但这类制作方式在短视频批评文本中反倒造成一种讽刺的效果,相比传统的影视剧文字批评更直接、尖锐、透彻,带给受众奇特的审美享受。审美主体在面对一系列可笑之事时,便会立刻卸下心理防备,进入忘我的状态,不由自主地发出一阵笑。① 譬如在抗日神剧中,神化的抗日英雄被称为"奇侠",暗讽违背事实,细节失真,庄严的抗日历史剧被拍摄为武侠剧。哔哩哔哩用户"走红解说"发布的《神剧高能集合》第8集②中,视频截取的是某抗日剧中,中国奇侠借用轻功穿梭在枪林弹雨中独自攻打日军。创作者解说:"只见镜头给到长毛奇侠,同样抓住绳索用力一蹬,他竟然飞了起来,姿势那是相当华丽……子弹拐弯我本来就快接受了,你又给我来个更神的……无情铁手,中国版钢铁侠,手臂挡子弹。"在《暴躁解说:奇侠用花生米和敌人对枪,印度电影都不敢这么玩》③中,创作者称奇侠在用花生米打败手持机枪的敌人后,"连跑路都那么地与众不同,那么地拉风"。在扯影先生的《抗战神

---

① 许虹.幽默与讽刺:中国现代喜剧的审美形态[D].福州:福建师范大学,2012.
② 详见:https://www.bilibili.com/video/BV1Rg411n7bG/? spm_id_from=333.999.0.0&vd_source=e73a79d017725c7edb711a3c591087a4。
③ 详见:https://www.bilibili.com/video/BV1qt411K7f6/? spm_id_from=333.337.search-card.all.click&vd_source=e73a79d017725c7edb711a3c591087a4。

剧离谱剧情:女侠打仗涂口红,甚至拿红薯当炮弹》①中,视频展现的是一位穿着时髦、戴着面具的女侠,创作者解说:"一开场就看见一位女侠,她拿着杨树林的死亡芭比粉口红就是一顿涂,这充满仪式感的行为瞬间让我觉得……一发5毛钱的特效子弹脱膛而出,子弹在慢镜头下显得格外突兀,可依旧不影响精准爆头……干得漂亮,队友们个个都是轻功大侠。"

最后,真实论是影视剧学刊批评中常见的价值论,在短视频批评文本中也有同样的价值论,但它是以感性的形态呈现的。如在《暴躁解说:参见大人！狄仁杰表演近身贴脸躲子弹,这操作元芳也得服》中,视频截取的是某抗日剧中,奇侠在脑门顶着日军枪口的情况下轻松躲过子弹,创作者称这一段为"贴脸都可以躲,狄大人以一己之力,将神剧的日常躲子弹推到了一个新的高度"。抖音账号"暴躁解说"在2018年5月2日这一期中讲解的是男女主角巧妙打败日军躲过追杀的情节,创作者从真实论批评视角出发,在短短2分16秒内指出这部电视剧的不合理之处——男女主角各自用一把小手枪,朝着对方的身后在不换子弹的情况下,用"优雅的姿势"躲过了日军的枪林弹雨,并将两队日军击退。创作者用滑稽而尖锐的语言对抗日神剧进行了毫不留情的吐槽:

"他们(日军)居然用脑壳完美地接住了这两颗子弹！"

"鬼子都已经会自己接子弹的技能了,难怪主角们这么淡定。"

"接下来就是鬼子的花式接子弹。"

"他们(男女主角)不仅要杀鬼子,还要杀得非常帅气。"

"鬼子也非常配合他们,拿起枪往上冲,从来不开枪。"

"男女主角在鬼子的包围下翩翩起舞,非常优雅且唯美地杀着鬼子。"

此外,"暴躁解说"还对《燕双鹰》系列电视剧中人物的造型提出疑问。在2018年5月21日这一期中,创作者首先用"蝙蝠侠""cosplay"等词语形容抗日少侠的造型(见图1),之后戏称日军看到抗日少侠后命令手下将其捉拿并枪杀是因为他的cosplay造型。其次,创作者又对"穿着皮衣皮裤的性感女郎"的造型(见图2)提出疑问——视频中反复播放身着皮衣皮裤、脚蹬高跟鞋的"性感女郎"从天而降的画面,配乐则变为《粉红色的回忆》。以上对画面的表述,体现了创作者对这些情节嘲讽、批评的态度。

---

① 详见：https://www.bilibili.com/video/BV1sW4y1a7iq/?spm_id_from=pageDriver&vd_source=e73a79d017725c7edb711a3c591087a4。

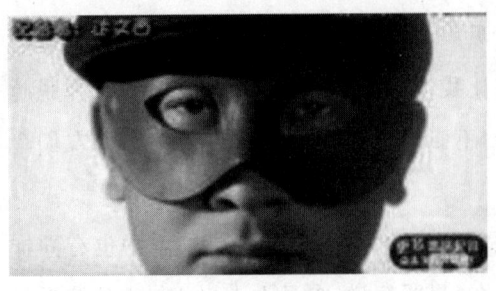 

图 1　　　　　　　　　　图 2

在演技动作方面,亦有数部电视剧被不同网友多番调侃,"蝙蝠侠"的造型被"抨击"过后,矛头顿时转向了剧中抗日奇侠的武术动作。抗日剧的内容以抗日战争为主,它与仙侠剧不同,是属于写实题材的电视剧。2018年5月21日"暴躁解说"点评的是抗日少侠赤手空拳像"踢足球"般将日军全部消灭的情节,创作者用"足球健将""C罗"等词来称呼抗日少侠;01:31—01:56中,创作者将从天而降穿着高跟鞋、皮衣皮裤的"性感女郎"的镜头反复缓慢播放三遍,并将画面颜色调为复古偏暖色调,配乐改为爱情歌曲,给人一种暧昧的感觉。虽然创作者没有配画外音点评,但从这种题材、色调、配乐中,观看者能感受到对抗日神剧中不真实情节的嘲讽与戏弄。

通过以上例子,我们能够清晰地了解短视频批评文本的创作者会用自己的逻辑思维将所熟知的历史现实、人物造型与抗日剧呈现的内容相比较,引发思考和讨论,它用感性的方式表达了真实论审美价值。

二、解放的意味:短视频批评文本的权利关系

从批评形态来说,学术批评是艺术批评的高级形态,而大众批评是艺术批评的初级形态,网络评论中的大部分内容都属于大众批评,因此,短视频批评文本属于大众网络批评的一部分。随着自媒体时代的来临,影视剧批评从最开始的报刊评论延伸到网络文字评论,最后发展为短视频批评文本,这在很大程度上影响了影视剧批评的嬗变。大众由最初单方面的信息接收者转变为信息的接收与发出者,他们不再传统地翻阅、查看"象牙塔"内的批评家对某个影视剧的评论,他们可以与批评家评论互动,甚至可以"自成一派",发表自己的观点。互联网的游戏属性使得所有网民都在重新定义自己的身份——平等的游戏参与者。专业、非专业,学者、非学者,领导、非领导在网络媒体中都处于相同的交流平台,大众也因此获得一种前所未有的话语权。在哔哩哔哩、抖音、西瓜视频等平台搜索"影视剧解读""影视剧解说"等主题词,便会跳出成千上万条短视频,每一条短视频都会被不同的网友点击、观看、评论、转发。且不说这类短视频批评文本是否会对影视剧的制作方式带来影响,单论其泛化的批评权利就不容小觑。

首先,短视频批评文本的发展使评论具有广泛传播的可能性。大众批评一直伴随审美叙事文本而存在,在没有互联网的时代,大众或许在家庭、单位、公共场合等人群中讨论近期观看的影视剧,但互联网的飞速发展为大众批评赋能,提供了广泛传播的可能性。以前大众在传播媒体上只能观看专家评论影视剧,却无法参与其中,现在畅通无阻的评论、弹幕等技术为大众参与批评提供便利,进一步激发大众积极参与批评的可能性。并且随着剪辑 App 的简易化发展,非专业人员掌握剪辑软件的可能性大大增加,进而使得大众具有以视听语言来表达批评意见的可能性。一代代年轻人对现代计算机技术、软件技术、互联网技术越来越具有天然的适应性,加之互联网本身所具有的游戏本性,都在日益改变着大众的认识论,大众越来越喜欢用游戏的(非正襟危坐、一本正经的)方式来观察问题、表达看法。这一切都使得短视频批评文本的发展与广泛传播具有极大的可能性。在互联网、全媒体的时代,现象级影视剧播出后便会出现铺天盖地的短视频批评文本,成为人们茶余饭后的谈资。从抖音、哔哩哔哩等平台的浏览量、点赞量等数据中不难发现,短视频批评文本凭借短小精悍、轻松幽默、片段性强、趣味性高等特点拥有极大的传播优势与广泛的影响力,甚至可能会影响影视剧行业的生产和受众的审美取向。

其次,短视频批评文本的发展使评论的主体获得初步解放,彰显狂欢精神。网友们不觉得业界专家能够代替他们对一件事物进行评判,同样也不认为学术界批评家能够代替个人的审美意趣。网友需要自己去感受、评判某部影视剧,在这期间,个人权利的觉醒助长了大众文化的发展,"批评"这种"精英活动"在当代已然成为"大众活动",批评主体也从"精英团体"扩大为"民间大众"。在艺术消费时代,大众已不再是被动的接收者,他们根据自己的真实感受作出判断。如果把网络平台比作"狂欢广场",短视频批评文本则是狂欢节中的"狂欢式"。在这个新型的批评世界中,先前存在的等级关系和官衔差别暂时取消,观众摇身一变成为批评者或创作者,导演则转换为读者,短视频批评文本将批评的语境转化为娱乐和游戏,形成一种新型人际关系。导演和演员不再高高在上,大众在各个网络平台欢聚一堂,成为影视剧批评的主角,他们用自己的语言和思想抨击影视剧中违反现实、不合逻辑的情节,主动选择更加亲民、通俗易懂的表达方式对已有制度和意识形态进行解构,饱含批判与反抗精神,颠覆原有秩序。譬如,短视频批评文本的创作者直言"我真的蚌埠住了,这年头翻拍的电视剧简直不要太离谱化#深夜食堂#吐槽#电视剧"①,"爆笑盘点吐槽2023年度影视剧呕斯卡颁奖礼!剧情离谱至极"②,"不开挂的电视剧不叫抗日神剧,每一个操作都让人直呼离大谱!""穿这样确定是上战场,不是去上班?"③,等等。巴赫金通过对西方历史上狂欢节的研究,探讨了人们在狂欢精神的感召下挣脱森严的等级束缚,颠覆官方统治,弱化中世纪的官方权威,消解官方意识形态,在狂欢节中寻找平等、自由、民主的理想情景,并主张确立民间狂欢文化的对等地位。当下流行的短视频批评文本虽然与几个世纪前的狂欢节仪式不同,但其所彰显的狂欢精神并无减弱,它追求平等、自由对话的本质没有改变。短视频影视剧批评的创作者并不在乎评论的影视剧在哪个官方平台播出、由谁导演、有谁参演,他们对不合逻辑、违背现实的影视剧都直言不讳。譬如,短视频批评文本的创作者直接在文案中写"2021第一部辣眼剧!爆笑吐槽全员痴呆的《风起霓裳》"④,"吴谨言灾难演技,爆笑吐槽套路傻白甜《正青春》"⑤,"罗云熙宋茜携手霍霍科研圈,科研工作者看了心梗"⑥,"新版《粉红女郎》也太烂了吧!垃圾翻拍剧"⑦,等等。由此可见,这种犀利的狂欢精神渗透了短视频批评文本且随处可觅,形成一种广泛普遍的社会文化现象。

最后,短视频批评文本极具游戏精神,"评说游戏"就像一个特殊的语境,一旦创作者进入就要遵循网民的逻辑形式,其语言表达方式要符合网络的游戏性和脱冕语境。并且,短视频批评文本中加入了许多游戏性叙事、网络性语言以及当下的搞笑方式和游戏精神。从游戏精神而言,短视频批评文本中体现着自由的快感和非功利的情感意志趋向。譬如,我们常在这些文本中看到创作者坦言:"哈喽!阿娜达,好久没有跟大家聊一聊那些奇葩家庭神剧了,今天虫哥带大家回忆一部当年湖南卫视播得很火的神剧。""让我们一吐为快。""心情不好的时候,建议多看看抗日神剧"。于创作者来说,这种吐槽式批评是自觉自愿的,并且能在得到大众点赞、评论后获得一种被认同的、满足的快感,正如苏珊·朗格曾强调的:"游戏是人的任何自觉自愿的活动,它能给自己和别人带来一种与实际利害无关的乐趣。"⑧随着评论权利的下沉和扩大,更多人加入短

---

① 详见:https://v.douyin.com/ikK7E4oy/。
② 详见:https://v.douyin.com/ikK7nnyb/。
③ 详见:https://www.bilibili.com/video/BV1Bp4y1c7D3/? spm_id_from=333.788.recommend_more_video.2&vd_source=e73a79d017725c7edb711a3c591087a4。
④ 详见:https://www.douyin.com/video/6925767720088636685。
⑤ 详见:https://www.douyin.com/video/6923165073863101709。
⑥ 详见:https://v.douyin.com/ikK76HCs/。
⑦ 详见:https://v.douyin.com/ikKvykWS/。
⑧ 朗格.艺术的本质[M]//蒋孔阳.十九世纪西方美学名著选:德国卷.上海:复旦大学出版社,1990:622,624-625.

视频批评文本创作行列,其中可能不乏业界专家或学者。为了更好地融入网络时代,赢得关注,批评者都需要脱冕进入网络语境,遵守网络交流的逻辑形式,用网络语言直抒胸臆。譬如,我们能发现在抖音平台发布的抗日神剧解说中,创作者会在文案中加入"搞笑""爆笑解说""神吐槽""神剧神操作"等话题标签,以便让大众更快地理解该视频的类型。在评论的过程当中,大众不需要创作者用深奥晦涩的语言分析影视剧,越通俗易懂的描述越容易被认同。这就需要短视频批评文本的创作者在进入该游戏场域时,用游戏性的叙事方式进行学术脱冕,及时调整描述语言,将自己的思想用口语化、游戏化的语句表达出来。

三、俗中见雅:短视频批评文本的学术意义

学术批评与专业批评既有联系又有区别,学术批评属于学术活动,是非功利指向的精神诉求,它关注批评对象的思想性、艺术性、审美价值和文本隐含的权利关系,是述而不作的稷下传统。而专业批评是行业内部探讨行业运行存在的问题,如何做好,如何盈利,如何实现资本逻辑的最大化,二者常常互相借用。在既有的批评文本中往往存在着二者相混淆的现象,是因为一些学者不清楚二者的关系。大众批评是非学术界、非专业界对影视剧发表的自由评论,它们可能包含学术性、专业性,但是它们不追求学术性也没有想着指导行业界如何创作影视剧。短视频批评文本属于大众批评,它是以谈笑的方式、幽默搞笑的方式来表达对影视剧的看法、评价,尤其是对影视剧中不合逻辑的部分的嘲讽。虽然短视频批评文本的创作者是大众网民,但其中也闪耀着一些学术的真知灼见。

首先,影视剧的学刊批评和短视频批评文本都会谈及原剧中某些共同特点,只不过这两类批评所用的语言符号、表达形式不同,或可称其为不同能指下具有同一所指。文字表达与视听表达的分野是两种评论最具辨别力的一个特点,短视频批评文本用精彩的画面、配乐、解说词给人以强大的视听冲击力,以视听语言评判视听语言。学刊批评与短视频批评文本便是从文字与画面中区别开来,这两种批评的表达形式有着极大的反差效果(见表1)。

表 1

影视剧	中心思想	文字表达	视听表达
《都挺好》	重男轻女	苏明玉是深受重男轻女思想伤害的女孩,严格意义上讲,她的人格也是有缺陷的。① ——《浅谈〈都挺好〉中的重男轻女思想》	播放原剧中苏母给两个哥哥夹鸡腿、苏母供大儿子出国、苏母给二儿子买房的画面。 ——《爆笑解说差点给我气死的影视剧〈都挺好〉》
抗日神剧	反思历史	抗日原本是严肃的题材,经历了十四年艰苦卓绝的反抗日本帝国主义的侵华战争,中国人民作出了巨大牺牲。② ——《创造新鲜和搜奇弄巧的创作之辩——从抗日神剧的案例来反思》	前期播放抗日神剧的片段,后期加入抗日老兵的采访视频。 ——《抗日神剧：华丽的开场,真实的结尾,一定要看到最后,现实比戏剧残酷得多》

学术文章与短视频批评文本解说词也风格迥异。例如《狂飙》《都挺好》等现象级影视剧,一经播出就引起大量学者与网友的关注,不少学者奋笔疾书展开讨论批评,观众网友也在自媒体平台上各抒己见(见表2)。

表 2

学术文章	短视频批评文本(解说词)
纵观中国反腐题材影视剧发展史,精准映射时代背景,将故事与意识形态话语密切缝合,塑造真实、立体生动的人物形象。书写难以取舍的人性冲突成为架构反腐题材影视剧成功的要素。2021年的《扫黑风暴》,2022年的《对决》《罚罪》《庭外》等接连播出的剧集,在叙事把握和对人物形象的书写上愈来愈明晰化。③ ——《时代镜像、逻辑图景与人性褶皱:评影视剧〈狂飙〉》	扫黑除恶一直是国产剧中很常见却又很难拍好的题材之一。今年年初又一部扫黑剧《狂飙》横空出世,掀起了全民追剧热潮。豆瓣评分罕见地高开高走,从开播的8.7一路狂飙到了9.1。前有《扫黑风暴》天崩地裂的烂尾,后有《罚罪》刻意制造反转的浮夸操作,所以这次一直熬到《狂飙》平稳收官才终于放心安利给大家。 ——《称霸热搜！这部剧到底有什么魅力,万字解说狂飙》

---

① 高崇.浅谈《都挺好》中的重男轻女思想[J].戏剧之家,2019(20):97-99.
② 周星.创造新鲜和搜奇弄巧的创作之辩:从抗日神剧的案例来反思[J].当代电视,2017(3):20-22.
③ 黄博阳.时代镜像、逻辑图景与人性褶皱:评影视剧《狂飙》[J].当代电视,2023(3):53-57.

续表

学术文章	短视频批评文本(解说词)
《都挺好》是一部围绕性别歧视、重男轻女、啃老等社会热点话题展开的家庭伦理剧,它撕开了中国式原生家庭的一切伪善,把中国家庭之间的矛盾透过苏家这个小窗口展示出来,所选的几个代表角色也非常具有典型意义。① ——《浅谈原生家庭重男轻女现象:以影视剧〈都挺好〉中苏明玉角色分析为例》	虽然家长里短、婆婆妈妈,但多少能看到一些中国中产阶级光鲜生活背后的种种隐痛,还有某些人虚伪光鲜生活表象下的让人颇感愤怒的歧视与依赖。 ——《〈都挺好〉里的中国式虚伪,有对糟糕的父母是种什么体验?》

比较这两段话不难发现,学术文章的文字批评与短视频批评文本所关注的话题是相同的,唯一不同是学术文章用文字冷静理性地阐述,短视频批评文本是用饱含感性的画外音表达。大众批评并不是毫无学术价值可言,学者能发现的亮点,网友并非完全看不到,网友甚至可以综合地对一部影视剧进行比较、评价。

其次,短视频批评文本无形中呈现了审美经验日常化。互联网的发展使得艺术与生活的边界不断融合,审美经验与生活经验的界线不断消解,"日常生活的审美"成为当下社会生活的审美叙事。在媒体融合语境中,崇高退场与日常生活登场成为当前审美活动的转变特征。在自媒体短视频快速发展之前,我们可以对影视剧、电影等作品进行文字或口头的讨论、评价,没有对影视剧、电影二次剪辑的创作想法。自媒体短视频异军突起后,每个人都可以在互联网上进行具有个人风格的短视频批评文本创作,通过个人审美与逻辑对电视剧、电影进行二次剪辑,分享独特见解。短视频批评文本内容的生产与传播体现了生活美学的内涵,去中心化的传播机制给大众带来了近距离欣赏批评作品、创造批评作品的权利。审美经验越来越具有日常性和生活性,短视频批评文本的创作者可以尽情展示自己的剪辑技术、分析能力与逻辑思维,在广袤的网络空间上传播主观的审美价值,进行分享交流。个人化的点滴认识与分析成为短视频批评文本的叙事策略,引领大众进行日常个人表达,使得个人生活中潜藏的细碎艺术得到展示的机会。

并且,部分短视频批评文本能够用影像解说的方式进行专业视听语言分析。在自媒体短视频批评中,有一部分是将电影进行深度解析,如抖音用户"董电影"所发布的短视频批评文本,将作品以演员或导演为模块合集进行分类,逐个解析。其中,"周星

---

① 刘微.浅谈原生家庭重男轻女现象:以影视剧《都挺好》中苏明玉角色分析为例[J].戏剧之家,2019(29):99-101.

驰"合集中的第 4 集《喜剧之王》①深度解析获赞 70.3 万次,它对影片的视听语言分析几乎达到了专业批评的水平。如创作者在讲解《喜剧之王》男主角居住的房间时这样表达:"周星驰特意用了俯拍的镜头,第一个细节,我们有谁见过卧室里有洗手池?所以这个房间是厕所改造的,第二个细节就是尹天仇的海报墙,周星驰本人的偶像都在上面……而这个墙上最重要的海报莫过于这个镜子(见图3),尹天仇自己才是海报的主角,处于 C 位,这也得以体现周星驰当年的雄心壮志。"再如,创作者讲解《喜剧之王》如何用镜头展现人物关系时说:"尹天仇的镜头里都会带有柳飘飘,证明他对柳飘飘心有好感,反观柳飘飘的镜头里却没有尹天仇,表示她现在对尹天仇没有好感。"除此之外,创作者还讲解了灯光在影片中的隐喻:"尹天仇给片场人员打电话,询问自己有没有戏可接,注意尹天仇打电话时的一束光(见图4),用意就很明显,这个电话代表他全部的希望。"这些讲解不仅配合着电影的画面,还将镜头的划分、光线的延伸用红色线条在画面中标识,使网友一目了然。而网友也在弹幕中感叹"真牛,这么多细节都能观察到""这简直是影片鉴赏课""不解读完全不知道这些"。通过创作者的讲解和网友的评论,我们不难发现,部分短视频影视剧批评创作者具有一定的专业意识和学术意识。

图 3

图 4

最后,我们能够发现短视频批评文本可以对社会现实问题进行思辨和揭示。如抖音用户"i 思考"2022 年 3 月 9 日发布短视频《深度解析〈小妇人〉爱与自由,女权主义的虚假本质》②。创作者在短视频批评中表达:"今天我们通过女性题材电影《小妇人》来探讨一下当今的女权,女主乔的话语里流露出一种想要突破传统的独立意识,却又在女性传统社会角色:爱与被爱、家庭与婚姻、事业与个人生活充满纠结的情绪中挣

---

① 详见:https://www.douyin.com/video/7191791657254161722。
② 详见:https://www.douyin.com/video/7073036954132139296。

扎。"创作者通过分析影片中 19 世纪英国的小妇人无法摆脱传统时代规则对女性身份的压抑和驯化,进一步探讨现代女性在社会中地位不断上升,而传统的家庭观念、婚姻观念却没有随着妇女的地位上升发生相应的变化等现实问题,并结合英国、美国、中国等国家的统计年鉴对各国单身人员的占比进行比较,最后引出台湾学者孙隆基的观点,以此对国内女性的"中国式催婚"现象进行分析。除此以外,短视频批评文本敢于借助影视剧揭露阶层矛盾,如抖音用户"电影小黑屋"2020 年 3 月 29 日发布的《饥饿站台》[①]短视频批评,创作者将影片中监狱的楼层与阶级进行一一对应,他认为管理局代表着真正的统治阶层,可以按照心中所想的计划去构造其他阶层人民的生活,厨师和经理代表着管理者阶层,可以收到底下的阶层传递上来的信息,但是他们并不一定能够正确地解读,以至于人民的声音得不到正确的反馈。创作者还将监狱按不同楼层划分为上等阶级、中产阶级、底层阶级,以不同楼层的罪犯对食物的态度来暗示阶层中必然存在的相互掠夺。最后,创作者将影片男主比作《堂吉诃德》中的阿隆索·吉哈诺,表示主人公心存理想,但无法改变政治制度。上述案例表明,一些短视频批评文本并不只是讲解影片表面的故事,它们甚至可以通过影片与现实联系,将影片中的故事与当下社会相结合进行思辨,进一步揭示社会现实问题。可以说文字评论到视频评论是我国影视剧评论的一大发展与突破,虽然短视频批评文本多偏向于感性认识与评价,缺乏整体的系统性与理论性,不被学术界批评者所看重。但随着来自民间大众的批评声音越来越强大,影视剧的短视频批评文本已经成为一种文化现象,日渐成为一种可以表征一定时代社会文化水平的标志物。

四、结语

短视频批评文本作为一种新型的影视批评话语方式,以自己独特的风格获得飞速发展,它是影视剧批评、大众批评中的新成员,也是大众表达感情和思想的重要渠道。从文化批评的角度来理解,短视频批评文本大致属于大众文化的范畴。一种文化现象的诞生必然有着适合其生长的土壤和环境。短视频批评文本虽然包含一定的学术性,但仍然属于娱乐视频,是一种非学术性的批评模式,不能代替学术批评,但是它对学术批评具有启发意义和文本的研究价值。多年来,国内期刊文章对影视剧的否定性评价趋于弱化,这一点需要向短视频批评文本汲取批评的激情,因为"批评"这个词的原意即为"挑剔",失去了否定性批评就失去了批评的社会意义和学术价值。

---

① 详见:https://www.douyin.com/video/6809619317387201806。

自媒体文化语境逐渐影响着大众的传统意识以及生活方式,新、奇、短、快成了自媒体的最大特点,大众逐渐喜欢并依赖自媒体带来的精神愉悦,文化批评的研究范围也随着自媒体的发展所拓宽。未来,随着媒介技术的不断发展进步,无论是风靡当下的微信、抖音、快手,还是被寄予厚望的"元宇宙""AI",媒介文化还将在技术的助力下不断呈现新的特征,技术人文背景下也将出现更多元的文本等待着学者去研究。

〔庞亮,中国传媒大学政府与公共事务学院院长,研究员;刘立洋,中国传媒大学电视学院广播电视学专业博士研究生〕

〔特约编辑:崔林〕

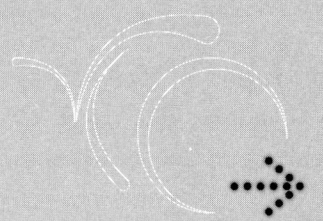

数字传播

出版深度融合发展背景下主流媒体有声出版的实践路径
　　——基于"人民日报评论"喜马拉雅音频账号的分析　　　　　　　　　　　李明德　闫利超
基于青年读者的有声读物编辑策略探析　　　　　　　　　　　　　　　　郑志亮　赵含笑
论数字出版产业平台社会责任治理框架　　　　　　　　　　　　　　　　杨旦修　张灵颖
"技术–组织"互构视角下主流媒体的平台化公共服务拓展：样态与机制　　　　　　曾　翾

出版深度融合发展背景下主流媒体有声出版的实践路径*
——基于"人民日报评论"喜马拉雅音频账号的分析

The Practical Path of Audio Publishing in Mainstream Media Under the Background of the Development of Deep Integration of Publishing
——Based on the Analysis of the Himalayan Audio Account of "People's Daily Commentary"

◎ 李明德　闫利超

Li Mingde　Yan Lichao

摘要：有声出版作为文化产业重要组成部分，推动全媒体传播体系下主流媒体有声出版深度融合发展，积极构建数智时代新型出版传播体系，是建成文化强国、出版强国的必然要求。"人民日报评论"喜马拉雅平台账号为有声出版践行出一条重要的发展路径：首先，文字稿件的写作者和主播共同作为显性内容生产主体，需要保持主流媒体内容深度优势，生产符合口语传播特质的有声出版内容，同时需要平台运营编辑发挥好黏合作用；其次，强化主流媒体有声出版内容建设，提供主流媒体类别多样的有声出版主题；再次，综合运用多种叙事方式，以声音媒介作为主要叙事手段，兼顾图片、文字等媒介元素的多元整合协同叙事效果；最后，进一步提升优质内容的可持续生产以及有声出版的专业化、精细化制作和精准化传播能力，重视用户服务意识，利用好平台的互动功能，以期主流媒体有声出版活动承担好巩固思想阵地、传承优秀文化、服务人民群众日益增长的精神文化需求的重要使命。

关键词：新型主流媒体建设；有声出版；"人民日报评论"

Abstract：As an important part of the cultural industry, audio publishing is an inevitable requirement for building a cultural power and a publishing power to promote the in-depth integration and development of mainstream media audio publishing under the all-media communication system, and to actively build a

---

* 本文系2024年度教育部哲学社会科学研究重大课题攻关项目"习近平新时代中国特色社会主义思想国际传播研究"（项目号：24JZD005）阶段性成果；2023年度国家社会科学基金后期资助项目"社会思潮新媒体传播：关系、形态、路向"（项目号：23FXWB010）阶段性成果。

new publishing and communication system in the digital intelligence era. The account of People's Daily Commentary on the Himalayan platform has practiced an important development path for audio publishing: firstly, the writer and anchor of the text manuscript are the main body of explicit content production, and they need to maintain the depth advantage of mainstream media content, produce audio publishing content that conforms to the characteristics of oral communication, and at the same time, the platform operation and editor need to play a good role in cohesiveness; secondly, strengthen the construction of audio publishing content of mainstream media and provide various audio publishing themes of mainstream media; thirdly, comprehensively use a variety of narrative methods, use sound media as the main narrative means, and take into account pictures; finally, it is necessary to further improve the sustainable production of high-quality content and the professional, refined production and precise communication capabilities of audio publishing, attach importance to user service awareness, and make good use of the interactive function of the platform, so as to undertake the important mission of consolidating the ideological position, inheriting the excellent culture, and serving the growing spiritual and cultural needs of the people.

Keywords: new mainstream media construction, audio publishing, "People's Daily Commentary"

一、引言

在媒体高度融合发展的当下,中国网络音频行业市场规模仍在以声音这一媒介形态处于高速发展阶段。《中国音频用户全景调研白皮书(2021)》的数据显示,音频市场的用户规模持续扩大、用户渗透率稳步增长,2020年用户渗透率首次超过50%,2021年上半年增至51.8%,用户规模达到7.31亿。此外,音频用户结构呈现出明显的年轻化、高学历、高收入等特点,为主流媒体有声出版市场的发展奠定了坚实的用户基础。

为了适应这一消费趋势,主流媒体也在积极布局音频市场。《人民日报》评论部自 2019 年 11 月 13 日入驻头部音频分享平台喜马拉雅 FM 开展有声出版活动,成为目前喜马拉雅平台新闻频道位次最高的专业生产内容(PGC)。这是《人民日报》评论部在其微信公众号推出《睡前聊一会儿》图文音频栏目两年后,又向音频聚合平台迈进的重要一步。这一举措为党报评论构建"四全媒体"格局搭建起有声出版传播基础信息平台,助推有条件、有实力的中央媒体《人民日报》建成新型主流媒体"航母"和"旗舰"。

主流媒体有声出版是指传统媒体机构利用声音出版物的方式,将新闻、时事、娱乐等内容以音频形式呈现给用户。全媒体传播体系下的有声出版使得"听"书成为可能,《人民日报》入驻"喜马拉雅"音频平台,打造"人民日报评论"栏目,利用有声语言传播方式解放用户的双手和双眼,在夹叙夹议中与年轻读者对话,是主流媒体评论转型升级的重要实践。这一实践不仅成为新型主流媒体平台音频生态版图的有机组成部分,同时也展现了音频数字科技造就主流媒体有声出版的"强国之路"。

二、厘清多元内容生产主体,建强主流媒体有声出版人才队伍

主流媒体有声出版人才队伍建设是推动有声出版业深度融合发展的重要保障。"人民日报评论"喜马拉雅平台音频账号作为全媒体传播体系下典型的专业生产内容,其显性创作主体主要是文字稿件内容的写作者和录制音频内容的主播,隐性创作主体主要是新媒体平台运营编辑。为了提高有声出版产品的传播能力和传播效力,内容生产主体的创作过程需要同时符合播音的正确创作道路、音频聚合平台的传播规律,以及新媒体用户的接收习惯等内在要求。

(一)文本内容生产主体:面向听众的口语化写作

"口语是用来听的,书面语是用来看的。书面语是在口语的基础上产生的,是口语的加工形式,两者的基本系统是一致的。"[①]用来"听"的文字稿件创作区别于用来"看"的文字稿件创作,前者的接收者将更多精力诉诸听觉而非视觉,因此,用于有声出版的稿件内容写作应更加符合听觉接收规律,以文字表达的形象性部分替代书写文本的深度思考性,这也为作者的文稿写作和主播的播音创作提出了新的数字化创造力要求。

白居易曾提出"文章合为时而著,歌诗合为事而作"的主张,强调作文一方面要紧

---

① 叶蜚声,徐通锵.语言学纲要[M].王洪君,李娟,修订.修订版.北京:北京大学出版社,2010:185.

跟时代,另一方面要为现实而作,这对主流媒体有声出版的作者来说,意味着媒体人的社会责任感和人文关怀。有声出版产品应聚焦媒介文化现象、共情年轻用户社会心态,以新时代为底色,成为一个触摸时代、连接"读者"、感知社会的窗口。

在创作过程中,作者需要经历一个"由物到意""由意到文"的双重转化过程,前者为由现实生活中的客观事物到作者认识的转化,由写作客体向写作主体头脑中的转化这一"意化"阶段;后者指从认识到表现的过程,由写作主体的意识、意向、感情到用语言文字组成书面文章的转化这一"物化"阶段。在创作用来"听"的评论稿件内容时,除了需要将情、景、事、物等要素转化为书面文字外,还需要进一步将书面文字二次创作为符合有声语言传播规律的口语化文本内容,使其更加符合有声出版用户的收听习惯。

"重文,亦重语",强调了书面语的口语传播特征,然而在长期的社会实践中,存在着"重文轻语"的倾向。首先,读书写文章需要经历"十年寒窗苦",而说话则是人在孩提时期不知不觉中便学会的;其次,一些重要的交际任务大多被交由书面语来完成,口语只用来处理衣、食、住、行等日常交际活动,在这样的社会条件下形成了"重文轻语"现象①。但面向有声出版用户的写作,需要更多地关注书面语的"可听性"而非"可看性",因此需要部分摒弃文字语言适合反复阅读和深度思考的特点,也即延续语言不依赖于文字的口耳相传的传统,使我们看不见书写形式的威望②,以便适应有声作品传播特征。

保持口语化书面语的纯洁性和规范性是必要的。语言本身就是一种存在,作为主流媒体有声出版表现形式的媒体语言是推广普通话的有效媒介,也是传承中华民族优秀文化的重要载体。"网络流行语不只是网民的语言再造物,其背后也蕴藏着文化表达价值和社会意义,也会有少量的流行语最终以沉淀为集体记忆的方式归入现代语言系统。"③网络流行语在一定程度上丰富了表达方式,但对流行语的过度依赖也会使得语词表达扁平、贫瘠,"心中所想难以付诸文字"的窘迫表达现状,导致"文字失语症"的出现。因此,主流媒体有声出版的文字稿件作者也应关注这一问题,在"万物皆可'绝绝子'"的网络语境中,保持语言的健康发展。正如作家黄集伟所言,"语言本身有其承载、传播和自净功能,语言使用者也应有选择、臧否、创新或传播的自觉"④。

---

① 叶蜚声,徐通锵.语言学纲要[M].王洪君,李娟,修订.修订版.北京:北京大学出版社,2010:186.
② 索绪尔.普通语言学教程[M].高名凯,译.北京:商务印书馆,2018:48.
③ 周妍.网络流行语的文化批判与话语分析[J].山东大学学报(哲学社会科学版),2019(4):119-121.
④ 黄集伟:网络流行语背后,我们的日常语言更贫乏了吗?|专访[EB/OL].(2022-08-02)[2022-08-11].https://www.bjnews.com.cn/detail/1659410097168768.html.

(二)凸显有声作品声音魅力的主播

主播是稿件和听众之间的中介,既是稿件内容的接收者,又是将文字符号转化成声音符号的有声内容生产者。因此,播音不是随意的个人活动,也不是由文字到有声语言转换的简单的"字形—字音"对应过程,而是依托于作者"一度创作"产生的文字稿件内容的"二度创作"活动①。

首先,参与有声出版内容生产活动的主播需要采取"略高一筹,换个说法"的语言策略②。主播首要的身份是主流媒体评论部的评论员,需要站稳政治立场,传播党的声音,牢牢坚持正确的政治方向、舆论导向、价值取向和审美取向,在话语态度上要比一般受众具有"略高一筹""领先半步"的心态进行传播。同时,主播要恪守人民至上理念,反映人民群众心声,在话语方式上要"换个说法",以"百姓乐于接受"的话语方式加以表达。也就是说,主播站位要高、姿态要平和,以新媒体平台年轻受众喜闻乐见、乐于接受的风格,讲好中国故事,传播好中国声音,弘扬好新时代主旋律。

其次,主播需要根据不同稿件内容,灵活运用多种播报语态从事有声出版内容生产活动。"人民日报评论"音频节目主要有《睡前聊一会儿》和《人民锐见》两个小栏目。《睡前聊一会儿》更像是传统的晚间陪伴听众入眠的节目,多以软话题为主,主播的话筒前状态就如同把话筒当作听众的耳朵一般,使用小音量、近话筒的谈话式播音风格,态度温和、语速轻柔,交流感较强,感性中不失理性说理达意。《人民锐见》更像是传统意义上的党报评论,播音语言的规范性、庄重性、鼓动性都更强一些,"庄重而不呆板,活泼而不轻浮","引人向上""催人奋进"。《人民锐见》甚至在第1期与疫情防控相关的节目(2020年1月12日播出)中罕见地使用了新闻播报语态,可见形势之紧急。

再次,根据稿件内容的不同,面向的受众群体也有所差别,主播在稿件处理过程中应根据有声语言的传播特点充分运用内、外部技巧,灵活转换播报语态,立场坚定、态度鲜明,同时要注意掌握分寸,让声音发得出、传得远、留得住。正如白岩松所说,"一切传播都要以到达为目的"。而在全媒体出版传播体系中,抵达受众也不再是传播的终点,而是传播链条中新的节点。主播以不同播报语态区分节目内容重要程度的叙事策略在一定程度上提高了主流媒体有声出版的传播力。

最后,需要注意的是,主播自身的性别差异造成了不同的播音风格。一般认为,用户对主播性别存在刻板认知,即认为男性偏理性,女性偏感性;男性擅长说理,女性擅

---

① 张颂.中国播音学[M].修订版.北京:中国传媒大学出版社,2003:195-197.
② 吴郁.当代广播电视播音主持[M].2版.上海:复旦大学出版社,2017:117.

长叙事;男性态度更坚决,女性表达更知性。结合新型主流媒体平台有声出版音频节目定位、音频聚合平台特性、节目内容话题类型以及平台用户喜好等因素,综合配备男女主播进行播音工作,提高有声出版人才数字化胜任力素养,才能更好地接近受众,从群众中来,到群众中去,做人民群众满意的主流媒体有声出版产品。

(三)发挥黏合作用的平台运营编辑

从传统媒体平台"受众"到新媒体平台"用户"的转变,不仅是平台和概念的不同,更重要的是互联网融合创新思维的运用,全媒体平台运营编辑需要具备相应的热点策划能力、整合能力以及媒介迁移能力[1]。传统出版读者只有选择看或者不看的权利,对于内容创作的干预程度不高;而全媒体出版体系则要以用户为中心,用户行为会在一定程度上影响出版内容的创制。因此,有声出版产品的播放量就成为衡量有声出版"产品"质量的重要指标。

以用户为中心进行听觉系统的数字化适应力提升是全媒体编辑数字素养体系和数字技能体系的重要组成部分[2]。音频聚合平台的有声出版区别于微信公众平台的有声出版,两者虽然都以"音频+文字(+图片)"的媒介形式呈现内容,但分别有所侧重,喜马拉雅平台的内容呈现还是以音频为主,辅之以文字和图片,也就是说该平台用户主要依靠听觉来接收信息,那么,作者在成文过程中自然也就偏向于使用方便用户听懂的言语。

基于不同媒介形态的运营逻辑也不尽相同,从微信公众号音频栏目到喜马拉雅音频账号,平台运营编辑不是简单的"搬运工",而是优质内容的生产者和高品质有声出版产品的创造者。因此,平台运营编辑需要投入更多的精力生产出面向音频平台的更加精细化的有声出版产品,发挥好专业媒体应有的新闻产品制作能力。

三、提供多维度叙事主题,强化主流媒体有声出版内容建设

主流媒体有声出版内容主题选择需要结合媒体自身的定位和用户需求,选择具有代表性、能满足用户精神文化需求的主题进行制作和出版,同时,还需要注重内容的质量和价值引领,为新时代主题出版高质量发展提供更有效的精神动力和舆论保障[3]。

---

[1] 段鹏.融合出版背景下编辑面临的挑战及其应对[J].现代出版,2021(5):51-55.
[2] 张新新,刘一燃.编辑数字素养与技能体系的建构:基于出版深度融合发展战略的思考[J].中国编辑,2022(6):4-10.
[3] 黄先蓉,陈馨怡.高质量发展背景下主题出版融合发展路径探究[J].出版科学,2022,30(4):14-24.

主流媒体有声出版作品在宏大的叙事主题下观照社会现实,以平民化视角聚焦日常生活,体现党报评论浓烈的人文关怀和社会责任感,增强新型主流媒体平台有声出版内容叙事的亲和力和感染力。

(一)周期规律下的时政主题与有声出版叙事

有声出版叙事主题的周期性特征就像是内容生产者与用户之间不谋而合的"默契"与约定,暗合用户的心理预期。在不变的叙事主题中寻求与用户生活息息相关的新动态、新变化,在叙事主题的周期性发展变化中期待固定的集中性主题常量。

"语言是社会生活的符号,流行语则反映着时代的侧面。"[①]习俗因传承而深入人心,文化因赓续而繁荣昌盛。节日主题的周期性特征,不仅体现在春节、中秋节等传统节日的传承当中,为传统节日注入新的时代内涵,塑造着影响至深的文化自信,也体现在国庆节、中国人民警察节等较为"年轻"的节日当中,凝聚着民族发展的历史和发展奋进的精神力量[②]。

"人民日报评论"有声出版作品在社会治理过程中承担着新媒体平台"领航员"的角色和功能,凭借其较大的用户规模和社会影响力,从信息把关、议程设置等方面发挥着主流媒体的舆论引导作用[③]。例如,高关注度的突发公共卫生事件具有时间紧迫、涉及范围广、严重危害社会公众健康等属性,需要有声出版叙事主体对相关事件的危害程度以及节目内容推送后可能造成的社会影响提前做出评估[④],选择合适的角度进行解读,既不故意夸大渲染造成不必要的社会恐慌,又要引起广大年轻用户群体的足够重视。

(二)时代精神下的民生主题与有声出版叙事

新闻类节目有声出版是时代发展变迁的缩影,更是民生主题的集中体现。"人民日报评论"有声出版节目主题紧扣时代发展和社会进步,体现出鲜明的时代特色。该账号有声出版产品持续深化"好感传播",以传播效果为导向,着力展示真实、立体、全

---

① 周妍.网络流行语的文化批判与话语分析[J].山东大学学报(哲学社会科学版),2019(4):117-125.
② 张凡.赋予传统节日新的时代内涵[N].人民日报,2020-06-24(5);石羚.赋予传统节日更多文化内涵[N].人民日报,2021-06-11(5).
③ 黄河.新媒体发展与社会管理[M].北京:中国传媒大学出版社,2013:36.
④ 朱亮.《人民日报》全媒体平台对突发公共卫生事件报道的议程设置研究:以疫苗案报道为例[D].济南:山东大学,2019:45.

面的中国,让可信、可爱、可敬的中国形象更加深入人心①。

从形式上看,主流媒体有声出版叙事主题的时代性特征直接体现为用以指称新事物的词语不断涌现。一方面,随着时代的发展、变化而不断产生的网络流行语,记录并且凝结着时代发展的印记,在以一种"词媒体"的形式形塑着大众的集体记忆,比如:"高考延期"是配合疫情防控的必要之举,统筹兼顾教育与公平,应因时势,彰显公平;"斜杠青年"呼吁后疫情时代的年轻人拥有应对风险挑战的多元生活能力;"直播带货"提醒主播、商家筑牢诚信基石,直播经济的发展前景才能真正令人可期、更加广阔。

从功能上看,"人民日报评论"有声出版节目作为新媒体参与社会治理过程中的社会组织之一,其叙事主题的时代性特征也是媒体发挥党、国家和人民的"喉舌"功能的重要体现,以推动社会目标和公共政策的有效执行②。"人民日报评论"有声出版音频账号参与构建多元主体协同管控机制,由此打造向上、向善、向好的社会思潮传播生态,积极构建健康的媒介发展格局③。

在履行社会责任方面,有声出版叙事主体应关注内容接受者对创新语言传播的内在需求,要按照语言的结构规律和语言使用习惯有选择性地将一些时代性较强的词语、句式扩充到出版活动当中来,不断增强有声出版内容的时代性,同时要注意避免对某些乱造的新词语、不规范的语句的使用,统筹兼顾普通话的主体性和各个语言体系的多样性,深入传承弘扬中华优秀语言文化。时刻以一种对现实社会的观照,保持出版人特有的敏锐的直觉与客观冷静的立场,对于积极向上的新事物给予支持肯定,对于消极落后的新事物则应坚决予以否定遏制,从而在全社会营造一种风清气正的良好环境④。

(三)主流媒体有声出版:新闻价值的挖掘与呈现

"人民日报评论"有声出版节目本质是新闻产品,因此也兼具新闻内容的时效性、真实性、接近性、显著性、趣味性等基本属性。随着媒介技术的不断发展,用户对新闻信息的时效性要求越来越高,新闻内容的时效性也就成了主流媒体有声出版实现品牌传播的重要影响因素。但作为新闻评论音频出版产品,它还是要适度与最新的新闻事

---

① 中央广播电视总台党组、编务会议.奋力提升国际舆论引导力、传播力、影响力[J]求是,2022(15):34-39.
② 黄河.新媒体发展与社会管理[M].北京:中国传媒大学出版社,2013:30-32.
③ 李明德,寇杰.媒介公信力维系视角的社会思潮网络传播风险与规避策略[J].华夏文化论坛,2022(1):215-221.
④ 周芸,崔梅.语言传播概论[M].北京:北京大学出版社,2015:112.

件有一定的时间上的"剥离感",一方面可以尽可能接近事情的真相,另一方面也在尽量保证时效性的同时,为用户呈现更优质的音频出版内容。真实是新闻的生命,《人民日报》评论音频出版的真实不仅体现在所用新闻材料的真实上,也体现在情感的真挚上,以一种真诚的态度面向广大用户,才能使节目在全媒体出版传播体系中真实可感,不是高高在上的说教,而是情真意切的交谈。

除了时效性、真实性等传统新闻业所推崇的硬新闻价值外,更近距离、更多媒介形态、更具个人风格和感情特色的新闻产品呈现方式在全媒体时代更加受到欢迎①。"人民日报评论"有声出版的目标用户群体是年轻受众,全媒体出版传播体系又在很大程度上消弭了地理空间界限,因此,心理上的接近性也就成了该账号在出版内容主题的选择上需要着重考虑的因素。提供吃播、网络游戏、职场 PUA 等与年轻用户群体的生活、工作、学习等息息相关的话题,不断满足用户的内容需求和话题期待,使得在吸引并服务年轻用户群体心理需求的传受双方的互动交流中,两者构成相互依存、相辅相成、相得益彰的有机统一体②。

区别于传统出版活动,趣味性也成为新媒体平台有声出版产品吸引用户的重要属性。对于面向年轻用户群体的"人民日报评论"有声出版内容来说,其趣味性一方面体现在叙事角度的新颖上,另一方面体现在叙事内容的深度上。舍弃那些听来生动、读来"相识"的情节,选取那些听来新鲜、读来动心的细节③,通过能体现事物个性和特性的事例,来引起用户的收听兴趣和分享欲望。

(四)轻松连贯的文化主题与有声出版

"人民日报评论"喜马拉雅音频平台有声出版产品在形式上是一期期独立完整的音频节目,但在叙事内容上也体现出了一档音频节目专辑内部的延续性和连贯性。一方面,是对于全民关注的"硬话题"热点主题的持续性关注和多维度解读,另一方面,是对与人们生活息息相关的"轻话题"的深入探讨与心得交流。

有声出版叙事主题的连贯性既体现在对既有话题内容的进一步深入延展上,也体现在对关联性话题的引入谈论方面。叙事主题的连贯性特征是有声出版内容与传播时间要素之间的统一,是形式与内容的和谐,更是对于忠实用户群体的黏性添加剂。

叙事主题是主流媒体有声出版内容的统帅。"人民日报评论"音频账号面向年轻

---

① 刘涛,等.融合新闻学[M].北京:高等教育出版社,2021:170.
② 张颂.中国播音学[M].修订版.北京:中国传媒大学出版社,2003:286-287.
③ 增强新闻趣味性的几种办法[J].新闻与写作,2000(4):46.

用户群体,有声出版内容紧紧围绕与年轻用户群体生活息息相关或是该群体密切关注的时政、民生、新闻、文化等类别的叙事主题。微观层面关涉年轻人的高考、毕业、就业等人生选择主题,中观层面关怀网络直播、网络暴力、大众隐私保护等新媒体参与社会治理相关主题,宏观层面关注流失文物、志愿军英烈等凝聚民族共识和高度的中华文明认同感的家国主题。总体来说,主流媒体有声出版主题内容涉及广泛,同时重点突出,整体呈现出周期性、时代性、连贯性、集中性、接近性和趣味性等新闻属性特征。

四、运用多角度叙事方式,发挥主流媒体有声出版技术支撑作用

(一)多模态元素融合运用

多模态是语言学术语,国内一般说"多模态文本"或者"多模态语篇"。多模态意味着一个讯息或文本由多种模式构成,例如一部动画片可以同时整合视觉、听觉和空间模式。多模态文本材料包括文字、图片、音视频等可以从中提取信息的材料。新媒体平台自带的融合属性,为有声出版提供了更多可能性。"人民日报评论"喜马拉雅平台有声出版虽然在媒介元素的运用上与其微信公众号类似,都综合使用了音频、文字和图片等元素内容,但基于不同平台特性使得两者的侧重点有所不同。

音频是主流媒体有声出版产品呈现的主要媒介形态,音频质量、数量和时间元素对于有声出版产品内容的有效传播起着至关重要的作用。首先,主播这一有声出版内容生产主体自身声音的清晰度决定了用户能否听得见、听得清、听得懂,主播的音色会在一定程度上影响用户的收听意愿。其次,人声、配乐等声音元素的运用是音频出版叙事传情达意的需要,因此,主播的声音与配乐是否符合文字内容的表达需要成为主流媒体有声出版需要考虑的内容。最后,有声出版节目的持续稳定更新也是增强用户黏性、养成用户使用习惯的重要叙事策略。新媒体技术淡化了传统电子媒体时代传受双方的"约会"意识,也就是节目的更新(重播)时间,甚至节目时长也不太固定。正如马克思所言,"时间实际上是人的积极存在,它不仅是人的生命的尺度,而且是人的发展的空间"[1]。这体现在"人民日报评论"音频节目出版的"时间"概念上,其实是自然时间与社会时间的和谐统一。时间观念在该音频账号有声出版叙事过程中自在存在却又显著地归于"心灵",具有"意识"性质,同样又"客观地"起作用[2]。

---

[1] 转引自熊进.论马克思的时间概念[M].武汉:武汉大学出版社,2014:179.
[2] 海德格尔.存在与时间[M].陈嘉映,王庆节,合译.修订译本.北京:生活·读书·新知三联书店,2006:458.

文字作为主流媒体有声出版的有益补充,满足用户的多元化接收习惯和需求。一般来说,使用喜马拉雅音频分享平台收听节目的用户群体更倾向于在该平台接收音频出版信息,而非其他媒介元素所携带的信息内容。但文字媒介形成的文本内容更有利于用户反复阅读、便于复制收藏和有效弥补主播播报内容时的不足等特点,使得文字媒介在有声出版产品中呈现出了蓬勃的生命力。

图片内容生动直观,图片的使用与有声出版内容相关,图片与文字等其他媒介元素的搭配运用相符,但并不会产生喧宾夺主的负面效应。无论出版环境如何变迁,好的新闻图片的标准并未改变,在保证客观真实的基础上,新闻图片也要"求新""求深""求美",在不断满足用户审美需求的同时,兼顾图片所承载的思想性、新闻性和故事性特征,强化图片的叙事能力和视觉张力,让图片会说话,彰显力量、传递价值、表达情感,在主流媒体有声出版中发挥重要的作用[1]。

(二)伴随性收听下的情感融入

媒介技术发展日新月异,在全媒体出版深度融合发展格局中,有声出版仍能占据一席之地,一方面和快速发展的私家车群体有着密不可分的联系,另一方面则得益于广播的伴随性收听惯习。

声音媒介的唯一性及其衍生出的移动性、伴随性优势与汽车社会和社会老龄化高度契合,为有声出版营造了其他媒介形态难以进入的"无竞争空间"[2]。有声出版作为一种声音媒介,最本质的特征就是伴随性。在全媒体时代,听众可以不受时间、空间的影响和限制,在任何姿态下都可以收听有声出版内容,甚至可以将有声出版产品作为"背景媒介",从传统广播到全媒体音频,不仅解放了人们的眼睛,还解放了听众的双脚,成为"从不妨碍我们的朋友"[3]。

有声出版产品的伴随性传播一方面是移动性伴随,另一方面是情感性伴随[4]。前者又包含乘车、跑步等出行状态中的接收和从厨房到餐厅、从卧室到卫生间等在室内流动接收两种运动状态下的接收情况;后者"是一种向熟人保密向大众开放的隐私"[5],使得有声出版成为"一种最具人文关怀的媒介"[6],在某种程度上强化了主流媒

---

[1] 朱伟,叶莉.好的新闻照片有哪些标准?[N].中国摄影报,2022-06-28(2).
[2] 申启武.坚守与突围:广播媒体融合发展的战略选择[J].现代传播(中国传媒大学学报),2017(5):9.
[3] 成文胜.广播新闻[M].北京:中国人民大学出版社,2013:70.
[4] 成文胜.广播新闻[M].北京:中国人民大学出版社,2013:70.
[5] 李岩.广播学导论[M].杭州:浙江大学出版社,2005:108.
[6] 曹璐,罗哲宇.广播新闻业务[M].2版.北京:中国传媒大学出版社,2010:11.

体有声出版音频叙事的亲密感、归属感。

(三)场景式传播下的文化沉浸性体验

每个时代都有自己代表性的声音,这些声音不仅成为一定时期社会文化的重要组成部分,声音本身也是塑造文化的一种重要力量①。用声音记录中国,作为媒介的声音同样在以一种声音民族志的方式出版,诉说着作为集体记忆的历史事件、独特的自然景观和人文风貌,声音本身作为最古老也最热络的一种传播方式,在不断讲述和记录着时代的发展变迁,形塑着一个时代的文化表征②。

新型主流媒体有声出版的核心要义是借助全媒体营销矩阵触达更多的互联网络节点用户,以实现数量上尽可能多的"被听见",在此前提下,听得下去才是关键,听得下去的原因便在于满足用户多元文化需求。"人民日报评论"音频出版节目作为呈现内容的一种传播媒介,传播的是一个个生动的中国故事,呈现的是一个个形象的时代印记。而其中优秀的有声语言作品既是新时代课程思政的重要载体,又是全媒体时代国际传播展现国家形象、讲述中国故事、传承中华民族有声语言艺术文化的重要窗口。

主流媒体有声出版主播作为党的宣传思想文化事业的重要力量,更要承担好引导舆论方向,传播先进文化,倡导文明风尚的重要使命。主流媒体有声出版通过对具体主题内容深度剖析,对通俗文化知识进行传播,从而与家庭、学校等场所一并完成社会文化的培育和传承③。

五、以用户为中心,探索主流媒体有声出版的全渠道服务模式

(一)优质内容的持续输出是用户黏性之本

习近平总书记在视察解放军报社时强调:"读者在哪里,受众在哪里,宣传报道的触角就要伸向哪里,宣传思想工作的着力点和落脚点就要放在哪里。"④群众在哪里,我们的舆论宣传阵地就应该在哪里,我们的出版服务工作就要做到哪里。2024年3月22日,中国互联网络信息中心(CNNIC)发布的第53次《中国互联网络发展状况统

---

① 孟建,黄灿.当代广播电视概论[M].2版.北京:中国传媒大学出版社,2016:123-124.
② 曾巍.声音出版:概念、历史与前景[J].出版科学,2023,31(5):14-22.
③ 黄河.新媒体发展与社会管理[M].北京:中国传媒大学出版社,2013:32.
④ 习近平:受众在哪里,宣传报道的触角就要伸向哪里[EB/OL].(2015-12-28)[2022-09-23]. http://www.scio.gov.cn/37231/37251/Document/1603597/1603597.htm.

计报告》显示,截至2023年12月,我国网民规模为10.92亿,互联网普及率达77.5%,我国网络视听用户规模达10.74亿,占网民整体的98.3%。庞大的网络用户群体数量,要求传统出版行业必须进行数字化转型,以适应当前的媒介环境,满足广大受众的信息接受需求。

内容为王的时代,优质内容的持续性输出才是出版行业在复杂的各种具体媒介形态竞争中抢占用户资源的必由之路。唯有不断提升内容质量,保证优质内容的一致性、持续性、稳定性、长期性,才能不断增强新媒体用户的使用黏性,维持好老用户群体,发展好新用户群体和潜在用户群体,使得用户看得到、听得见、听得懂、听得进去,并且能够持续收听下去,甚至使得用户成为有声出版网络传播中的关键节点,影响周围其他用户一起收听内容。

从传统出版到全媒体出版传播体系的转变,不仅是媒体介质的升级,也是出版观念的转变,更是出版融合发展、经营与运营等底层逻辑的迭代。虽然有声出版内容不像纸质出版那样有着严格的逐级审批制度,但作为海量网络信息资源中直接面向用户的出版产品,需要有力推动中国故事和中国声音的全球化表达、区域性表达和分众化表达有效落地,增强有声出版传播的亲和力和实效性,才能更好地从理念走向实践[1]。

(二)区别于微信公众号生产有声出版内容

微信公众号是一种兼容性较强的新兴媒介形态,融合了文字、图片、音频、视频、小程序、超链接等多种媒介形态,因其所占空间小、便于多平台转发等特点,在短视频大行其道的当下,仍表现出顽强的生命力。不过,音频只是微信公众号多种内容出版形态之一,文字依旧是微信公众号内容出版的主要媒介。微信公众号的内容推送更加符合文字传播和网络传播特征,用户对于音频质量的要求并没有那么高。

有声出版虽然也有文字、图片等辅助性媒介元素存在,但主要依据声音这一媒介传播信息。"与文字相比,声音媒介独具特色,贴近生活、贴近当下。依托声音媒介的有声出版具有参与式、情境式的特点,且较少用到抽象的概念和词汇,更能为用户带来移情式的体验。"[2]甚至可以说,有声出版用户是靠"听"来接收内容的。因此,主流媒体有声出版更要着力于声音本身的内容承载力。

---

[1] 廖祥忠.视频天下:语言革命与国际传播秩序再造[J].现代传播(中国传媒大学学报),2022(1):8.
[2] 刘涛,等.融合新闻学[M].北京:高等教育出版社,2021:170.

(三)交互性是有声出版创作的基本属性

在平台媒体时代,更需要增强对用户交互性体验的研究观照。"珠江模式"树立的"听众是广播的主人"的理念是新形势下有声出版深度融合发展所要强化的互联网思维的核心内容,有声出版产品价值链的各环节都要以用户为中心去考虑问题,努力打造一个多元主体开放、共享、互利共赢的全媒体出版传播体系生态圈①。

交互性是当下新媒体平台的基本特征之一,用户既是信息的接收者,也是信息的传播者,在传受双方的双向互动过程中,深度参与有声出版产品的创作。音频聚合平台的新媒体互动主要体现在播放、点赞、转发、评论、弹幕、私信等功能上。音频节目的播放量和完播率反映了用户对有声出版产品叙事主题和叙事内容的兴趣程度,点赞量和转发量在一定意义上体现了用户对该期出版产品内容的满意度,评论、弹幕、私信等主观性内容则是用户主观感受的直观显现。当然,新媒体平台的互动性也不只是用户和出版者之间的互动,也体现在用户之间的互动交流方面。

音频平台弹幕功能的出现,是用户参与有声出版深度融合的具体表现,是用户边听边思考的信息即时反馈,内容生产主体利用好平台这一功能和弹幕信息,既可以进一步激发用户对参与有声出版的热情,也可以更好地汇民意、聚民心,不断提振新型主流媒体平台有声出版的舆论引导力,以实现官民话语融合和"两个舆论场"的良性互动,不断推动社会治理体系和治理能力现代化②。

六、结语

数字传播技术带来的复制技术和传播媒介的改变为出版业带来革命性的影响。不同于传统电子音像出版,全媒体传播体系下的数字有声出版更加适配数字时代移动化、社交化、互动化、智能化传播趋势,综合运用多模态表现形式,推动内容生产向实时生产、数据化生产、用户参与式生产转化,满足用户多元化、个性化以及多终端出版产品使用的需求。探索主流媒体有声出版融合发展实践路径,是巩固壮大宣传思想文化阵地、履行社会责任的时代需要,是满足多元化学习需求、建设学习型社会的现实需要,也是信息化时代出版行业自身生存发展的迫切需要。未来,对于全媒体出版传播体系建设的研究可以进一步突破视听传播局限,更多考虑其他感官媒体出版内容的全

---

① 徐宏,申启武."珠江模式"的历史意义与当代价值[J].中国广播电视学刊,2022(1):124.
② 周妍,朱晓曦.作为宣传工具和基层治理资源:对防疫标语的话语分析[J]新闻界,2022(4):59-65.

息出版现象,比如针对视障者的盲文出版等,以构建数字时代新型出版传播体系、促进出版业自身生存发展。

〔李明德,西安交通大学新闻与新媒体学院教授、博士生导师;闫利超,西安交通大学新闻与新媒体学院新媒体与社会治理专业博士研究生〕

〔特约编辑:顾洁〕

基于青年读者的有声读物编辑策略探析*

Exploring Audiobook Editing Strategies Based on Young Readers

◎ 郑志亮　赵含笑

Zheng Zhiliang　Zhao Hanxiao

摘要：媒介技术升级迭代的背景下，新时代的出版与接受关系实现了从单向传播到双向交互的转变，这就要求编辑在有声读物编创过程中要将读者的阅读感受放在首位。如今，数字化阅读已经成为青年读者阅读的主要形式，有声读物作为数字阅读的新兴呈现形态深受青年读者的喜爱，其伴随性、碎片化和移动性的特点更加符合当代青年读者的阅读需求。本文基于接受美学理论，针对青年群体的发展特点，深入探讨面向青年读者的有声读物编辑策略，以期为青年读者提供符合其阅读审美的有声读物产品。

关键词：有声读物；青年读者；接受美学；编码与解码

Abstract：Under the background of media technology upgrading and iteration, the publishing and acceptance relationship in the new era has realized the change from one-way communication to two-way interaction, which requires editors to put the readers' reading feelings in the first place in the process of audiobook creation. Nowadays, digital reading has become the main form of reading for young readers, and audiobooks, as an emerging form of digital reading, are loved by young readers, and their accompanying, fragmented and mobile features are more in line with the reading needs of contemporary young readers. Based on the theory of receptive aesthetics, this paper discusses the editing

---

* 本文系中央高校基本科研业务费专项资金资助项目"少数民族古籍数字化应用与融合传播研究"（项目编号：CUC24ZL22）、科技期刊数字出版及全流程管理重点实验室开放基金课题"科技期刊新媒体传播研究"（项目编号：syskt2024-61）的阶段性研究成果。

strategy of audiobooks for young readers in order to provide young readers with audiobooks that conform to their reading aesthetics, in view of the developmental characteristics of young groups.

Keywords: audiobooks, young readers, receptive aesthetics, encoding and decoding

伴随着媒介技术不断升级迭代,数字阅读成为主要的国民阅读方式。有声读物是数字阅读的一种新兴呈现形式,利用声音符号实现信息的传递与表达,通过人声朗读辅之以音响与配乐等媒介表现手段,将文字文本以具有艺术表现力的形式呈现。① 早期有声读物以磁带、CD与光盘等物质载体为媒介,21世纪,在互联网技术飞速发展的背景下,MP3、WAV等数字音频格式出现,移动有声阅读平台逐渐取代过去传统的固态存储媒介,成为当下国民听书的首要途径。② 2019年5G技术飞速发展,物联网和超高清音视频技术的发展带动有声读物品质提升。通过耳机等头戴式音频终端设备配合移动通信设备,读者能够在任意时空进行有声读物的阅读,这打破传统阅读场景限制,顺应了当下青年读者快节奏生活下的阅读需求。③ 新华社媒体融合生产技术与系统国家重点实验室联合喜马拉雅App发布的《2023国民收听趋势白皮书》显示,目前,14—30岁的青年读者占到40％—46％,在所有年龄层中占比最高,青年已经成为我国有声读物的主要阅读群体。④ 电子时代的到来再次唤醒了人类的双耳,青年群体是电子设备使用率最高的群体、互联网与数字阅读的主力军,面向我国青年读者的有声读物亟待优化和完善。

一、接受美学视域下有声读物编辑思维再塑

20世纪60年代中期,以现象学与解释学为理论基础的接受美学出现,核心是关注读者对于文本的理解,强调读者的阅读感受与阅读能动性。⑤ 读者在阅读有声读物之前,首先会根据以往的阅读经验以及个人生活经历、知识积累,对于即将要阅读的有声读物形成潜在的基本认知框架,也就是读者主体性的"期待视野"。在阅读过程中,读者不再只是单纯被动的接受主体,而是转变为交流主体与创造主体,对于媒介文本

---

① 王雪玉洁,杨宇鹤.有声读物的发展成因、传播样态及品牌塑造[J].传媒,2022(20):77-79
② 章萌.移动有声阅读用户内容付费意愿影响因素研究[J].出版发行研究,2019(1):28-34.
③ 刘亮,陈德楠.新媒体时代有声读物提质研究[J].传媒,2021(19):45-48.
④ 喜马拉雅App.2023国民收听趋势白皮书[R/OL].(2013-12-20)[2024-02-02].https://mp.weixin.qq.com/s/OLMh8EJ82IYiuXxCv0OpVw.
⑤ 伽达默尔.真理与方法[M].王才勇,译.沈阳:辽宁人民出版社,1987.

的解读具有主动选择的权利。有声读物通常会将文本内容编码为人声、音效与音乐相结合的声音符号,通过在文本的情感表达、角色形象塑造、环境氛围创设等方面设置"空白"与"不确定点"从而构成"召唤结构","召唤结构"引导读者从不同维度对声音文本进行解码处理与再度创作。读者在与声音文本进行动态互动的过程中,调动想象力与创造力赋予声音符号情感与意涵,在丰富已有视野的基础上构建"创新视野"。

有声读物的出版主体、读者和声音文本三者之间相互影响、彼此依存,共同构成了有声读物的完整生态。出版主体借助媒介技术提供给读者沉浸式阅读体验,读者在阅读有声读物的过程中,通过"期待视野"的创新重构与"召唤结构"的补充创造,在基于声音文本与其他读者交流互动的过程中形成对有声读物的创作反馈,读者的新思想与新理解会反作用于后续的编辑生产。伴随着媒介技术的演进,读者的阅读审美也在不断发生变化,出版主体应当密切关注读者对有声读物的审美期待与偏好,运用现代技术创作出符合当代读者喜好的有声读物产品。

二、青年群体的特点

(一)彰显个性魅力,言语独具风采

在全球化发展的浪潮下,网络通信技术飞速发展,青年群体能够跨越地域限制,便捷地接触世界各地的多元文化,展现出超越其他年龄群体的创造力和包容性。以互联网技术为支撑,其匿名性的特点为青年群体提供了自由表达、交换观点的公共讨论空间,他们拒绝单一的、教科书般的说教束缚,渴望更加新颖独特、个性化的话语表达。从"I人/E人""特种兵式旅游"到"孔乙己文学""小镇做题家",通过语言符号意义的再生产到彼此交换共享,他们将原本的文字符号进行重新编码并赋予其新的意涵。

由于群体之间文化语境的差异,年长者难以理解青年个性化表达之下的真正含义,容易形成代际话语隔阂。青年具备极强的接受新事物的能力和意愿,群体内部成员年龄相近,共享着相同的语言符号,能够快速相互理解并形成强烈的情感共鸣。这种共鸣激发青年群体的认同感与归属感,促使更加紧密的"文化部落"的形成。青年是社交媒体的主要用户群体,他们善于利用社交媒体平台进行信息交流与共享,注重人际关系和社交网络的建设。个性化的话语表达成为青年重新嵌入社会的方式,是青年自我价值实现的重要手段,也是青年争取社会地位与话语权的重要体现。

(二)重视心理健康,筑牢健康之基

中国科学院心理研究所发布的 2022 版"心理健康蓝皮书"显示,青年为抑郁的高风险人群,其中,18—24 岁的人群抑郁风险检出率最高,达到 24.1%。[①] 当代青年像"温室中的花朵",在国家、社会和长辈的多重关爱之下成长,天真地认为毕业后便能够凭借文凭轻松过上衣食无忧、财务自由的生活。伴随着当今社会科技的飞速发展和生活节奏的不断加快,现实所带来的学习、就业、买房、婚姻和育儿的压力与青年的预期相差甚远,对于精英阶层的执念与害怕失败的踌躇不前导致其陷入深深的自我怀疑。在与朋友、同事、同学的互动中,青年因害怕被拒绝、忧虑不被接纳而选择主动讨好;同时,纠结过去、忧虑未来发展等问题也使其陷入自我怀疑与内耗。

互联网的普及和社交媒体的兴起为青年提供了分享经历、寻求帮助和获取信息的空间,使得心理健康问题从一个较为隐晦的话题逐渐转变为社会大众广泛讨论的议题。在互联网平台上,从专业的心理知识、心理疾病症状和治疗方法,到各种实用的心理疏导技巧和放松方法的科普内容不断涌现,通过社交媒体、视频平台等进行多种媒介形态的传播,使青年能够更加方便地获取关于心理健康的信息和知识。这些内容帮助青年群体正确认知心理健康问题,增强自我意识和自我关怀的能力,重视维护自身心理健康。

(三)追求新鲜事物,探索未知领域

青年人处于生命发展的旺盛期,拥有充沛的精力与好奇心,对于新事物天然的兴趣与热情激励他们去探索未知的世界。他们思想前卫,敢于创新,思维活跃,求新立异的心理驱使其通过尝试新鲜事物来展现自己的独特性,形成对于自我的挑战与证明。这种心理机制促使其不断追求新的体验和感受,从而获得成就感与满足感。

青年群体对于新技术、新产品、新应用表现出浓厚的兴趣,热衷于探索尝试诸如虚拟现实(VR)、增强现实(AR)、AIGC 等先进前沿科技,享受新技术所带来的丰富体验。在文化层面,青年群体追求新鲜的文化体验与艺术形式,关注流行音乐、独立电影,紧跟时尚潮流,不拘泥于传统的文化框架,愿意尝试不同的文化表达方式。而在社交方面,青年群体打破了传统的面对面社交,乐于尝试通过短视频、直播、游戏以及社

[①] 中国科学院心理研究所.蓝皮书总报告|《2022 年国民心理健康调查报告:现状、影响因素与服务状况》:意识增强,表现乐观,需求多重,但职业和年龄差异明显[R/OL].(2023-02-24)[2024-02-03].https://mp.weixin.qq.com/s/fDFrYvVKpjtt5PKmUXJoPg.

交媒体分享信息、交流感情,与志同道合、兴趣相投的"同趣人"建立情感联结,带动全新社交圈子的形成。青年在社会众多领域展现出强大的活力与创造力,他们以积极的态度和勇于探索的精神,为社会的发展注入了源源不断的动力。

(四)注重知识学习,积累丰富经验

随着科技的快速发展和信息的爆炸式增长,青年生活在一个充满机遇与挑战的社会环境之中。完美主义的社会规定对于青年提出了更高的要求,"内卷"成为当下的热门词语,由于激烈竞争而导致的机会稀缺,需要他们不断掌握新的知识和技能,以应对社会变革和职业发展的需求。这种社会环境促使他们保持学习的状态,不断提升自己的综合竞争力。

青年群体具备极强的好奇心,他们对于知识的探索和追求,早已不再满足于传统意义上的学习和教育,而是渴望真正理解事物的本质和背后的原理。他们既追求知识的深度,又追求知识的广度,不论是科学、艺术、人文还是社会科学都吸引着他们的关注。他们还注重跨学科的学习,不同的学科之间有着千丝万缕的联系,综合多种学科的知识才能够真正理解事物的全貌。这种学习方式不仅丰富了他们的知识体系,更增强了他们的综合素质与创新能力。在学习的过程中,青年善于利用各种资源和工具来获取知识和信息,通过互联网、社交媒体等途径获取知识与技能。通过这些平台,青年可以随时随地获取最新的知识和信息,与专业领域的专家学者交流和互动,从而实现学习需求的"即时满足"。

三、基于青年读者的有声读物编创策略

接受美学的核心观点强调,有声读物的编创要从接受出发,从青年读者出发。青年群体是当下有声读物的主要受众群体之一,他们富有探索精神,对于新鲜、有趣的内容抱有高度的热情,具备独特的思维方式、心理状态和行为习惯。因此,要深入洞察青年读者的需求、喜好和期望,从而为其提供更加贴切、有吸引力的有声读物产品。

(一)嵌入青年文化符号

布鲁默的符号互动论强调人类为所关注的对象赋予意义,不同圈层的文化通过彼此文化符号的置换,能够搭建共同的意义背景。青年文化的重要特征是追求新颖、独特的表达方式,其话语表达的内容与形式更具新潮性、隐晦性和多元性,与其他年龄段

的群体话语表达存在差异与认知隔阂。[①] 有声读物编辑需要把握青年群体的话语特点,深度分析把握青年在社交媒体上的话题关注,在故事中融入热门网络热词与个性化的潮流表达,带动有声读物现代感的提升。在有声读物的内容选材层面,要密切贴近青年的生活实际,从青年读者的视角出发,对当代青年所面临的困境和挑战有所洞察,精准捕捉青年群体的心理共鸣点,从而增强青年读者与有声读物的情感联结。

游戏导向性的互动元素在有声读物中扮演着重要角色,能够增加青年读者阅读的趣味性。伴随着科技的不断发展,读者借助智能语音识别系统,运用语音命令控制交互式音频,将自我投射为虚拟世界的成员,以对话或互动的形式了解故事的情景和语言,并决定故事情节的发展走向。在数字音频提供商 Audible 与 Chooseco 出版社推出的互动有声读物 *Choose Your Own Adventure* 中,读者用语音控制故事的"开始",当遇到决策点的时候,语音助手 Alexa 会询问读者如何选择,不同的决策选择会通向不同的故事结局[②]。技术的开发能够帮助青年读者参与剧情的发展,向他们提供自我演绎的沉浸场景感,打造新颖的阅读体验。

(二)借力热门爆款 IP

随着社会的进步和科技的发展,有声读物已经逐渐成为现代人的一种重要阅读方式。有声读物的市场需求愈发旺盛,促使有声作品不断突破传统界限,视听小说、短剧以及影视剧等多元文化形态都已成为其开发的重要源头。对于青年读者而言,有声读物的吸引力依赖于优质的内容与专业的配音演绎。

一方面,当前青年读者喜爱的有声读物类型丰富多样,网络小说、漫画、影视剧改编作品占据了较大比例,这类优质热门 IP 通常具有强大的粉丝基础和广泛的受众群体。有声读物平台通过与青年喜爱的影视、文学、动漫大 IP 合作,打造优质内容矩阵,吸收原有的粉丝受众并拓展新的读者群体。多种媒介形态的联合推广,形成强大联合推广效应,吸引更多青年读者的关注和参与。

另一方面,配音演员凭借其专业技能与独特的个人魅力,成为当下广受青年读者关注和追捧的"配音偶像"。有声读物的配音演员以其独特的嗓音塑造角色,通过精湛的声音表演来展现故事情节,赋予角色灵魂。正是这种深度演绎,使得青年读者能够更加深入地理解角色,将角色与青年读者联结在一起,具有极强的艺术性和吸引力。

---

① 高文苗,郎曼丽,龚可馨."00 后"青少年网络话语表达范式变化及其对策分析[J].未来传播,2023,30(6):29-38.
② 何珊.互动有声读物中的数字叙事研究[J].出版学,2023,31(2):89-96.

在制作有声读物的过程中,以专业的配音团队为依托,邀请青年读者喜爱的配音演员参与制作,发挥名人效应帮助青年读者树立对于有声读物的认同感,将增强青年读者对有声读物的喜爱和忠诚度。

(三)打造青年"电子燕窝"

随着社会的高速发展,生活节奏日益加快,中国青年普遍面临着目标选择、人际交往以及"命运"与"现实"的矛盾所带来的焦虑,当心理压力过重时会产生自卑、烦躁等负面心理,严重者甚至会形成心理抑郁。当代青年对于心理健康的重视程度要高于中老年群体,急需能够缓解内心焦虑、提升青年综合能力、为其提供精神滋养的"电子燕窝"。

在有声读物编创过程中,应当充分考虑到青年读者的心理健康需求,发挥有声读物心理疗愈的作用。在内容题材的选择上,尽量贴近青年群体生活,选择积极向上、温馨励志的主题,注重内容的深度与启发性,通过故事讲述与角色塑造传递正向的情感能量。在声音表演与呈现层面,利用舒缓的音乐和温暖的人声创造安静轻松的听觉环境。在互动设计方面,可以设置情感互动元素,融入专业的心理辅导、正念冥想和呼吸练习等解压技巧,为青年提供专业有趣的心理疗愈体验,改变自我潜意识信念系统,更好地满足青年读者对情感陪伴、缓解焦虑、解压放松的期待,带动青年生活幸福度的提升。

伴随着特权阶层与精英阶层对于知识的垄断逐渐被打破,知识逐渐以丰富多样的呈现形式被嵌入各类媒介中。在有声读物的编创中,围绕历史、哲学、佛学、心理学以及社会学等青年关注的领域开设精品专栏,通过知识雇佣的形式邀请专业领域的知名学者、行业专家参与有声读物的策划,细化有声读物的知识供给,将体系化、框架化的专业知识以隐性声音符号的形式加以呈现,潜移默化中将知识传递给青年读者,增强有声读物知识内容的逻辑性与专业性;同时,为青年读者搭建线上互动平台,一方面,青年读者可以与权威专家学者通过语音连线提问或者文字提问的方式进行在线互动,共同挖掘各个专题的知识内涵,另一方面,青年读者之间通过平台展开互动,分享自己的经验和见解,推动知识内涵与个人素养的提升。

四、有声读物重塑青年读者阅读体验

(一)创新场景表达:塑造沉浸式阅读情境

阅读场景与阅读选择多元联结。媒介技术的发展带动了有声读物阅读场景的创新,通过耳机等头戴式音频终端设备配合移动通信设备使用,读者能够在任何时间、任意场景进行有声读物的阅读,这打破了阅读场景限制,迎合后现代社会青年读者碎片化的信息接收方式,阅读场景不断拓展,场景限制逐渐消融。[①] 当下的有声读物阅读平台利用智能算法分析不同类别读者的阅读行为、兴趣爱好、使用习惯等并形成用户画像,精准预测读者的阅读需求,针对不同的阅读场景提供适配的有声读物,满足青年读者个性化的阅读需求。[②]

阅读场景与读者具身场景相联结。伴随着智能终端与移动电子设备的出现,语音合成技术、空间音频技术以及声音后期处理技术不断发展,从全方位多维度还原文本所描摹的声音景观,进一步提升读者的沉浸式阅读体验。[③] 数字音频能够允许读者对非线性信息的呈现进行自主选择,青年读者可以根据阅读的兴趣在不同的情节线之间导航,这极大地提高了声音文化的吸引力。借助智能语音识别技术在有声读物中添加互动元素,帮助青年读者深度融入有声读物创设的虚拟场景中,其超真实的阅读体验将刺激青年读者持续阅读。

阅读场景与社交场景相联结。读者从传统阅读中的被动接收者转变为主动的创造者与交流者,由于有声读物阅读平台具备社交功能,青年读者在阅读的过程中能够与其他读者进行实时情感交流与互动,在思考与讨论的过程中推动"二度创作"的实现,满足青年读者参与有声读物创作所需要的新鲜感与成就感。阅读由个人化行为逐渐转化为群体性活动,读者在数字技术空间中汇聚于共同的阅读社区,分享心得、交流观点,共同构建起一个多元化的有声阅读世界。

(二)重构出版接受:发掘有声读物多重价值

伴随着媒介技术的演进,有声读物出版主体与接受主体之间的关系由单向输出变

[①] 周月玲.有声读物自出版打造数字阅读新模式[J].出版广角,2021(14):78-80.
[②] 邓香莲,刘佳卓.一把打开深阅读的钥匙:基于场景的沉浸式阅读——以互动解谜游戏书的沉浸式阅读体验建构为例[J].出版广角,2021(5):18-21.
[③] 李林容,修伊湄.推动全民阅读:有声阅读的具身认知与意义建构[J].出版发行研究,2021(8):21-27.

为双向交互,二者相辅相成。新媒介环境下,互联网允许读者自由表达观点与想法,青年读者在互联网公共空间下的身份实现了从"接受主体""诠释主体"到"交流主体"的转变。①

青年读者追求新鲜有趣、互动性强,强调精神层面的满足与认同,点赞、评论、收藏等互动仪式影响着青年读者阅读行为。② 在阅读有声读物的过程中,青年读者在弹幕或评论区表达自身想法与感受的同时,也在比照、关注着其他读者的观点与看法。当青年读者的评论获得其他读者的点赞、收藏,其在心理层面获得愉悦感与成就感,从而通过正面反馈建立起青年读者的自我认同,推动持续阅读行为的建立;而当其评论被其他读者否认甚至指责的时候,负面反馈则会使得青年读者中断阅读行为,进而反思并重构对于自我的认知。

在网络互动高度便利化的时代,青年所面临的"群体性孤独"问题也不容小觑,通过建立情感共鸣打破网络化社交单薄脆弱的"弱联结",推动萍水相逢的点赞评论之交变为情感与心灵的深层次交流。③ 有声读物平台将青年读者聚集在同一个阅读场域之中,通过形式多样的阅读互动与交流组建起阅读共同体。④ 青年读者在阅读有声读物的过程中会针对配音偶像以及有声读物剧情、人物角色设定等方面的内容形成聚焦,聚焦于同一话题的青年读者形成社群圈层,网络平台对于个人身份的隐匿性使得圈层内成员彼此之间具有更强的信任感和认同感,由于生活经历与知识结构的不同,读者对于有声读物文本会产生不同的解读,通过观点的交流碰撞与深入思考,在不断交互的过程中进行"二度创作"。青年读者将阅读过程中产生的各种情绪转化为情感能量,社群内部成员由于具备相似的知识背景和理解能力,更容易形成情感共鸣,通过彼此之间正向的交流互动,实现青年群体的心理慰藉与自我赋能。

有声读物平台内容生产呈现"去中心化"趋势,鼓励读者自主进行有声读物的创作。平台会根据激励机制给予创作者流量扶持、现金奖励、荣誉认证等多种形式的扶持与奖励,以激发他们的热情和创新能力,进而推动平台内容的多样化、高质量发展。青年读者群体相较于其他年龄层读者而言,具备较强的表达欲和灵活跳脱的思维。他们对于新鲜事物充满好奇,愿意成为音频行业的"斜杠青年",以此丰富自己的生活。

---

① 刘燕南.麦奎尔学术背景探源:评丹尼斯·麦奎尔《受众分析》[J].国际新闻界,2013,35(1):143-151.
② 红杉资本.00后泛娱乐消费研究报告[R/OL].(2018-08-19)[2024-02-02].https://www.sohu.com/a/248781231_502878.
③ 林滨,罗晶.网络时代青年群体"孤独的欢愉"的情感本体论审视[J].东南大学学报(哲学社会科学版),2022,24(4):15-22,146.
④ 唐钰龙,杨鹏岳.基于社会化阅读视域下阅读共同体的构建[J].中国编辑,2021(7):59-63.

青年将自己创作的声音作品分享给他人,获得他人的认可与赞赏,将带动其自我认同感的提升。

(三)多元主体联结:缓解青年读者"阅读焦虑"

阅读焦虑是指在阅读过程中由于主客观等因素的影响无法进行有效阅读所产生的焦虑情绪和心理,是阅读者对于外在刺激以及自我阅读行为无法有效控制,从而导致阅读实际与阅读效能未能达到预期状态的一种焦虑心理。① 电子阅读设备通过影像文字来再现世界,为读者提供丰富阅读资源的同时,新媒介对于读者注意力的过度掠夺以及读者的媒介依赖等问题层出不穷。② 青年读者作为数字化阅读的主体,"阅读焦虑"也成为其阅读过程中不可忽视的一大障碍。

在阅读文字影像产品的过程中,源源不断的社交信息干扰、大量无效与有害信息的入侵正在分散着读者阅读的注意力,青年读者自制力不佳,容易在阅读过程中沉迷于海量信息刷屏而无法自拔,"浅阅读"正使得当下青年逐渐失去思考能力。有声读物具有私人化阅读优势,读者戴上耳机便能够享受自己单独的阅读时间而不受冗杂信息的干扰,阅读效率得到大幅提升。在阅读有声读物的过程中需要解码大量的声音符号,在提高读者阅读趣味性的同时,也要求读者思考与解读声音文本要保持注意力的高度集中与情感的高度投入,享受心流状态所带来的精神层面的愉悦和快感。

深度阅读的实现强调阅读过程要具备由浅入深、由外到内的知识探索性,情绪情感的投入以及读者身心的完整参与。③ 首先,有声读物平台的移动社交功能允许青年读者在阅读交流的过程中实现知识的共享与传递。读者在阅读的过程中与声音文本进行对话,将自己所具备的知识经验与有声读物相融合,在个体"二度创作"过程中实现自身认知结构与知识架构的更新。其次,读者通过与平台其他读者和专家学者的交流互动形成集体的"二度创作",在该过程中不断吸收他人的知识并实时填充到自己的知识网中,从而进一步完善自身知识体系的建构,推动"浅阅读"形式上深度阅读的实现。

---

① 杨沉.全民阅读视域下的阅读焦虑:理论基础、概念、模型、发生机制及启示[J].图书馆学研究,2018(10):86-92.
② 杨沉,张家武,黄仲山.全民阅读视角下新媒体阅读生态重构研究[J].图书情报工作,2017,61(12):86-93.
③ 李桂华.深阅读:概念构建与路径探索[J].中国图书馆学报,2017,43(6):50-62.

五、结语

近年来,伴随着国家文化数字化战略的不断深入推进,数字阅读产业持续发展。有声读物作为数字阅读的全新形式,其"解放双眼"的伴随性,移动化、碎片化的阅读特点符合当下青年读者的阅读审美,能让读者通过具身的阅读体验来感知声音符号。这种新颖的阅读形式深受青年读者的喜爱。青年读者数字化阅读的需求不断升级,有声读物编辑需要具备在新出版与接受关系下的受众思维,优化有声读物内容的编辑生产策略。为了满足青年读者的多元化阅读需求,有声读物在内容选材、话语表达等方面应贴合青年文化表达,添加互动元素与决策点,为青年读者打造全新的阅读体验。有声读物产品还应积极借力优质的热门爆款 IP,形成联合推广效应,打造优质内容矩阵。此外,还应当关注青年的心理健康与精神滋养,构建专属于青年群体的"电子燕窝",传递正能量价值观念。基于青年读者的有声读物编辑策略转变,将带动青年读者期待视野的升级,推动数字出版产业持续向好发展。

〔郑志亮,中国传媒大学电视学院教授,融合出版与文化传播国家新闻出版署重点实验室主任,硕士生导师;赵含笑,中国传媒大学电视学院广播电视学专业硕士研究生〕

〔特约编辑:顾洁〕

论数字出版产业平台社会责任治理框架*

On Data Compliance and Algorithm Trust of Digital Publishing Industry Platform

◎ 杨旦修　张灵颖

　　Yang Danxin　Zhang Lingying

摘要：数字出版产业平台社会责任治理聚焦于数据和算法等两大核心，数据作为新生产要素是出版产业平台数字化的物质基础，而算法则是出版产业平台数字化的生产性核心力量。通过对数据的高效采集、清洗、分类与集成，加快推进出版产业数字化进程，实现数字出版产业平台的全流程数据化和算法化。以数据合规、算法信任为目标，调节数字出版产业平台中的数据要素与数据合规矛盾以及算法生产与算法信任冲突问题，以数据合规与算法信任的价值耦合机制构建数字出版产业平台社会责任治理框架。

关键词：数字出版产业；平台；社会责任治理；数据合规；算法信任；价值耦合

Abstract：The social responsibility governance of the digital publishing industry platform focuses on the two cores of data and algorithms, Data as a new production factor, is the material basis of digitalization of publishing industry platform, and algorithm is the productive core force of digitalization of publishing industry platform. Through the efficient collection, cleaning, classification and integration of data, accelerate the digitization process of the publishing industry, and realize the digitalization and algorithmization of the whole process of the digital publishing industry platform. With the goal of data compliance and algorithm trust, the contradiction between data elements and data compliance and the conflict between algorithm production and algorithm

---

* 本文系国家社科基金后期资助项目"人工智能嵌入网络舆情治理的复合影响机制研究"（项目号：24FXWB012）的阶段性成果。

trust in the digital publishing industry platform are adjusted, based on the value coupling mechanism of data compliance and algorithm trust, a social responsibility governance framework for digital publishing industry platforms is constructed.

Keywords: digital publishing industry, platform, social responsibility governance, data compliance, algorithmic trust, value coupling

《出版业"十四五"时期发展规划》明确提出,2035年将我国建成出版强国,需要发挥数字技术赋能引领作用,内容生产传播数字化水平显著提升,实现出版数字化创新。数字出版新技术已逐渐嵌入我国出版业各个环节,为出版产业提质增效提供了创新驱动力,将全方位、多角度地重塑出版业的产业链、生态链和价值链。同时,数字出版产业平台作为机制连接的中介,利用数字系统连接不同的个体、组织和企业,实现高效协同合作。① 协同合作聚合产业力量,形成平台效应。

一、数字出版产业的平台发展取向

当下,立足于出版强国建设,数字出版产业成为壮大我国出版业发展的新动力引擎,在出版强国建设中扮演重要角色。出版产业平台数字化融合发展成为新常态,出版产业积极顺应一体化发展需求,加大数字化建设和新兴出版业务的部署投入力度,打破出版产业生产、流通、技术、运营以及管理等多个环节之间存在的壁垒,进一步开拓了深度融合发展思路。国家不断加强对出版业发展的总体统筹,为出版产业平台高质量发展注入前行动力,重点提出要抓住智能化和数字化的发展方向,立足于中华民族伟大复兴的中国梦和世界百年之大变局,实施数字化发展的战略部署。因此,我国顶层设计推出国家文化数字化战略,以文化数字化为中心加快我国文化产业结构的数字化转型,构建完善、成熟的数字文化产业发展体系。

在数字化的大背景下,隶属于文化行业的出版产业正面临新的机遇和挑战。新时代的出版产业建设在数字技术的介入下具有了新的内涵和意义,近些年来,国家也在宏观层面出台了众多关于出版产业数字化发展的政策文件。2022年4月,根据《出版业"十四五"时期发展规划》有关安排,中共中央宣传部印发了《关于推动出版深度融合发展的实施意见》,围绕加快推动出版深度融合发展,构建数字时代新型出版传播体

---

① 宁帅.文化数字化战略背景下数字出版产业发展路径[J].文化创新比较研究,2023(6):69-73.

系,坚持系统推进与示范引领相结合的总体思路,从战略谋划、内容建设、技术支撑、重点项目、人才队伍、保障体系等六个方面提出二十项主要措施,对未来一个时期数字出版融合发展作出全面部署。其中还强调了大数据、云计算、人工智能、区块链等技术应用,以及数字技术驱动出版深度融合发展。从大文化层面来看,2022年5月,中共中央办公厅、国务院办公厅印发了《关于推进实施国家文化数字化战略的意见》(以下简称《意见》),作为国家发布的新政策,是我国当下文化创新发展、产业升级转型的行动纲领,将起到利国利民的重要作用。《意见》提出,到"十四五"时期末,基本建成文化数字化基础设施和服务平台,基本贯通各类文化机构的数据中心,基本完成文化产业数字化布局。由此可见,我国对于文化数字化的战略推动,从上层建筑角度为文化行业扫清发展障碍并提供坚实的政策支撑。

数字出版产业平台发展以国家文化数字化战略为基点,针对性提出指导性、方向性以及实践性的发展目标。为了保持行业竞争力和市场优势,数字出版产业需要不断探索新的平台发展取向。"依托数字平台发展数字出版,必须坚持以内容为本、技术为用,文化为体,市场为翼。"[1]具体来看,数字出版产业的平台发展取向包含五个层面:一是多元化平台层面,数字出版产业需要考虑面向不同平台的出版服务,从而吸引更广泛的用户群体,提高曝光度和影响力;二是内容分发平台层面,数字出版企业需要建立一个良好的内容分发平台,为读者提供方便快捷的阅读体验;三是个性化平台层面,数字出版行业可以采用构建个性化平台的方式,通过定制化方式提高用户黏性和报酬率;四是共享经济平台层面,数字出版行业可以通过构建共享经济平台,与其他相关行业合作,创造更多新的业务模式;五是社交平台层面,数字出版行业可以借助社交平台,与读者建立联结,有效增强读者忠诚度和品牌影响力。

二、数据作为新生产要素

数字化是时代发展的重要趋势,数据在社会数字化进程中扮演了非常重要的角色。万物的数据化是数字化发展的基础,对于数字出版产业平台生产而言,数据是新生产要素,也是一项基础性的战略资源。数据的重要性决定了国家对其进行重要战略部署的价值。2022年12月,中共中央、国务院印发了《关于构建数据基础制度更好发挥数据要素作用的意见》,提出了二十条关于数据的政策举措,我国数据基础制度体系初步搭建完成,充分激活了数据要素价值。作为关键生产要素的数据,可以为数字出

---

[1] 柳斌杰.跨界联合打造数字出版新平台[J].中国编辑,2018(3):4-6,14.

版产业平台提供强大的基础支撑。

(一)数字出版平台数据的互联互通是要素关键点

对于数字出版产业平台而言,我国数不胜数的数据资源是平台发展的前提条件和基础条件,然而出版数据的应用并不是单指某一出版领域的单一方面数据,其关键在于多领域、多类型的多元数据之间的"互联互通"。对于数据这一新生产要素,人们应关注其多面性与关联性,在数字出版产业平台中出版平台数据的互联互通就是生产要素的关键点。数据互联互通的主体主要包括政府、国有出版单位、民营网络平台。

首先,数字出版产业与其他产业外部数据要实现互联互通。我国的出版产业主要由国家新闻出版署等部门负责管理,但数字出版涉及的出版数据并不局限于数字出版产业,其他产业囊括的出版相关外部数据则由其他产业所属的部门机构和企业负责管理。这就导致数字出版产业数据体系的不完整,这就归因于数字出版产业与其他产业外部出版数据之间的数据还未实现互联互通。因此,在现有政策的支持下,数字出版产业应当坚持融合开放共享,重视与其他产业的联动性,以此推动数字出版产业数据体系的完善发展,进而发挥出数据在数字出版产业平台中的关键生产要素作用。

其次,数字出版单位内部数据间要实现互联互通。从我国出版单位的整体来看,自上而下可以分为多个细化的部分。以出版单位内部之间的联系为视角,可以看出,每层级出版数据的管理都隶属于不同的部门或机构。在这样的背景下,不同的省份、市级、县区所管理的出版数据也具有差异性,这也导致了数据被分割开的局面。所以要打破出版单位内部数据间存在的壁垒,实现其内部数据的互联互通,才能真正实现数据在数字出版产业平台中的关键生产性要素功能。

最后,数字出版单位与互联网平台数据应实现互联互通。在互联网技术尤为发达的当下,互联网平台中的出版数据更加多元复杂且具有高度价值潜力。因此,国有的出版单位和民营的网络平台之间的数据应当架起联系的桥梁,实现互联互通,才能够为数字出版产业平台提供更丰富、更高效、更具价值意义的数据体系。

(二)合规的数据新生产要素为数字出版产业平台深度赋能

数据挖掘技术是数字经济时代进行智能学习的基础,其基于复杂多样的海量数据,挖掘出多样化的、有价值的信息以供数字出版产业平台使用。数据挖掘技术是随着数据仓库这一概念的产生而出现的,数据仓库的出现为数据挖掘技术的应用提供了全新平台。数据仓库相比于传统的事务性数据库拥有集成式的、与时间相关的、相对稳定的数据结合,这些数据能够服务于政府决策、市场分析以及结果预测,等等。① 数据价值中囊括着复杂知识的关联,数字出版产业平台通过大数据挖掘技术提取出有价值的信息与知识并加以运用,实现盈利。在大数据时代,各领域对数据挖掘技术的应用程度不断加深,计算机系统与数据挖掘技术的有效结合,是提升数据挖掘质量的重要推手。海量数据涌入数字出版产业倒逼产业强化数字基础设施建设,具体体现于三个主要的技术架构:其一,海量数据录入、存储与分析数据库;其二,汇集广大消费群体信息的数据平台;其三,数据标识、分类、预测等数据算法分析系统。基于上述三种技术架构,出版数据由零散转向集中、密集、易提取。② 在数字经济时代下,数据新生产要素被应用于数字出版平台之中,既能够通过"数据中台"渗透于不同平台中,帮助数字出版产业平台灵活掌握用户信息,拓展用户规模,又能以循环更新的方式强化数据系统自身弹性,实现稳定的数据交互。

通过数据算法技术将挖掘出的出版数据转化为可以进行价值增值的新生产要素,为数字出版产业平台搭建起智能化的文化计算体系。数据新要素的出现重构了数字出版产业平台生产与制作流程,深度赋能出版产业数字化供给,加快推进数据要素市场规范体系建设。数据作为数字出版产业的关键生产要素,在开放的数据环境下,面临着过度开发与信息泄露的风险。在数据挖掘生产新数据的同时,保证数据的合规性是当前亟待考虑的问题。目前基于《数据安全法》与《个人信息保护法》,数据要素市场上主要以安全多方计算、零知识证明、区块链等技术保障数据确权,完善数据要素流通市场体系。数字出版产业是数字经济时代具备强大发展动力的经济新业态,数字出版平台数据资源作为关键驱动要素,优化数据定价、流通、交易过程,合理配置合规出版平台数据资源是培育数据要素市场的关键步骤。

(三)数据新生产要素实现数字出版产业平台效能增值

数字出版平台依托海量的出版数据,为社会价值创新提供新的源泉。同时,数据作为出版内容生产与服务的关键要素,能为数字出版产业平台提供两类增值。

一是数据成为数字出版产业平台的"虚拟能源"③。数字化时代,出版内容生产和服务价值创造多依赖于基础的出版数据,数据资源融合贯穿出版产业价值共创全过程中。在数字出版产业平台前端,通过数据挖掘技术,将现存数据库中零散且海量的出

---

① 任仲晟.基于数据仓库的数据挖掘技术[J].数字技术与应用,2021(9):59-61.
② 马中红,胡良益.数据基础设施:作为纵深维度的隐蔽可供性研究[J].国际新闻界,2022(8):6-27.
③ 徐偲骕.数据坐稳第五大生产要素了吗?:警惕数字经济的"波兰尼时刻"[J].文化纵横,2022(4):130-138,159.

版数据转化为对于数字出版平台运营有价值的数据资源;在数字出版产业平台中端,推动其与海量用户的数据相匹配,实现资源的优化应用;在数字出版产业平台后端,提升数据运算力,加强数据共享力,及时反馈出版消费数据,帮助出版平台优化市场决策,助推数字出版产业增值。数字出版平台作为数据参与出版产品或服务生产、交换、消费以及出版产业数字化的中介因素,通过技术关联及外部环境结合,重塑数字出版产业平台价值链。在数据价值层面,可以将数据的作用机制概括为生产可能性边界与提升技术效率。同时,数据在数字出版产业平台中担负着基础性战略资料与关键性生产要素的双重角色。从基础性战略资料层面看,数据能够更高效地推进数字出版产业平台中各种技术创新驱动应用,助力数字出版产业转型升级、优化数字出版产业内部治理能力和经营管理能力;从关键性生产要素层面看,数据还能够发挥乘数效应,充分赋能各级出版市场,孕育数字出版产业新场景和新模式。国家大力培育数据要素市场,以帮助数字出版平台优化数据资源整合,充分打破"数据孤岛"现象,合理利用数据挖掘、算法应用等智能技术手段加快数据云端化,对数字出版产业平台实践提供技术支撑,加快构建科学的数字出版产业平台决策预测体系。

二是基于出版数据新生产要素的营销决策预测系统。数据要素不同于数字出版产业已有的生产要素,它是具有"增量性"的战略资源。数据作为数字出版平台营销决策的"养料",是进行算法决策预测的物质基础,深度赋能产品生产、营销、消费等环节,帮助企业决策预测。数字出版平台可依据市场中累积的客户数据,建立目标客户群体的信息数据库,从中挖掘出相关性并建立营销决策可行性决策模型以及成为目标客户可能性的预测模型,根据模型执行的决策预测结果或规则,采取有针对性的营销策略,对决策预测的市场及目标客户进行有针对性的输出,进而提高数字出版营销推广成功率。数字经济时代,数字出版平台营销环境不断发生变化,精准营销理念基于消费者行为洞察,着力于打造既"精"亦"准"的定制数字出版产品、服务与个性化的营销手段。而数据就是数字经济时代下,平台贯彻精准营销的基础。数据承载着海量的用户信息,在大数据时代,用户信息实现了全方位、多层次、宽领域的"数据化",用户在数字出版平台中的浏览历史、搜索痕迹、消费行为均以可识别、可分类、可处理的数据标签来展示,从而为数字出版平台营销决策预测提供信息支持。

三、算法作为生产性力量

互联网改变了社会的消费模式,从线下实体消费转向线上虚拟消费为主,催生了新的消费方式和消费内容;算法技术则创造了生产模式的新形态,提升了生产发展的层次,对生产方式进行了革新,也就是产生了一种新的生产力形式——算法生产性力量。在数字出版产业平台中,算法生产性力量更是发挥了相当重要的作用,成为拉动数字出版产业效率提升的"一驾马车"。

(一)"工具理性"主导下的算法生产力

数字出版产业平台具有商业性质,体现的正是其受到"工具理性"影响的原因。从工具理性的定义来看,工具理性指的是人们的行动是借助无偏向性质的工具来实现的,强调的是技术作为一项工具为人类所达到某些具体的目的而使用,其考虑的也仅仅是利益最大化的原则。在实际操作中,工具理性强调结果和效益的最大化,注重的是其工具使用和工具效益。在数字出版产业平台中,这其实都离不开工具理性主导下的商业性嵌入算法技术当中,以此达到产生更快速高效的数字出版生产力的目的。

在数字出版产业平台中,算法为数字出版平台的搭建提供了技术支撑。例如,为了获取更高的商业利益,算法技术不断创新迭代升级,以达到数字出版产业平台提升内容生产效率、追求利益最大化的商业目的。诸如区块链、机器学习、深度学习等算法技术就被创造出来,继而应用到数字出版产业平台之中。其中,区块链技术作为算法技术的一大重要成果,对出版平台数字化的发展进程具有强大的推动作用。区块链技术为数字出版产业平台生产、长链构建提供了结构性的支撑,使其从技术层面上切实可行,从而实现数字出版产业平台发展目标的搭建。在此基础上,人工智能的发展更是汲取了区块链技术的优势,机器与人类的结合将进一步助推我国出版产业平台的数字化转型升级,未来数字出版的生产效率、传播效率以及资本聚集效率都将提升至更高的量级。同时,这也为数字出版产业平台中商业盈利提供了源源不断的高效生产动力。

算法成为数字出版产业平台中的生产性力量,还囊括了人工智能和异构算力这两个重要算法技术,这两个算法内容也是出版产业平台数字化能够成功搭建的核心所在。正如区块链技术将作为数字出版平台成形落地的基础骨架,而人工智能就是数字出版平台的智慧大脑,异构算力则是数字出版平台复杂交错的神经网络。从微观层面来看,算力、算法、数据是人工智能的三大核心,而现场可编程门阵列(FPGA)、中央处理器(CPU)、专用集成电路(ASIC)以及图形处理器(GPU)等异构算力是包含了多种不同算力在内的协同工作机制,以实现计算效力和生产的最大化。尽管算法技术为数字出版产业带来了高效生产,但"工具理性"主导下的算法生产力也会形成算法霸权、算法专制以及算法黑箱等一系列问题,所以数字出版产业平台更需要审慎处理算法中以"工具理性"作为主导的价值逻辑。但不可否认的是,这里"工具理性"主导下的算法生产力可以为数字出版平台发展创造技术基础和条件。

(二)"价值理性"引导下的算法生产力

在出版产业平台的数字化进程中,算法技术被广泛应用于数字出版产业平台的全产业链之中。但往往仅以"工具理性"为主导的算法无法为数字出版产业平台构建具有生态规范、正确导向的完整数字化生产空间。算法作为一种技术,不掺杂任何主客观色彩,因此除了发挥其"工具理性"外,还应当重视其"价值理性"的引导作用。价值理性指的是人们的行为更多地考虑行为本身所代表的价值,强调动机的纯正性,其选择的行为往往不过度追求结果的大小,而更注重是否存在道德价值,因此其强调行为背后真正的价值和含义。但实际上,算法由于其技术特性,具有不透明、不可解释的计算过程,也就是容易形成"算法黑箱"问题;同时,算法技术给予某些数字出版平台主体数据权利的同时,也相应导致算法专制问题的出现;而资本控制下的算法技术也会使出版平台形成一定的"算法霸权",这都是"工具理性"过度主导引发的算法偏离正向价值。因此,在出版产业数字化背景下,数字出版平台需重视"价值理性"在算法技术中的引导作用,以此为基准实现出版产品和服务的人文导向。将"价值理性"作为底层逻辑的算法生产力更能促进数字出版产业平台的平衡发展。

在出版产业数字化进程中,平台所应用的算法技术更加注重起"价值理性"的引导作用。这种以"价值理性"为主导的先进数字技术可以生产出更普惠、更具人文内涵的出版产品与服务,特别是AR、VR等进阶算法技术的发展,使得用户在出版行业所感受到的互动式体验感、沉浸感得到了提升,也拓展了出版传播的范围,使其不拘泥于某个地区或者国家,可以通过虚拟方式全方位展示我国数字出版产品与服务。如国家图书馆早在2013年就与全国各级公共图书馆共同推出了"数字图书馆移动阅读平台",借助算法等数字技术,海涵了各类图书资源,打破线上线下的时空壁垒,让用户能够不受时间、地点限制,获取所需信息内容与服务,享受到出版类的数字资源。但数字技术打造的虚拟现实空间虽然具有梦幻感,吸引用户沉浸其中,却也同时削弱了用户从出版产品与服务中获取的心灵慰藉感,人文价值稀缺,这也是数字虚拟出版平台面临的现实问题。总而言之,算法对于数字出版产业平台所产生的生产性力量并不仅仅在于对商业价值的增值,更在于数字出版平台实现人文精神的价值引导。

四、数字出版产业平台社会责任治理框架:数据合规与算法信任

数字出版产业平台社会责任治理框架,是我国整体推进数字中国建设的时代大背景下的必然选择。数字出版产业平台发展基于国家文化数字化战略而提出,在其实施过程中,也必然会面临诸多新的问题和挑战。数据和算法作为数字出版产业平台的两大要素,从数据合规和算法信任两个方面出发,将有利于扫清出版产业平台数字化进程中的阻碍,对我国出版产业平台数字化发展的正当性具有重要战略意义。

(一)数据合规:数字出版平台社会责任治理框架的价值旨归

随着人工智能、深度学习等新技术的发展,数据作为能够创造价值的新生产要素,渗透经济生活的各个领域。数据体量的不断扩大对数字出版产业平台的发展也造成了相当大的影响。因此,在数字出版产业平台中,需要对数据进行明确的合规性要求,才能防止过度泛滥的数据对出版产业平台数字化进程造成破坏和威胁。从数据合规概念来看,数据合规是作为企业维护数据安全的治理体系。为了预防在数据的处理和管理过程中的各种风险,在遵守相关法律法规的基础上,需要建立专门针对数据保护的合规管理体系。

当前,我国关于数据合规的相关规制和法律正在拓展,尚未形成完整的数据规范化体系。但是对于数字出版产业平台而言,数据合规具有重要意义。首先,关于数据合规可以从法治层面进行合规性保障,通过数据立法来优化数据体系管理的顶层设计。目前,个人信息保护法、数据安全法等数据合规领域的最高位阶之法已经通过全国人大立法,数据合规实现指日可待。数据安全一直是网络空间安全治理的题中之义,数据合规将有助于数字出版产业平台发展的有效推进。因此,出版产业平台应当把握好数字化转型的发展方向,针对数据安全存在的各类问题进行全面梳理,从法律层面规制数字出版产业平台数据,为数据合规实现法律保障,促进出版平台数字化的创新转型。

其次,从数字出版产业的角度来看,与数据最密切相关的主体就是数字出版企业平台及其使用者。对于它们的监管仅仅依靠法律来制约显然是不足的,应当以多方参与、多元共治的视角来管理出版文化数据行业。如"实现有效的文化数据合规管理需要文化企业良好的治理、以标准化和认证为核心的行业自治以及能动、有效的行政监管三者的有机统一"①。在当下由于数据体量的庞大,数据泄漏、数据的违法采集与使用等相关数据安全问题频发。数字出版产业平台发展的持续推进有赖于对数据进行合规性管理。数字出版平台、企业、用户以及第四方监督机构在数据合规管理层面的作用应当被发挥出来,构建起全方位、多维度、立体化的综合监管体系非常重要。总而言之,数据合规可以促进数字出版产业平台的可持续发展。

(二)算法信任平台社会责任治理框架的三种范式:价值耦合、空间治理和用户素养提升

在数字时代,平台的传播主要依托于个性化推荐算法等数字技术,在算法技术的助力下,数字出版产业平台的生产、传播的效率获得了极大提升。但非透明化的算法机制在进行传播之时,往往先进行了个性化过滤,从而导致用户所接收到的出版信息不够全面,容易困在"信息茧房"当中,长此以往会逐渐对用户的思维和认知造成不利影响,也会导致算法失去人们的信任。因而数字出版产业平台应当赢得人们对算法的信任,才能走上持续的良性发展之路。

第一,实施算法信任治理,实现技术价值耦合。算法作为一种技术工具,本身是中立的存在,但由于各类因素的影响,算法技术带来了新的风险问题。因此,需要"逐步将算法治理责任纳入企业社会责任内容维度,从源头上强化数字平台企业算法治理的责任意识"②。同时,在出版产业平台数字化进程中,实现算法技术公开透明,才能增强算法信任,对出版产业平台数字化的后续进展也更加有益。此外,个性化推荐算法中的过滤机制应当具备"反过度过滤气泡"功能,防止仅为达到个性化推荐的目的,而导致同质化信息过多,相反的信息内容被排斥掉的问题出现。更重要的是,要注重算法技术的价值耦合,才能有效进行算法信任治理。

第二,消弭算法焦虑,增益数字出版平台社会责任治理。算法信任除了使技术本身回归价值理性外,还需要外部的监管和法律的完善作为强有力的保障。算法信任最大的问题就来源于算法焦虑,算法焦虑作为科技时代的产物,使得个体和社会群体由于与算法之间关系的不平等从而产生对该技术的焦虑心态。目前,"法律因其治理效能的权威性、规范性与持续性,被认为是治理算法焦虑的'重器'"③。近年来,法律有效地处罚了一些出版企业和平台的违法行为,在一定程度上缓解了用户的"算法焦

---

① 李延舜.我国移动应用软件隐私政策的合规审查及完善:基于49例隐私政策的文本考察[J].法商研究,2019(5):26-39.
② 阳镇,陈劲.数智化时代下的算法治理:基于企业社会责任治理的重新审视[J].经济社会体制比较,2021(2):12-21.
③ 胡月星."算法焦虑"的生成机理及纾解之道[J].人民论坛,2021(Z1):23-25.

虑",重新架构起了用户对算法的信任。出版产业平台数字化空间的虚拟性使得其治理力度受限,但只有不断增益出版平台算法的空间治理力度,才有可能进一步完善数字出版产业平台的发展。

第三,培育用户"算法素养"以促进算法信任构建。从用户角度来看,用户作为出版企业和平台算法技术应用的客体,只有真正了解算法技术,才能从根本上避免被围于算法陷阱。用户算法素养越高,对于算法信任的构建也会更加深入和精准。主要可以从两个方面来提升用户的"算法素养",一方面是用户应当学习一些基础的算法知识,了解算法技术的基本原理,在接触算法推荐的出版信息过程中保持清醒、理性,通过参与、反馈的环节来推动算法的迭代优化;另一方面是增加国家主流意识形态的传播效度,塑造具有中国特色社会主义精神内涵的出版内容与服务体系,为提升用户的素养和行为提供指引,培育其算法的正向价值观。因此,培育用户的"算法素养",将有利于促进其算法信任构建,只有数字化大环境背景下用户的"算法素养"整体提升,才能进一步促使数字出版产业平台发展得更加完善。

五、结语

数据要素与算法生产是数字出版产业平台的二重进路,从数据要素到数据合规,从算法生产到算法信任,则是完善数字出版产业平台的重要命题。数据要素的现实问题对数据合规提出新的要求,数据合规实现数据要素安全流通,促进数据价值释放;算法危机的出现使得算法信任亟待修复,通过算法生产嵌套于算法治理中,算法信任建基于数据合规,促进数字出版产业包容性增长。未来我国数字出版产业平台应秉持数据合规与算法信任的协同推进,特别是实现数据合规与算法信任的价值耦合机制,这将是文化润泽心灵的数字出版产业平台的使命所在,并且还能持续促进出版产业加速驶入数字化的"快车道"。

〔杨旦修,云南财经大学传媒与设计艺术学院副教授;张灵颖,云南财经大学传媒与设计艺术学院新闻与传播硕士研究生〕

〔特约编辑:顾洁〕

"技术—组织"互构视角下主流媒体的平台化公共服务拓展:样态与机制*

The Platform-Enabled Public Service Expansion of Mainstream Media From the Perspective of "Technology-Organization" Interconstruction: Patterns and Mechanisms

◎ 曾 鼐

Zeng Nai

摘要:主流媒体的平台化公共服务拓展是数字政府治理的重要补充。本研究依循互联网平台研究的理论脉络,从"技术—组织"互构视角剖析主流媒体平台化公共服务拓展背后的组织、技术关系与结构。总体来看,当前主流媒体的公共服务平台化拓展仍处于数字技术与科层管理的浅层结合阶段,政府主导与媒体自主构成主流媒体平台化公共服务的两大样态。在平台化公共服务拓展中,主流媒体保持了总体的组织结构稳定性并在数字技术的影响下产生局部的组织调整。数字技术在媒体平台化转型初期展现了对媒体组织一定程度的塑造能力,但随着时间的推移,数字技术对媒体组织的形塑逐步从"技术驱动"转变为边缘性的"技术支持"。在当前主流媒体不断推进系统性变革的背景下,如何在平台化公共服务拓展中,融合科学组织结构与先进技术要素,成为各层级主流媒体亟须深入考量的问题。

关键词:主流媒体公共服务;平台化转型;"技术—组织"互构;机制

Abstract: The platform-enabled public service expansion of mainstream media is an important supplement to digital government governance. This study follows the theoretical context of Internet platform research, try to analyzes the relationship and structure between organization and technology behind the development of platform-enabled public services of mainstream media from the

---

* 本文系国家社科基金后期资助项目"网络社会治理网络研究"(项目编号:21FXWB005)的阶段性成果。

perspective of "technology-organization" interconstruction. Generally speaking, the platform-enabled public services expansion of mainstream media is still in the shallow combination stage of digital technology and bureaucratic management. Government-led and media autonomy constitute two major forms of platform-enabled public services of mainstream media. In the development of platform-enabled public services, the mainstream media has maintained the stability of the overall organizational structure and made local organizational adjustments under the influence of digital technology. Digital technology showed a certain degree of shaping ability to media organizations in the initial stage of media platform transformation, but with the passage of time, the shaping of media organizations by digital technology gradually changed from "technology-driven" to marginal "technical support". Under the background of the current mainstream media constantly promoting systematic changes, how to integrate scientific organizational structure and advanced technology elements in the development of platform-enabled public services has become an urgent issue for mainstream media at all levels.

Keywords: public service of mainstream media, platform transformation, "technology-organization" interconstruction, mechanism

当前,数字平台逐渐成为人类社会的媒介基础设施,以商业社交媒体为代表的数字平台主导着移动互联网传播生态,冲击着传统的大众传播基本模式。平台(platform)这一"超级复合体",已经由最初被定义的新生技术、经济体逐渐转变为嵌入人们日常生活的必需品。让·普兰丁认为:"在数字媒介研究方面,已经出现了一个'平台研究'的新领域。"[①]平台研究成为全球热点研究议题,平台社会崛起是社会数字化转型的最新表征。

从全球来看,中国是除美国外唯一拥有超级互联网平台的国家,作为人口大国和互联网大国,中国在互联网治理、数字平台发展等方面的举措将深刻影响全球平台研究的创新与演进。中国的互联网平台发展根植于具有中国特色的制度环境之中。在中国,国家层面在社会总体资源分配中占据主导性角色。因此,"国家-平台"关系以及

---

① PLANTIN J C. Infrastructure studies meet platform studies in the age of Google and Facebook[J]. New media & society, 2018, 20(1): 293-310.

二者相结合所构建的技术驱动的资源分配与治理体系,是中国平台研究的总体语境与重要逻辑起点。① 从这一视角出发,在主流媒体平台化转型与各级政府数字政府推进的背景下,分析主流媒体平台化公共服务拓展的背后的深层次动因与机制,具备较强的研究价值。

一、"技术—组织"互构:平台化转型下的主流媒体公共服务

在中国语境下,公共服务的基本概念可以表述为:政府基于公共利益的需要,在个人无法自力获得的情况下,通过直接或间接的方式满足社会公众基本生存和发展需要的职责和功能。② 可见,政府职能是公共服务的基本属性。平台化指平台延伸、拓展、嵌入社会生产生活并带来持续影响的过程。平台日渐嵌入人们的生活,平台化既是平台资本自我扩张的过程,也是其改造社会生活生产模式的过程。结合这两个概念,可以将平台化公共服务表述为:将公共服务通过平台延伸、拓展、嵌入社会生产生活以更好触达公众并发挥公共服务效能的过程。

在公共服务领域,数字平台的重要性越来越突出。数字平台既是公共服务功能实现的核心载体,也是主流媒体平台化转型发展的关键突破口。数字平台具备解决人民群众问题、满足需求的功能,将政府公共服务落到实处。人民群众在日常生活中接触到的公共平台应用,成为他们对政府公共服务效果的最直观认知。平台应用为特定技术与具象化需求的融合提供了载体,体现了技术优势向治理优势的转化。

从本质来看,主流媒体公共服务的平台化转型成效在很大程度上取决于复杂媒介系统中数字技术与组织管理的互嵌适配程度。数字技术与科层组织双向赋能与建构并不是抽象和空洞的过程,而是通过看得见、摸得着、可感知的平台应用来实现与多元治理需求的适配。③ 因此,从技术与组织的关系这一视角探究主流媒体平台化公共服务成为本研究的基本思路。

技术与组织的关系机制是社会学、政治学、管理学等学科的重要议题。从工业时代到数字时代,技术改变了人与人、人与物、物与物间的连接方式,是组织不同层次结

---

① 张志安,冉桢.扎进数字中国:中国互联网平台研究图景及学术反思[J].新闻与写作,2024(1):56-68. (ZHANG Z A, RAN Z. Plugging into digital china: research prospect and academic reflection on internet platform in china [J]. News and writing, 2024(1):56-68.)
② 马英娟.公共服务:概念溯源与标准厘定[J].河北大学学报(哲学社会科学版),2012,37(2):75-80.
③ 付建军.形态、张力与调适:数字化转型中的场景治理[J].探索与争鸣,2023(1):113-121,179.

构变革的关键驱动力。① 现有文献就技术与组织之间的关系,已形成了多种不同的理论观点。"技术决定论"强调技术对组织结构的塑造作用,主张新技术的引入将会不可避免地导致组织结构变革②;"组织决定论"强调组织对技术的建构作用,认为组织的既有结构将主导技术的创新与应用。然而,对于不断演进的媒介系统而言,技术与组织之间的关系远比单纯的"决定"更为复杂,技术与组织之间更加侧重于相互影响、相互建构。2004年,邱泽奇依据对传统制造企业引入信息技术实践的深入考察,正式提出了"技术-组织"互构理论。该理论认为,技术与组织之间的互构机制在本质上是一个由技术所携带的两个结构(技术自身的逻辑架构及运用技术的组织架构)与组织架构在设计与实施阶段相互构建与塑造的动态过程,此观点试图超越技术决定论和组织决定论各自的极化认知。③ 该理论指出,技术的结构刚性与弹性构成了技术实践性特质的关键要素。技术刚性体现为技术是推动组织目标实现的重要角色;技术弹性与技术来源直接关联,即技术是源自组织内部还是外部。相应地,组织本身也具备刚性与弹性特征,技术、组织的刚性与弹性特性,为双方的互构关系提供了可能。④

"技术-组织"互构论为研究主流媒体公共服务平台化拓展提供了一个逻辑分析视角。当前,以"技术-组织"互构为视角对公共服务平台的研究主要以公共管理学为学科基础,从"技术-组织"互构为视角对主流媒体的研究主要聚焦内容生产层面,⑤相关研究在问题意识与研究视角上呈现出较为静态的特征,缺乏动态性、历时性视角的深入剖析与探讨。从"技术-组织"互构视角探析主流媒体的公共服务平台化拓展,作为一项横跨新闻传播学与公共管理学的研究,具备一定的创新性。

在此基础上,本研究基于我国主流媒体四个层级的媒体结构布局,在每个层级中各选取了二至三个主流媒体机构进行参与式观察,并与相关从业人员进行深入访谈。借助"技术-组织"的互构视角,本研究尝试回答以下研究问题:在平台化转型进程下,主流媒体平台化公共服务呈现什么样态?样态背后隐含着怎样的数字技术与科层组织的互构机制?这一机制对主流媒体的平台化转型具有怎样的启示?

---

① 韩沐野.传统科层制组织向平台型组织转型的演进路径研究:以海尔平台化变革为案例[J].中国人力资源开发,2017(3):114-120.
② BARLEY S R. Technology as an occasion for structuring: evidence from observations of ct scanners and the social order of radiology departments[J]. Administrative science quarterly,1986,31(1):78-108.
③ 邱泽奇.技术与组织的互构:以信息技术在制造企业的应用为例[J].社会学研究,2005(2):32-54.
④ 徐晓日,焉超越.基层公务员技术增负感的生成机制研究:基于技术与组织互构理论[J].政治学研究,2023(3):142-159,172.
⑤ 孙新,武运波,谭征."技术-组织"互构式驱动:新质生产力赋能文化遗存讲好新疆故事的动力机制[J].当代传播,2024(5):65-68.

二、政府主导与媒体自主：主流媒体平台化公共服务样态

在我国，公共服务是政府职能，政府部门主导公共服务的内容提供、技术方式、效果监管等。而主流媒体作为公共服务重要的参与者，基于自身的媒介资源，能在特定的公共服务领域中发挥一定的自主性。从实践主体的角度进行分类来看，当前我国主流媒体平台化公共服务主要包含两种基本类型，即政府主导型与媒体自主型。

(一)政府主导下的主流媒体平台化公共服务

政府主导型主流媒体平台化公共服务指媒体依据与政府签订的委托协议或政府购买服务等相关合约，承担由政府外包的公共管理与社会服务职能。媒体承接的公共服务具体内容主要包括前端的应用拓展与后端的内容与技术支撑。前端的应用拓展包括公共服务平台打造、在传统媒体终端增设新的服务模块，甚至是在自有媒体平台添加政府服务平台链接等。而后端的内容与技术支撑则主要包括内容的策划与执行以及技术的维护、升级与迭代等。

这类平台化公共服务拓展，要求政府与媒体双方依据契约，履行各自约定的职责。在同一区域，以媒体平台化公共服务为代表的政府购买服务进一步强化了区域政府对区域主流媒体的联系与影响。尤其是在当前媒体市场化经营遭遇较大困境的时期，来自政府的购买服务是媒体重要的营收来源。以政务新媒体代运营为例，政务新媒体种类繁多、运营工作繁重且复杂，政府机构往往缺少专业的编辑队伍，难以有效运行好政务新媒体。主流媒体具备的专业运营实力与人才队伍的专业度，成为承接政务新媒体运营的重要力量。政府需为主流媒体提供专项资金或其他形式的资源进行交换与合作，这成为近年来主流媒体获取经营收入的重要来源。主流媒体需将自身具备优势的传播资源转化为政务服务资源，利用自身对社会资源的动员和整合能力提升公共服务效果。

总体来看，这一合作模式下，主流媒体作为服务供给主体，直接融入地方政府的公共服务工作流程当中，政府占据主导位置，从内容到技术，掌握每一道流程的审批权。从本质来看，公共服务作为政府职能，其实现方式完全由政府主导。因此，政府主导型合作方式是当前主流媒体平台化公共服务的主要方式。虽然在融合进程中，主流媒体参与社会治理的深度与广度均有所加强，同时，各级政府部门对区域主流媒体的治理需求亦在持续提升。但在公共服务领域，主流媒体仍处于政府的从属地位，需要受到

行政力量的支配。

(二)媒体自主的公共服务内容策划

除了政府主导型以外,在一些特定领域和具体的事务性情境下,主流媒体往往能在平台化公共服务拓展中体现一定程度的自主性,这也构成了主流媒体公共服务数字化应用拓展的另一种合作方式。这种合作方式往往具备"新闻"属性,即在具体的时间节点、在某个特殊的领域,主流媒体敏锐感知公众需求,将某一个创新策划转变成一项公共服务内容。这一服务内容往往是短期存在的,当其在多次推出后取得较为良好的效果,则有可能成为一项长期的服务被保留下来。

2021年,南方日报报业集团联合广东省教育部门在其官方客户端"南方+"推出查询工具"广东高考志愿填报助手",用户可一键查询2020年广东省各校招生录取信息,为2021年高考志愿填报提供参考。[①] 2023年,人民日报社联合多部门在其旗下视频客户端"视界"上线"'筑梦青春'高校毕业生就业服务平台"。该平台集纳了全国10万多个校招岗位,为高校毕业生提供企业宣讲、岗位投递、就业攻略、简历优化等就业服务。[②] 从这些案例可以看出,基于主流媒体的资源整合与社会动员能力,主流媒体能在特殊节点或特定领域发挥平台化公共服务的主动性,在推动政策实施、解决社会矛盾、回应群众关切等层面发挥作用。这种合作模式对主流媒体的专业能力提出了更高的要求,主流媒体需要敏锐感知公众关切,并通过自身的专业优势,为公众提供解决方案。此外,作为与基层群众最为贴近的主流媒体,区县融媒体在基层社会治理中扮演着重要角色,并在为基层群众提供公共产品及服务方面拥有更大的自主权。许多区县融媒体面向乡村、社区推出的在地化服务成为基层社会治理的重要组成部分。

从"技术－组织"互构的视角来看,主流媒体公共服务的平台化拓展是组织要素与技术要素不断互嵌适配的过程。其中,"组织"涵盖了主流媒体系统中的组织架构、层级架构、体制机制、媒体需求等在内的广义概念,"技术"主要以平台化相关的数字技术为主。科层组织与数字技术的互相形塑直接影响了主流媒体的平台化公共服务样态。在具有中国特色的行政体系与媒体架构之下,在媒体的数字技术拓展中,以平台化公共服务为典型代表的主流媒体平台化转型体现了我国本土化的组织技术特征。主流

---

① 南方日报.今年高考志愿怎么填?广东高考志愿填报助手来了![EB/OL].(2022-06-10)[2023-11-29]. https://mp.weixin.qq.com/s/iLWZzWbn-ysok1aBYsKHpw.
② 人民日报.@找工作的高校毕业生,速来打包带走你的专属就业服务[EB/OL].(2023-10-20)[2023-12-12]. https://mp.weixin.qq.com/s/e2Vb1ecwQUVwzCD29SogqA.

媒体的平台化公共服务既非缘于单纯的组织在技术逻辑支配下产生变革的结果,也非数字技术对组织逻辑的单向适应,而是一个技术嵌入组织并与组织要素彼此适配和互构的过程。无论是政府主导型还是媒体自主型平台化公共服务,已基本形成了较为一致的组织技术互构机制。

三、组织结构整合:稳定的结构形态与局部的组织调整

主流媒体平台化公共服务的"组织-技术"互构中,"组织"主要包含政府的行政体系以及主流媒体系统中的组织架构、层级架构、体制机制等。从组织层面来看,稳定的组织结构形态与局部的组织调整是主流媒体平台化公共服务中组织整合的主要内容。分析主流媒体平台化公共服务中的组织形态需要将其放置在我国行政体系中进行考察。中国的媒体制度从宏观层面遵循"党管媒体"这一基本原则,其中主流媒体构成了一个以宣传管理为核心、事业管理为主导的媒介体系。"四级媒体"布局与我国的行政体系深度契合,共同形成了高度结构化与稳定化的组织场域。从目前来看,这种稳定的组织结构并不会因为主流媒体在公共服务领域的平台化转型而发生较大的变化。

对政府部门而言,与主流媒体的合作能够更有效地规避数据、内容等方面的风险。在绝大多数情况下,政府职能部门在公共服务领域中占据主导地位,负责确定议题范围、行动模式、决策流程及结果导向。主流媒体则主要承担问题发掘、信息收集、社会动员以及关系构建等辅助性功能。行政体系的权威身份对主流媒体形成了有效的政治赋能,主流媒体的属性特征使其公共服务参与具备更强的优势。媒体在拓展公共服务时,其成效很大程度上依赖于媒体与政府之间基于各自制度身份所构建起的信任关系,主流媒体相较于其他市场机构,展现出更为显著的政治正当性优势。

对主流媒体而言,做好新闻与宣传工作永远是其核心职能,因此,绝大多数主流媒体往往不会将公共服务拓展放置于媒体发展的核心位置。当前只有少数主流媒体有能力将新闻业务与公共服务有效结合,反哺新闻舆论宣传工作。从实地调研来看,较少主流媒体会为了拓展公共服务功能而专门搭建一套独立的数字技术系统。平台化公共服务中的组织与技术建设往往作为一项业务被整合进媒体的平台化转型中。例如,有些主流媒体在构建全媒体传播体系时成立全新的组织与技术部门,而平台化公共服务则成为其中的一项内容,由这些部门承接。

政府与媒体组织具备一定的组织结构弹性,能在平台化公共服务中着手局部的体制机制创新与组织部门调整。为充分利用数字技术的潜力,组织需要重新思考和布局

传统科层结构的制度和组织资产。① 在平台化公共服务过程中,主流媒体会适当调整技术部门的组织结构与人员构成,支撑公共服务的功能拓展。在业务部门层面,主流媒体往往通过成立小型的业务团队,或在下属企业中成立专门的公共服务部门承担平台化公共服务。总体来看,这些组织调整都属于局部调整,并不会使主流媒体的整体组织架构产生太大的变动。

总体来看,数字技术与科层组织之间的相互作用,在很大程度上受到组织对数字技术角色定位的影响与制约。不同于数字技术时代对网络结构的乐观化想象②,部分学者指出,数字技术并不能破除科层制③。从实地考察的情况来看,在部分主流媒体的公共服务数字化转型过程中,数字技术在与科层组织的互构中经历了组织部门扁平化到科层化的过程。例如,在建设自有客户端的背景下,个别主流媒体会在编制结构外创建一个实验性技术团队,若该团队最终具备了独立运行媒体移动客户端的能力,则有可能被吸纳进媒体的技术组织体系中。在这一过程中,数字技术通常经历由原先的实践主导性向支持性的转变。组织的结构刚性形成对数字技术的框架约束,使数字技术对组织的塑造受到相应制约。

四、数字技术演进:从"技术驱动"到"边缘化支持"

从前端、中端到后端,数字技术在主流媒体的平台化公共服务拓展中发挥了重要作用。数字技术作为组织变化的赋能者,能够驱动组织业务流程优化和结构重塑。数字技术具有集成、协同、联结的功能,被引入科层组织后,与组织需求紧密结合,推动形成各种数字化应用。这些应用不仅重新设定并优化了工作任务、业务流程与组织角色,还重塑了组织内既有的关系网络,构建新的组织结构。④

从技术层面来看,在主流媒体平台化公共服务中,数字技术的嵌入呈现以下基本特征:一是数字技术整合进媒体机构的技术架构之中,由原有的技术体系支撑平台化拓展。符合这一特征的主流媒体,其原本的技术体系较为成熟,技术与组织的互构关

---

① TANGI L, JANSSEN M, BENEDETTI M, et al. Digital government transformation: a structural equation modelling analysis of driving and impeding factors[J]. International journal of information management, 2021, 60: 1-40.
② 丁藝.从科层结构到平台结构:基于数字化时代企业权力的合法性重建[J].江苏行政学院学报,2021(4):94-101.
③ 赵磊,韩玥.跨越企业边界的科层控制:网约车平台的劳动力组织与控制研究[J].社会学研究,2021,36(5):70-90,227-228.
④ 郁建兴,周幸钰.数字技术应用与政府创新的双向互构:基于浙江省"三张清单"数字化改革的分析[J].经济社会体制比较,2023(1):133-143.

系处于稳定状态,平台化公共服务拓展对这类主流媒体而言并不会带来太大的技术或组织层面的变革性影响。二是对于那些技术基础较为薄弱的主流媒体而言,其平台化公共服务拓展在整个媒体的战略布局、日常运行等层面处于较为边缘性的方位,总体步伐较慢。因此,对这一类媒体而言,若采取渐进式的平台化探索,则其公共服务拓展也不会引起较大的组织与技术架构层面的变动。三是,若由于各种原因,主流媒体不得不承担超出自身能力范围的平台化公共服务拓展,那么该媒体将需要更长的时间周期调适数字技术与组织的互构关系。

以苏州广电为例,在平台化公共服务拓展中,苏州广电基于自身的技术优势,不断强化技术驱动,成为苏州市深度参与公共服务的重要主体。2016年,苏州广电上线"看苏州"新闻客户端,该客户端的平台定位为打造"新闻＋政务＋服务"的区域生态级平台。截至2019年,该平台已接入32项政务服务应用,苏州市民可一站查询相关服务内容,体验智慧掌上城市服务。此外,多个职能部门集体入驻该平台的政务公号系统,并在"看苏州"第一时间发布权威信息。① 2020年11月,苏州广电在"看苏州"的基础上,上线了以"城市生活总入口"为基本定位的"苏周到"移动客户端。这一客户端围绕"政务、融媒、生活"三大方向,不断完善便民功能,已成为苏州市用户下载数量最大、服务社会治理的重要移动客户端。在该客户端的运营与建设中,苏州广电引入大数据、AI等前沿技术,整合苏州市生活服务与政务资源,不断强化"苏周到"移动客户端公共服务的个性化、智能化水平。截至2024年10月15日,该客户端已累计上线40余个办事部门、624项服务应用,各类服务调用超125亿次,用户规模超2447万,实现了全市人口全覆盖。②

从"技术－组织"的互构论视角,结合苏州广电的实践案例可以看到,组织中技术的重要性越强,其刚性特征越突出,其对组织结构的影响就越强,也越要求组织在结构上服从于技术的安排③。需要强调的是,技术的嵌入有其前提条件,即在平台化拓展中,技术需要在组织结构刚性限定的边界范围内发挥作用。我国许多经济发达地区的主流媒体,往往具备较为扎实的技术基础,在平台化转型初期,数字技术通常会获得组织战略层面的重视。在这一阶段,凭借其实践特性,数字技术展现出对组织与部门进行一定程度塑造的能力。从苏州广电来看,其平台化公共服务拓展经历了从"看苏州"

---

① 国家广电智库.【媒体融合苏州篇】"看苏州"新闻客户端运行机制的"关键三招"[EB/OL].(2019-10-19)[2024-10-08].https://mp.weixin.qq.com/s/kMtnywiGlSxC6AW1LkDu-g.
② 视听中国.高质量发展｜苏周到APP:城市服务持续探索,数智融媒引领未来[EB/OL].(2024-10-15)[2024-12-22].https://mp.weixin.qq.com/s/TBejqGKcv4rfa1OoDQoWHg.
③ 邱泽奇.技术与组织的互构:以信息技术在制造企业中的应用为例[J].社会学研究,2005(2):32-54,243.

客户端到"苏周到"客户端的纵深推进,数字技术在苏州广电的平台化公共服务中表现出显著的技术刚性。与此同时,这一平台化公共服务实践也离不开苏州广电组织层面的顶层设计布局与指导。随着时间的推移,在主流媒体这个特殊的组织环境下,数字技术部门不断匹配科层组织结构,数字技术部门往往由灵活化、扁平化的结构,逐步向专业化、垂直化的方向转型与发展。从实地调研的情况来看,这也构成了苏州广电平台化公共服务拓展的基本路线与趋向。总体来看,在主流媒体的平台化公共服务拓展中,数字技术往往在媒体组织中的定位侧重于更为边缘性的"技术支持",而非"技术驱动",其对媒体组织的形塑效果并没有想象中的显著。

需要强调的是,本研究并不认为数字技术的边缘化是以公共服务拓展为代表的主流媒体平台化转型的最终归宿,这仅是当前主流媒体组织与技术在长期互构中呈现出的阶段性特征。传媒业对新技术具有天然的敏感度,新技术对媒体生态的变革、对媒体功能拓展的影响,内涵丰富且复杂,更为明确的结论需要更长时间的观察与分析。不同层级、不同区域以及不同发展阶段的主流媒体的平台化转型的成效存在显著的差异,难以一概而论。然而,需要引起重视的是,在某些特定情境下,数字技术实践面临的制约因素比我们想象中的还要复杂。例如,对许多还在为生存问题发愁的主流媒体而言,这些单位并不具备实现高效平台化公共服务的能力。因此,学界与业界需要对欠发达地区的主流媒体的平台化转型给予更多的关注。

五、结论与讨论

中国的互联网平台研究是全球平台研究的沃土与高地。中国互联网平台吸引了包括新闻传播学在内的社会科学各个分支的普遍兴趣。围绕平台的发展历史、商业模式、监管治理、多元影响等问题,新闻传播学、经济学、公共管理学、社会学等学科作出了重要贡献,为研究者构建关于中国平台社会的整体理解提供了重要助力。经过多年发展,尤其是十年的媒体融合发展进程,我国各层级主流媒体拓展公共服务功能,推出了一系列样态丰富的公共服务平台应用,在提升公共服务效能等方面发挥了一定作用。主流媒体的平台化转型成为中国平台研究的重要领域。

作为参与社会治理的重要手段,主流媒体的平台化公共服务蕴含政治逻辑与媒介逻辑的同构与互嵌,这一过程交织着不同主体间的竞争与合作,妥协与协同。主流媒体在舆论监督、技术应用、话语生产、社会动员等层面具备一定的优势,能够在公共服务的具体情境中发挥不同程度的能动性。在主流媒体不断拓展自身功能的当下,需要明确的是,前沿数字技术与媒体组织间建立的关系并非一次性的,而是阶段性与长期性的。因此,作为一个长期调适的过程,构建一条适宜自身的公共服务拓展路径,适配科学合理的技术与组织要素,是当前各层级主流媒体需要深度思考与持续探索的议题。

〔曾鼐,中国传媒大学电视学院博士研究生,中国新闻社视频部副主任、主任记者〕

〔特约编辑:崔林〕

图书在版编目(CIP)数据

中国新闻传播研究.视听传播变革研究/高晓虹主编.--北京:中国传媒大学出版社，2025.2.

ISBN 978-7-5657-3879-1

Ⅰ.G219.2

中国国家版本馆 CIP 数据核字第 2025FD1600 号

中国新闻传播研究：视听传播变革研究
ZHONGGUO XINWEN CHUANBO YANJIU:SHITING CHUANBO BIANGE YANJIU

主　　编	高晓虹
副主编	刘　宏　赵淑萍　曾祥敏　秦瑜明
策划编辑	沈　悦
责任编辑	沈　悦
封面设计	拓美设计
责任印制	李志鹏
出版发行	中国传媒大学出版社
社　　址	北京市朝阳区定福庄东街 1 号　　邮　编　100024
电　　话	86-10-65450528　65450532　　传　真　65779405
网　　址	http://cucp.cuc.edu.cn
经　　销	全国新华书店
印　　刷	唐山玺诚印务有限公司
开　　本	787mm×1092mm　　1/16
印　　张	17.25
字　　数	337 千字
版　　次	2025 年 2 月第 1 版
印　　次	2025 年 2 月第 1 次印刷
书　　号	ISBN 978-7-5657-3879-1　　定　价　82.00 元

本社法律顾问：北京嘉润律师事务所　郭建平